CAHIERS

▶ n° 160 / 1er trimestre 2020

PHILOSOPHIQUES

CAHIERS PHILOSOPHIQUES
est une publication de la Librairie Philosophique J. Vrin
6, place de la Sorbonne
75005 Paris
www.vrin.fr
contact@vrin.fr

Directeur de la publication
DENIS ARNAUD

Rédactrice en chef
NATHALIE CHOUCHAN

Comité scientifique
BARBARA CASSIN
ANNE FAGOT-LARGEAULT
FRANCINE MARKOVITS
PIERRE-FRANÇOIS MOREAU
JEAN-LOUIS POIRIER

Comité de rédaction
ALIÈNOR BERTRAND
LAURE BORDONABA
MICHEL BOURDEAU
JEAN-MARIE CHEVALIER
MICHÈLE COHEN-HALIMI
FRÉDÉRIC FRUTEAU DE LACLOS
BARBARA DE NEGRONI
STÉPHANE MARCHAND

Sites internet
www.vrin.fr/cahiersphilosophiques.htm
http://cahiersphilosophiques.hypotheses.org
www.cairn.info/revue-cahiers-philosophiques.htm

Suivi éditorial
MARGOT HOLVOET

Abonnements
FRÉDÉRIC MENDES
Tél. : 01 43 54 03 47 – Fax : 01 43 54 48 18
fmendes@vrin.fr

Vente aux libraires
Tél. : 01 43 54 03 10
comptoir@vrin.fr

La revue reçoit et examine tous les articles, y compris ceux qui sont sans lien avec les thèmes retenus pour les dossiers. Ils peuvent être adressés à : cahiersphilosophiques@vrin.fr. Le calibrage d'un article est de 45 000 caractères, précédé d'un résumé de 700 caractères, espaces comprises.

ISSN 0241-2799
ISSN numérique : 2264-2641
ISBN 978-2-7116-6012-4
Dépôt légal : mars 2020
© Librairie Philosophique J. Vrin, 2020

SOMMAIRE

ÉDITORIAL

Parler d'« embarras de la démocratie » c'est sans doute d'abord prendre la mesure du décalage qui se creuse entre des attentes normatives vis-à-vis d'un régime institué sur la base de principes de liberté et d'égalité des citoyens et ce qui se produit dans les démocraties réelles – cette désignation même faisant immédiatement problème : qu'est-ce en effet qu'une démocratie réelle ? La difficulté tient moins à un écart entre les idéaux démocratiques et la réalité institutionnelle qu'à un fonctionnement « torve » : la démocratie est opératoire et ce qu'elle produit ne cesse tout à la fois de surprendre et de décevoir [1]. D'un côté, elle a le statut d'une norme politique universelle que certaines puissances peuvent même chercher à imposer par la guerre dans des régions du monde jugées particulièrement stratégiques. De l'autre, se multiplient les manifestations des insuffisances démocratiques : l'accroissement considérable des inégalités à l'échelle mondiale fait douter de son aptitude à assurer la justice et à conduire effectivement le processus d'égalisation des conditions ; l'impuissance patente face aux urgences environnementales incite à être plus que réservé quant à la souveraineté et aux capacités d'action des États démocratiques. Enfin, du Brexit à l'élection de dirigeants autoritaires revendiquant haut et fort des discriminations d'ordres divers, c'est le caractère démocratique de certains choix pourtant « démocratiques » qui se trouve mis en question et englobé dans la catégorie fourre-tout de *populisme*.

L'étymologie n'est pas d'un grand secours pour réfléchir à la définition de la démocratie car comment délimiter les contours du *peuple* et déterminer le *pouvoir* dont il est supposé dépositaire ? La notion de *peuple* renvoie à l'ensemble pluriel composé de ceux qui ont accès à la citoyenneté – une communauté plus ou moins élargie, un universel plus ou moins tronqué. La tension entre unité et multiplicité semble inévitable, selon qu'on insiste sur l'unité que forme le peuple, sur la pluralité qui le compose ou sur les oppositions qui s'y structurent et sont à l'origine de conflits plus ou moins violents. Ainsi, lorsqu'il développe sa critique de la démocratie dans *La République*, Platon classe celle-ci dans les constitutions déviées. Elle n'est que le gouvernement de la foule (*plethos*), irréductiblement multiple, et il est illusoire de croire à l'unité possible d'un *demos* [2]. La foule est par nature incapable de se dégager de l'opinion et de désirs irrationnels, ce qui suffit à discréditer par avance la démocratie : l'idée même d'une constitution démocratique tend vers la contradiction. Dans la mesure où celle-ci repose sur l'égalité de tous les citoyens combinée à leur liberté, la dispersion des avis, l'inégal degré de savoir des citoyens, la dilution du pouvoir débouchent nécessairement sur l'inertie et l'inefficacité politiques. Ainsi considérée, la démocratie représente une promesse toujours déçue, elle n'est qu'une fiction jamais à la hauteur de ses ambitions dès lors qu'elle confère des responsabilités

1. L'analyse de la révolution tunisienne dans l'entretien avec Hélé Béji (voir *infra*, p. 133-150) en est un témoignage parmi d'autres.
2. *Cf.* M.-A. Gavray, « La démocratie selon Platon. De l'ignorance collective érigée en principe politique », *infra*, p. 35.

égales à des citoyens aux compétences inégales et souvent incapables d'une véritable maîtrise d'eux-mêmes[3].

Que l'on s'inscrive ou non dans cette perspective critique radicale, la multiplicité et la pluralité au sein du « peuple » constituent un embarras récurrent tant pour la démocratie antique que pour la démocratie moderne, lors même qu'elle fait appel au système représentatif. Les élections sont une réponse institutionnelle à cet embarras : le vote, selon des modalités qui peuvent être très diverses, rend possible l'expression supposée libre de chaque citoyen et le consentement à être gouverné par ceux qui auront été élus. D'autres écueils surgissent alors, induits par la tension qui associe les formes les mieux stabilisées et légitimées de représentation « démocratique » aux potentialités politiques, souvent insoupçonnées, d'un peuple inventif et rebelle à la fois : appartiennent au peuple ceux qui décident de se battre pour devenir citoyens à part entière, soit pour s'intégrer, soit pour subvertir les institutions et les coutumes établies. Toute délimitation *a priori*, prétendument définitive, du peuple est susceptible d'être ébranlée et contestée. La résistance de longue haleine à la centralisation monarchique, la Révolution française, la lutte pour les droits civiques aux États-Unis, celle pour le droit de vote des femmes sont autant d'exemples de combats pour l'obtention de droits politiques essentiels qui ont redessiné les contours du peuple et témoignent d'une capacité à se saisir, moralement et intellectuellement, des questions de justice et d'organisation collective. Aujourd'hui encore, dans un contexte de crise de la conception anthropocentrée du monde, la question est posée de la possible représentation politique des choses et les êtres qui ne sont pas des sujets, qui n'ont pas « droit de cité » et dont nous faisons si volontiers nos « ressources »[4].

Il faut donc compter avec la puissance anarchique mais aussi constituante de mouvements démocratiques qui surgissent sans avoir été anticipés pour contester un certain ordre existant, un certain fonctionnement des institutions et, parfois, poser les jalons d'une organisation alternative. Selon les termes de M. Abensour, la démocratie est par essence « insurgeante » et le peuple, lorsqu'il se soulève, heurte et déstabilise le corps de l'État par des doléances qui portent bien au-delà de la simple protestation[5].

Quel peut être le débouché de ces surgissements démocratiques ? Comment participent-ils de la démocratie ? « La foule est terrible quand elle est sans crainte » écrit Spinoza dans l'*Éthique* (IV, 54, scolie), ce qui ne signifie pas qu'il faille la soumettre par la force au prix d'une violence extrême, bien plutôt que l'État doit éviter qu'elle ne devienne cette puissance redoutable, en reconnaissant, autant que faire se peut, les aspirations politiques de la multitude. Comme Machiavel l'avait déjà pensé, il est nécessaire à la stabilité de l'État que la colère du peuple trouve un débouché institutionnel[6]. Il n'y a d'État durable que lorsque le Prince sait tisser avec le peuple une relation de confiance et contenir l'avidité dominatrice des Grands.

3. Cf. *infra*, p. 36.
4. *Cf.* B. Clamoux, « Le vol de l'avenir. crise écologique, responsabilités démocratiques », *infra*, p. 105-122.
5. *Cf.* le compte-rendu de *La démocratie contre l'État* de M. Abensour (2004), *infra*, p. 158.
6. *Cf.* S. Roman, « De la difficulté d'être un bon tribun », *infra*, p. 39-54.

Il importe donc de s'intéresser aux institutions effectives de la démocratie, à leur perfectibilité éventuelle, à ce qui renforce ou affaiblit leur caractère « démocratique ». Parce que toute société politique est traversée par des divisions profondes, on peut avec Machiavel questionner l'opposition parfois féroce entre l'humeur du peuple ou de la plèbe et celle des Grands. L'institution de tribuns du peuple, destinés à porter la voix de ce dernier, est-elle de nature à assurer la pérennité de la République, à en faciliter le gouvernement ? Le tribun « du peuple » aurait vocation à être le dépositaire d'une sorte de conscience de classe spécifique et à défendre le peuple contre les excès des Grands. Outre l'histoire de Rome qui témoigne des errements de l'institution du tribunat, celle-ci ne fait que déplacer les choses : comment élire un bon tribun et quel doit être son statut par rapport au peuple ? Si les tribuns prétendent *être* la voix du peuple, le risque est grand de les voir se substituer purement et simplement à la multitude et délibérer entre eux.

Partout où la démocratie est opératoire, sous la forme d'élections plus ou moins libres qui contribuent au choix des représentants, elle apparaît solidaire d'une oligarchie politique et économique – des « Grands » justement, qui resurgissent partout où c'est possible. Formellement, cela ne porte pas atteinte au fonctionnement de la démocratie. On assiste toutefois à l'émergence d'un très fort sentiment de rejet de cette « élite » au service d'intérêts dont la *généralité* n'est pas manifeste et qui fait peu de cas de l'exigence d'égalité et de justice. Mais si l'on peut regretter les conditions déplorables dans lesquelles certains votes ont lieu et qui débouchent sur des résultats parfois atterrants, fait surtout retour l'idée que le peuple est incapable de se gouverner lui-même. Au sein de la philosophie politique contemporaine, la défense d'une approche épistémique de la démocratie soutient au contraire fermement l'hypothèse que pour peu que certaines conditions soient remplies, les procédures démocratiques permettent de parvenir à des décisions politiques plus rationnelles et plus justes que celles d'autres régimes. La référence au « théorème du jury » de Condorcet joue un rôle majeur pour concevoir ce que pourrait être la détermination majoritaire et égalitaire des décisions politiques par un vaste ensemble de citoyens[7]. L'approche épistémique insiste sur la nécessité que les citoyens progressent en savoir et en rationalité pour pouvoir bien délibérer et prendre de bonnes décisions. Mais Condorcet soulignait de surcroît qu'indépendance intellectuelle et indépendance matérielle se renforcent l'une l'autre. L'individu est d'autant plus capable de penser librement qu'il n'est pas « abruti par la misère » ni dépendant de citoyens plus riches et plus puissants que lui pour sa subsistance. Si l'instruction publique joue un rôle décisif dans ce renforcement de la rationalité, elle ne saurait suffire : l'égalisation des savoirs est un exercice de tous les jours et requiert des institutions scientifiques adaptées.

La consolidation de la démocratie requiert aussi de réfléchir à un changement d'échelle de la citoyenneté. Il n'est pas assuré en effet que la citoyenneté nationale soit la bonne échelle pour prendre en compte des problèmes majeurs, dont l'extension est à la fois mondiale et locale. Comment

7. *Cf.* J. Roussin, « La démocratie épistémique : une perspective condorcétienne », *infra*, p. 55-74.

redéfinir la démocratie en l'articulant à l'idée d'une citoyenneté mondiale effective? Comment envisager cette citoyenneté élargie, sachant que c'est dans un cadre étatique national que les citoyens disposent du statut de sujet de droit? Habermas, dans le droit fil de sa théorie de la démocratie conçue à partir d'une pragmatique de la discussion, en appelle à un droit des citoyens *via* des institutions supranationales, droit distinct voire opposé au droit des États et dont les prérogatives concernent la paix et les droits de l'homme. L'Europe mais aussi une véritable Organisation mondiale devraient, dans la perspective d'un élargissement cosmopolitique de la démocratie, faire une place aux citoyens à côté des États. Mais sous quelles institutions et à travers quelles pratiques?

Aussi importante soit-elle, cette approche institutionnelle ne peut occulter le *fait* de la vitalité démocratique qui tient à l'implication des citoyens. « La démocratie est le régime de la réflexivité politique : où est la réflexivité de l'individu contemporain » s'inquiète Castoriadis dans *Le monde morcelé* paru en 1990? Il oppose un « type d'homme au jugement indépendant » et « concerné par les *res publicae* » à un « type d'individu, centré sur la consommation et la jouissance, apathique devant les affaires générales, cynique dans son rapport à la politique ». L'inquiétude dont Castoriadis se fait l'écho doit être articulée à la question historique complexe de l'imbrication de la démocratie et du libéralisme puis du néolibéralisme. Au point qu'il est légitime de se demander si la crise de la démocratie ne serait pas avant tout une crise de la démocratie libérale[8], liée à la subordination historique de la politique à l'économie. La réflexivité politique devrait-elle dès lors faire retour, quitte à en transformer la signification, aux modèles principiels de la démocratie que sont Athènes et la Déclaration des droits de l'homme et du citoyen? Dans de nombreuses révolutions récentes, ces modèles jouent, de fait, un rôle considérable. Les acteurs engagés dans des mouvements politiques font appel à cet imaginaire démocratique qui renforce, à leurs propres yeux, la légitimité des luttes qu'ils mènent. Celui-ci est traversé de récits, de représentations en partie indéterminés, mais aussi de valeurs idéales – la liberté, l'égalité, la dignité – considérées comme structurantes[9].

Mais cette référence à des modèles constitue aussi un des embarras majeurs de la démocratie puisqu'elle instaure une normativité de *cette* démocratie « occidentale » et l'inscrit dans une téléologie historique[10]. Il n'existe pourtant aucune impossibilité de principe à ce que se déploient d'autres formes démocratiques du politique en corrélation avec d'autres formes psycho-sociales de l'individualité[11].

Nathalie Chouchan

CAHIERS PHILOSOPHIQUES ▶ n° 160 / 1er trimestre 2020

8. *Cf.* M. Bourdeau, « Politique positive et démocratie », *infra*, p. 75-90.
9. *Cf.* F. Guénard, « Modèle démocratique ou expériences démocratiques », *infra*, p. 9-22 ; *cf.* également l'entretien avec H. Béji, *op. cit.*
10. *Cf.* F. Fruteau de Laclos, présentation de Jack Goody « L'individualisme », *infra*, p. 123 ; et F. Guénard, « Modèle démocratique ou expériences démocratiques », *op. cit.*
11. La récente révolution tunisienne tend ainsi à inventer des pratiques politiques incluant de manière inédite la liberté religieuse. *Cf.* l'entretien avec H. Béji, *op. cit.*

DOSSIER

Embarras de la démocratie

MODÈLE DÉMOCRATIQUE OU EXPÉRIENCES DÉMOCRATIQUES?

Florent Guénard

La pensée postmoderne considère qu'on défend mal la démocratie en en proposant un modèle théorique surplombant et qu'il est préférable de s'en tenir à une appréciation immanente des expériences démocratiques. La philosophie politique serait ainsi incapable de s'affranchir de ses prétentions normatives pourtant inadaptées aux contextes historiques. La critique est stimulante mais partielle : car lorsque la philosophie politique avance des modèles de démocratie, c'est moins pour se placer en dehors de l'histoire qu'afin de rendre possible la délibération des citoyens à l'intérieur de leur communauté d'appartenance.

I l faudrait, si l'on en croit Richard Rorty, libérer la démocratie de la philosophie[1]. Il faudrait dissocier radicalement la politique de toutes les convictions métaphysiques et de tout discours qui prescrit des fins universellement bonnes. La postmodernité consiste selon lui à délivrer les expériences politiques en général, démocratiques en particulier, des grands récits que la modernité n'a cessé de construire. Il faut, autrement dit, s'affranchir des Lumières, c'est-à-dire de l'idée que l'on peut opposer à la tradition une instance anhistorique. La théorie de la démocratie doit se faire pragmatique : les processus de libération doivent se concevoir à partir des communautés particulières, à partir de leurs expériences historiques et de leurs convictions morales partagées. Nous ne pouvons, explique Rorty, continuer à penser que la démocratie requiert quelque chose comme une déduction transcendantale. Nous ne le pouvons d'abord parce que cette déduction n'a pas de validité, ensuite parce que la démocratie peut sans doute trouver dans la philosophie une expression utile, mais ne réclame aucun soutien

---

■ 1. Deux articles de Richard Rorty doivent être sur ce point mentionnés : « La priorité de la démocratie sur la philosophie » et « Le libéralisme bourgeois postmoderne », dans *Objectivisme, relativisme et vérité*, trad. fr. J.-P. Cometti, Paris, P.U.F., 1994, p. 191-222 et 223-231.

philosophique. La position qu'il convient dès lors d'adopter, Rorty, s'appuyant sur Dewey, la nomme « libéralisme bourgeois postmoderne » : une défense de la démocratie libérale à partir des institutions et des pratiques telles qu'elles existent dans l'histoire (en l'occurrence, l'histoire de l'Atlantique Nord), sans invoquer de fondement transculturel ou anhistorique. Bref, il faut préférer Hegel à Kant, ou Walzer à Dworkin[2]. On défend mal la démocratie lorsqu'on invoque des droits, des principes, qui appartiendraient à une communauté idéale, ou une super-communauté que formerait, abstraitement, l'ensemble des êtres humains (à qui l'on attribuerait des fins et des droits). Les tensions à l'intérieur des sociétés sont rarement résolues, selon Rorty, par l'invocation de principes généraux, mais par l'appel à la convention, par les délibérations des citoyens sur ce qu'ils peuvent vivre, par le retour sur les expériences politiques qu'ils connaissent.

Philosophie et métarécit

Une telle position a incontestablement des mérites : elle entend débarrasser la démocratie des métarécits, elle souhaite comprendre autrement le rôle de la philosophie. Je ne crois pas trahir l'esprit des arguments qu'avance Rorty, défendant une position pragmatiste de la politique, en disant qu'il faut selon lui opposer à l'idée d'une démocratie-modèle la réalité des expériences démocratiques. Dit autrement, les paradigmes philosophiques n'ont selon lui aucune validité transcendantale, bien au contraire ils font écran et empêchent de concevoir correctement la réalité des expériences démocratiques.

Il me semble que cette distinction entre le modèle et l'expérience à propos de la démocratie a deux significations majeures.

Elle signifie premièrement que la philosophie doit considérer autrement qu'elle l'a fait jusqu'à présent son rapport aux formes de l'État. La réflexion sur démocratie doit s'engager, comme l'explique Dewey, dans l'élucidation de ce qu'est un public, conçu comme « l'ensemble de ceux qui sont tellement affectés par les conséquences indirectes de transactions qu'il est jugé nécessaire de veiller systématiquement à ces conséquences »[3]. Un public se forme en réaction à des formes politiques existantes. Celles-ci ne sont plus soutenues par le public qui leur a donné naissance, mais le pouvoir des institutions est tel qu'il faut bien souvent une révolution pour qu'un nouveau public puisse changer les formes de l'État[4]. En conséquence, « le problème consistant à découvrir l'État n'est […] pas un problème destiné à des enquêteurs s'occupant de théorie et qui ne feraient qu'inspecter les institutions déjà existantes »[5]. Ce problème est pratique, et la philosophie ne peut l'anticiper : « seules les exigences d'une philosophie rigide peuvent nous conduire à supposer qu'il existe quelque forme ou idée unique de l'État que les États historiques changeants auraient réalisée à divers degrés de perfection »[6]. Il n'y a donc pas de règle *a priori* qui pourrait définir la manière dont un bon État peut advenir

■ 2. « Le libéralisme bourgeois postmoderne », *op. cit.*, p. 225.
■ 3. J. Dewey, *Le public et ses problèmes*, trad. fr. J. Zask, Paris, Gallimard, 2010, p. 95.
■ 4. *Ibid.*, p. 112.
■ 5. *Ibid.*, p. 113.
■ 6. *Ibid.*, p. 114.

à l'existence. Ce principe général vaut particulièrement pour la démocratie, qui ne peut naître que d'une convergence de mouvements sociaux. Or, aucun parmi eux ne trouve son origine dans une forme idéale de gouvernement qui les aurait inspirés ; les idéaux démocratiques n'ont pas suffisamment de puissance pour mobiliser les individus, qui se constituent en public dans la lutte contre un ordre établi. La liberté est présentée comme une fin en soi, mais elle ne désigne en réalité qu'une libération à l'égard de l'oppression.

Nous comprenons donc que la démocratie dans cette perspective doit être conçue comme une expérience, en tant que telle singulière, irréductible à un modèle qui prescrirait ce qu'est une bonne démocratie en elle-même. Pour le dire autrement, Dewey fait de la démocratie la société politique idéale, mais les formes de cette société sont ouvertes. La seule condition requise pour que ce qui se présente comme démocratie soit authentiquement une démocratie est que l'individu puisse y réaliser ses potentialités et que les institutions lui fournissent pour cela les moyens nécessaires[7]. Aucun expert ne peut en conséquence prétendre fixer *a priori* la nature d'un régime démocratique qui advient à travers des processus historiques complexes.

Dewey et Rorty poussent ainsi la philosophie à la modestie : son rôle consiste simplement à dire *en quoi* la démocratie est une expérience, sans cependant décrire *ce dont* elle est expérience. La philosophie n'a pas la priorité, elle n'intervient qu'après les processus de libération, elle ne peut donc qu'en être le reflet et non l'origine.

Mais cette signification *théorique* a aussi, deuxièmement, un effet *politique*. Si nous sommes philosophiquement convaincus qu'il existe un modèle démocratique, ne faut-il pas tout faire pour qu'il trouve, dans la réalité historique, les applications les plus nombreuses possible ? C'est contre ce type de raisonnement que la postmodernité entend justement s'élever. L'idée de modèle démocratique est préjudiciable, en ce qu'elle produit, au-dessus des expériences de libération, une normativité qui devient contraignante et qui se ferme à la multiplicité des voies démocratiques. Jack Goody, parmi d'autres, a dénoncé le vol de l'histoire auquel peut conduire une conception paradigmatique de la démocratie[8]. Ce vol a deux aspects majeurs. D'abord, il a consisté à imposer au monde l'idée que la démocratie était née en Grèce aux Ve et IVe siècles avant J.-C., et qu'en conséquence les Occidentaux étaient à la fois garants et les responsables de ce modèle. C'est là une simplification grossière : « nombreux sont les systèmes politiques antiques, y compris des systèmes très simples, qui usaient de procédures consultatives afin de déterminer la volonté du peuple »[9]. Ensuite, il s'est traduit par l'imposition au monde d'une pratique politique considérée comme portant en elle la vérité de la démocratie. Le « modèle de Westminster » (la démocratie libérale parlementaire) a ainsi servi de norme lors de la décolonisation, les Occidentaux n'acceptant de remettre le pouvoir qu'à des gouvernements élus conformément à leur tradition

■ 7. Voir sur ce point G. Deledalle, *L'idée d'expérience dans la philosophie de John Dewey*, Paris, P.U.F., 1967, p. 466 *sq*.
■ 8. J. Goody, *Le vol de l'histoire. Comment l'Europe a imposé le récit de son passé au reste du monde*, trad. fr. F. Durand-Bogaert, Paris, Gallimard, 2010, en particulier p. 359-372.
■ 9. *Ibid.*, p. 372.

historique, au mépris des formes démocratiques locales[10]. La démocratie libérale occidentale étant considérée comme la seule forme possible du bon gouvernement, rien ne paraît devoir empêcher qu'on puisse l'imposer aux régimes autoritaires – à telle enseigne, comme le souligne J. Goody, qu'on est allé jusqu'à justifier par cet argument l'intervention militaire en Irak, qui violait pourtant tous les accords internationaux[11].

Du métarécit, on passe ainsi à l'idée qu'il faut légiférer à la place des peuples. L'idée de modélisation est suspecte aux yeux de la postmodernité parce qu'elle pousserait à l'interventionnisme. La philosophie politique aurait ainsi participé, comme toute la culture occidentale, à l'imposition au monde de ce qui n'était, en définitive, qu'une expérience, sans aucune prétention normative[12]. Libérer la démocratie de la philosophie revient à remettre la philosophie sur de bons rails : ce qu'elle doit faire, c'est aider à comprendre ce qu'est une expérience politique et s'empêcher de constituer des principes idéaux ou *a priori* qui gênent la compréhension des processus historiques et poussent à un discours prescriptif.

Ces propositions me semblent justifiées, mais partiellement seulement. Elles le sont en ce qu'elles mettent en garde contre l'universalisme mal compris, qui n'est jamais, en définitive, que la constitution abusive d'une expérience en modèle général. Elles le sont également en ce qu'elles incitent à considérer les moments historiques de libération en leur singularité, en se gardant des comparaisons injustifiées. Mais elles reposent sur l'idée que la modélisation est téléologiquement orientée vers la législation, et que le philosophe, lorsqu'il traite des institutions, n'a d'autres ambitions que d'être législateur ou de ne s'adresser qu'à ceux qui peuvent l'être. Ces présupposés doivent être interrogés ; car ce sont eux qui incitent à séparer radicalement l'expérience et le modèle – séparation radicale dont il y a lieu de douter.

Epistémé et *politeia*

En incitant la philosophie à s'effacer derrière l'histoire, le pragmatisme et/ou la postmodernité entendent nous débarrasser de l'encombrante figure du philosophe-législateur, qui planerait depuis Platon sur toute réflexion en matière de régimes ou d'institutions. Cette figure incarnerait la manière dont on a compris le rapport de la philosophie à la politique. Pour ne pas être ineffective, la philosophie devrait se faire politique, donc proposer des lois. Mais c'est là un problème, que Lyotard a parfaitement identifié : le discours philosophique construit une *épistémé*, un dispositif théorique constitué d'énoncés dénotatifs, qui entend alors se coupler à un discours prescriptif (une *politeia*), qui vise à rendre la réalité conforme à la représentation qu'on s'en fait[13]. Rien n'est plus différent que ces deux types de discours, que l'on

---

■ 10. J. Goody, *Le vol de l'histoire, op. cit.*, p. 362.
■ 11. *Ibid.*, p. 369.
■ 12. « Jefferson et Dewey, écrit Rorty, ont tous deux décrit l'Amérique comme une « expérience ». Si l'expérience échoue, nos descendants pourront apprendre quelque chose d'important. Mais ce qu'ils apprendront ne consistera pas plus en une vérité philosophique qu'en une vérité religieuse. Ils en tireront simplement quelques indications sur les précautions à prendre au moment de s'engager eux-mêmes dans leur expérience suivante » (« La priorité de la démocratie sur la philosophie », art. cit., p. 222).
■ 13. J.-F. Lyotard, *Au juste*, avec J. L. Thébaud, Paris, Christian Bourgeois, rééd. 2006, p. 60.

veut pourtant articuler l'un à l'autre, voire déduire l'un de l'autre. On ne peut, explique Lyotard, dériver le prescriptif du descriptif, le discours théorique définissant la manière dont une société peut être juste ou bonne ne constitue nullement une autorisation. Une grande partie de la philosophie politique occidentale repose selon Lyotard sur l'illusion qui consiste à considérer qu'un discours tenu pour vrai permet de réformer les pratiques sociales, en identifiant ce qui leur manque pour être justes.

On peut pousser cet argument plus loin encore. D'une *épistémé*, on ne peut déduire une *politeia*. Mais quelle est la valeur pratique d'une *épistémé* qui ne pourrait nourrir une entreprise de législation ? Le philosophe ne peut être législateur sans rompre avec ce qui fait de lui un philosophe, mais s'il n'est pas législateur, à quoi sert son discours philosophique ? C'est là, me semble-t-il, ce que dit au fond Rorty : la philosophie veut précéder la démocratie pour en opérer la déduction, mais celle-ci est impossible – ce qui revient à dire que la démocratie n'est pas un objet de la philosophie. Mais n'est-ce pas là une manière de maintenir, négativement, la figure du philosophe-législateur, comme ce que la philosophie ne peut pas ne pas être quand elle entend prendre la démocratie comme objet ?

Rien ne dit cependant que l'*épistémé* philosophique ne puisse s'affranchir de ses prétentions normatives – rien ne dit que la philosophie de la démocratie soit en définitive contrainte de reconnaître que son rôle se borne à réfuter l'anhistoricisme. Car il faut peut-être un point de vue détaché de toute communauté historique pour que la *délibération* démocratique puisse avoir lieu.

Cette proposition paraît d'emblée paradoxale. On ne délibère bien qu'à l'intérieur de sa communauté politique d'appartenance. Aristote l'énonce clairement dans l'*Éthique à Nicomaque* : « personne à Lacédémone ne délibère sur la meilleure façon de faire marcher la vie politique des Scythes »[14]. Les Lacédémoniens ne s'intéressent pas aux institutions qui peuvent être les meilleures pour les Scythes. Nous ne délibérons pas, explique Aristote, sur ce qui n'est pas à notre portée, ou ce sur quoi nous ne pouvons avoir d'effet. Les Lacédémoniens et les Scythes sont trop éloignés, rien ne peut dans la situation des Scythes intéresser Sparte. Et quand bien même on s'intéresserait à eux, qu'est-ce qui peut permettre de délibérer sur leurs institutions ? La délibération doit s'appuyer sur un savoir qui mette en état de comprendre comment la vie politique des Scythes pourrait être améliorée. Il faudrait aussi qu'on puisse avoir prise sur leur situation : à supposer qu'à Sparte on ait les moyens de s'interroger sur les institutions des Scythes, pourquoi le ferait-on ? Cette réflexion ne pourrait être suivie d'aucun effet, et on ne délibère que « sur les actes qu'on peut exécuter soi-même »[15]. Pierre Manent souligne très justement qu'Aristote n'aurait pas pu écrire : aucun Athénien ne délibère sur la meilleure forme de gouvernement pour les Scythes[16]. Car si à Sparte on ignore la philosophie politique, en revanche à Athènes on s'interroge, depuis

■ 14. Aristote, *Éthique à Nicomaque*, III, 1112 a 25, trad. fr. R. Bodéüs, Paris, GF-Flammarion, 2004, p. 145.
■ 15. *Ibid.*, 1112b25, p. 148.
■ 16. P. Manent, « Le savant et le politique. Pour une philosophie pratique », *Commentaire* 47, 2014/3, p. 551-560, en particulier p. 552.

Socrate, sur la meilleure forme de gouvernement, en faisant toute sa place à la différence des situations.

Cette précision est heureuse, mais il faut aller plus loin encore. Les Lacédémoniens, je l'ai dit, ne délibèrent pas sur les meilleures institutions pour les Scythes parce qu'ils n'ont pas de philosophie et parce que cette délibération n'a aucun intérêt pratique pour eux. Mais il pourrait en être de même des Athéniens, quand bien même ils ont à leur disposition une philosophie pratique qui leur permet de délibérer : pour quelle raison le feraient-ils ? Pourquoi peut-il y avoir un intérêt, pour les Athéniens, à délibérer sur le meilleur régime des Scythes ? La réponse est au fond dans la question : puisqu'on ne délibère que sur ce qui dépend de soi, on ne délibère pas sur les institutions des autres cités, voisines ou lointaines, afin de prescrire le régime qui nous paraît pour elles le meilleur. On le fait parce que cette réflexion nous permet d'atteindre la fin que nous recherchons, c'est-à-dire améliorer nos propres institutions. Mais comment le fait-elle ? Comment la délibération sur les institutions des Scythes pourrait, de quelque manière, contribuer à rendre meilleure la vie politique des Athéniens, ou celle des Lacédémoniens ? Elle ne peut le faire que si elle leur permet une réflexion sur le régime dans lequel ils vivent. Cela doit même être l'ambition de toute éducation, nous explique Aristote : faire de chacun un législateur, plus précisément mettre chacun en état d'être un législateur. L'éthique commande qu'on enseigne la vertu à ses enfants ; mais celui qui est le plus à même de le faire, c'est celui qui possède la science du législateur, c'est-à-dire celui qui est en état de raisonner sur l'intérêt commun[17]. Il est donc bien nécessaire de constituer une *épistémé*, non pas tant pour que s'en déduise une *politeia*, mais afin d'instruire les citoyens sur la politique. Il est ainsi essentiel que l'on puisse délibérer sur les institutions des Scythes. On peut même penser que cela l'est également pour les Lacédémoniens, seule cité en Grèce où le législateur se soucie de l'éducation des enfants – dans toutes les autres cités, « ce genre de choses ne fait l'objet d'aucune préoccupation et chaque particulier y vit comme il le souhaite »[18].

Il faut donc étudier les lois. Le savoir politique ne s'adresse pas seulement aux législateurs, mais à tous les citoyens, qui doivent acquérir l'aptitude des législateurs. Aristote décrit, à la fin de l'*Éthique à Nicomaque*, le contenu de ce savoir : « tirer des Constitutions dont on a le recueil de quoi voir les sortes de facteurs qui conservent ou détruisent les Cités ainsi que ceux qui jouent selon chaque genre de Constitutions, et les motifs pour lesquels certaines cités ont un beau régime »[19]. Cette *épistémé*, Aristote en fixera les grandes lignes dans *Les Politiques*.

L'étude des lois et la comparaison des régimes entre eux, celui des Scythes, celui des Lacédémoniens ou celui des Athéniens ne doit pas avoir seulement pour fin l'information du législateur, qu'il faudrait nourrir de philosophie

---

■ 17. *Éthique à Nicomaque*, X, 1180a30, p. 543-544.
▨ 18. *Ibid.*, 1180a25, p. 543.
▨ 19. *Ibid.*, 1181b15, p. 549.

politique ; elle s'adresse, comme *paideia*, à tous ceux qui, citoyens, doivent se mettre en situation de devoir légiférer.

Les principes du droit politique

Inutile de préciser que cette *paideia* est essentielle en démocratie, où le pouvoir est confié au plus grand nombre et où il importe que chaque citoyen puisse s'informer de la nature des régimes. La délibération sur les institutions suppose que l'on sache identifier les différentes formes d'État et que l'on puisse les comparer entre eux. Il est ainsi indispensable que l'on puisse distinguer les constitutions droites des constitutions déviantes, c'est-à-dire identifier le moment où le régime démocratique n'est plus tourné vers l'intérêt de tous mais n'est au service que de ceux qui sont au pouvoir (Aristote, on le sait, nomme « démocratie » le régime où le pouvoir, détenu par la masse, ne vise que « l'avantage des gens modestes », et « gouvernement constitutionnel », traduction de *politeia*, celui qui vise l'avantage de tous[20]). C'est indispensable justement parce que sans cette *épistémé*, l'expérience démocratique risque de ne pas être parfaitement intelligible aux citoyens eux-mêmes.

L'objection pragmatiste n'est pas cependant entièrement levée. Rorty pourrait souligner, à juste titre, qu'Aristote est sensible à la diversité des expériences historiques, diversité que son *épistémé* intègre en avançant qu'il existe plusieurs bons régimes – plusieurs bons modèles de constitution juste. Il ne s'agit donc nullement d'élaborer philosophiquement *un* modèle de régime. Nous pourrions formuler cette réserve d'une autre manière : en partant de l'histoire, c'est-à-dire des constitutions telles qu'elles ont existé, on ne peut parvenir à l'idée qu'une seule constitution est juste – on ne peut parvenir à l'idée qu'il n'y a qu'un modèle de bon régime. Ce qui signifie donc qu'on ne peut parvenir à l'idée d'une démocratie-modèle qu'en construisant *a priori* une forme idéale d'État, en se référant à une super-communauté qui n'a jamais existé et à laquelle on donne pourtant quelque chose comme une légitimité supérieure.

Pour le dire autrement, on ne peut vouloir à la fois partir de l'histoire et construire un modèle de régime. Il y aurait là une tension dans laquelle une grande partie de la philosophie politique est prise, elle qui n'entend pas renoncer à l'idée qu'elle doit proposer des modèles à partir de ce qu'elle considère comme étant la vérité (de la justice, de la liberté, de l'intérêt général, etc.). Rousseau dans cette perspective n'est-il pas, parmi les modernes, celui qui manifeste au plus haut point cette contradiction, pris qu'il semble être entre le désir de s'attacher à la réalité historique et celui de construire une démocratie-modèle ? C'est une limite de sa philosophie politique qu'on a souvent pointé : il part, dans le *Contrat social*, des « hommes tels qu'ils sont »[21], c'est-à-dire entend déployer sa réflexion politique à partir de l'anthropologie et de l'histoire, à partir des passions des hommes telles qu'elles se présentent aujourd'hui. Il ne s'agit donc pas de proposer un régime idéal, qui n'aurait aucun rapport avec

■ 20. *Les Politiques*, III, 7, 1279a, trad. fr. P. Pellegrin, Paris, GF-Flammarion, 1990, p. 230.
■ 21. *Du Contrat social*, I, avant-propos, dans *Œuvres complètes*, III, « Bibliothèque de la Pléiade », Paris, Gallimard, 1964, p. 351.

l'expérience des peuples. La constitution qu'il propose n'est pas un modèle utopique. Le problème, c'est qu'on voit mal alors à quoi elle peut servir. Car lorsque Rousseau envisage ainsi les conditions historiques de la liberté, lorsqu'il s'intéresse, dès le livre II du *Contrat social*, aux possibilités d'instituer un peuple, ses conclusions peuvent sembler bien décevantes : un seul peuple, la Corse, est encore capable de législation en Europe, tous les autres sont désormais beaucoup trop corrompus pour espérer un État bien constitué[22].

Si on considère que le *Contrat social* a pour fin de proposer une constitution idéale qu'il faudrait ensuite appliquer à l'histoire afin d'en réformer le cours, on ne peut qu'être surpris par ce que dit Rousseau : car le plan se révèle justement inapplicable. Mais s'agit-il de cela ? On peut sérieusement en douter. De l'avant-propos du *Contrat social*, on infère que Rousseau souhaite s'adresser au législateur : « On me demandera si je suis prince ou législateur pour écrire sur la Politique ? Je réponds que non, et que c'est pour cela que j'écris sur la Politique. Si j'étais prince ou législateur, je ne perdrais pas mon temps à dire ce qu'il faut faire ; je le ferais, ou je me tairais »[23]. Si Rousseau s'adresse bien au législateur, il ne le fait pas en lui proposant une cité modèle qu'il n'aurait qu'à appliquer. Il fixe des principes de droit politique permettant de trouver des lois adaptées aux situations historiques des États. La philosophie sert à dégager ce qui permet l'intelligibilité des expériences historiques, et de les corriger dans la mesure où certaines réformes sont encore envisageables.

> Rousseau recompose la figure du philosophe-législateur

Rousseau recompose donc assez nettement la figure du philosophe-législateur, que Platon, selon Lyotard, aurait inventé. Il en amoindrit considérablement la portée. Il souligne d'abord les limites de la philosophie : celle-ci ne peut qu'extraire, à partir de l'histoire, les principes qui permettent de mesurer les possibilités politiques. Il souligne également les limites de la législation : le législateur doit être un homme extraordinaire, qui dans les temps de fondation « doit se sentir en état de changer, pour ainsi dire, la nature humaine ; de transformer chaque individu, qui par lui-même est un tout parfait et solitaire, en partie d'un plus grand tout dont cet individu reçoive en quelque sorte sa vie et son être »[24]. L'entreprise est fragile : car pour cette tâche, le législateur n'a aucune autorité, il n'est pas souverain, il ne dispose d'aucun pouvoir de coercition. Il lui faut convaincre que les lois qu'il propose sont bonnes, adaptées, pleinement fondées. Il peut user de subterfuges pour cela, en faisant notamment parler les dieux[25] ; mais les « moyens grossiers d'en imposer au

---

22. *Du contrat social, op. cit.*, II, 10, p. 391.
23. *Ibid.*, I, avant-propos, p. 351. Voir sur ce point le commentaire de R. D. Masters, dans *La philosophie politique de Rousseau*, trad. fr. G. Colonna d'Istria et J.-P. Guillot, Lyon, ENS éditions, 2002, p. 354 sq.
24. *Ibid.*, II, 7, p. 381.
25. « Voilà qui força de tout temps les pères des nations à recourir à l'intervention du ciel et d'honorer les Dieux de leur propre sagesse, afin que les peuples, soumis aux lois de l'État comme à celles de la nature, et reconnaissant le même pouvoir dans la formation de l'homme et dans celle de la cité, obéissent avec liberté et portassent le joug de la félicité publique » (*ibid.*, p. 383).

peuple »[26] n'ont aucune solidité, il n'y a de législation durable que reconnue et acceptée par l'ensemble des citoyens. Il faut donc que les lois deviennent une conviction partagée, et pour cela mettre le peuple en état de s'assurer, par lui-même, qu'elles sont légitimes.

Les principes de droit politique ne s'adressent ainsi pas seulement au législateur. Rousseau l'explique au livre V de l'*Émile* : ils sont nécessaires à l'éducation du citoyen que doit être Émile, ils dessinent un modèle à partir duquel l'élève doit pouvoir comprendre ce qu'est un État libre, ce que sont les lois et la manière dont elles servent l'intérêt général. « Il faut savoir ce qui doit être pour bien juger ce qui est »[27] : dit autrement, il faut un modèle à partir duquel on peut comprendre ce que nous pouvons observer. C'est ce qu'Émile est incité à faire : rapporter à cette échelle de mesure constituée par le droit politique ce qu'il apprendra de son voyage dans les pays européens, dont il étudie les institutions.

La *paideia* d'Émile citoyen suppose quelque chose comme une démocratie-modèle – ce qui doit être, mais sans cependant que cela définisse un programme de législation. L'*épistémé* sert la réflexion politique à laquelle Émile est incité par son gouverneur. Le contexte et l'objet de l'*Émile* empêchent sans doute que l'on tire des conclusions trop générales de ce livre V : Émile est un élève singulier, son éducation est domestique et non publique, et les circonstances font qu'il est en mesure de choisir l'État dans lequel il souhaite s'installer et fonder une famille. Après son grand tour en Europe, Émile est forcé de convenir qu'aucun État désormais n'a de lois légitimes, que dans aucun les institutions garantissent la liberté. Les principes de droit politique ont joué leur rôle, mais Émile est contraint par les circonstances à renoncer à la citoyenneté à laquelle il aspirait. Il choisira un pays, mais celui-ci ne sera pas une patrie. Il y accomplira son devoir, tout en sachant que l'intérêt général n'y est pas respecté par le pouvoir en place. L'écart entre le modèle et le temps présent est immense, et la critique radicale : le despotisme règne en Europe, l'espoir d'une vie libre est ténu.

Le modèle est nécessaire pour mesurer ce qu'il est possible de faire. Les principes du droit politique ne s'adressent pas seulement au législateur. Le *Contrat social* constitue l'élément majeur d'une *paideia* politique sans laquelle la liberté politique ne peut exister. Ce qui se donne ainsi comme un modèle permet une réflexion sur les institutions de l'État dans lequel on vit, parce qu'il permet de s'interroger sur les fins de la législation. Le livre V de l'*Émile* est une réponse aux questions que Rousseau, dans son œuvre politique, ne cesse de se poser : comment impliquer les individus dans la délibération démocratique ? Comment les détacher de leur intérêt particulier, afin de les tourner vers l'intérêt commun ? Comment faire advenir la citoyenneté ? « La plus grande difficulté, explique-t-il, pour éclaircir ces importantes matières[28] est d'intéresser un particulier à les discuter, de répondre à ces deux questions : que m'importe ? et, qu'y puis-je faire ? Nous avons mis notre Émile en état de

■ 26. *Ibid.*, p. 384.
■ 27. *Émile ou de l'éducation*, livre V, dans *Œuvres complètes*, IV, « Bibliothèque de la Pléiade », Paris, Gallimard, 1969, p. 836-837.
■ 28. Rousseau parle ici des questions que fait naître le droit politique.

se répondre à toutes deux »[29]. Ces deux questions sont bien celles que doit se poser tout citoyen, qui doit se mettre en quelque sorte dans la position que Rousseau assigne ici à Émile, à qui il est demandé de choisir la constitution de l'État dans lequel il souhaite vivre. Il faut faire comme si ce choix était toujours possible – il faut donc bien que, munis d'un modèle, nous délibérions sur la vie politique des Scythes, des Lacédémoniens ou des Grecs.

Normativité et méta-normativité

Toutes ces réflexions nous permettent d'avancer un certain nombre d'arguments qui contredisent, partiellement, la conception pragmatiste de la démocratie. Si la délibération citoyenne sur les institutions est essentielle à la démocratie, quelle que soit la forme qu'on lui donne, alors il faut bien que soient posées un certain nombre de valeurs (la liberté, l'égalité, la dignité etc.) indépendamment de l'interprétation qu'en donne une communauté déterminée, précisément parce qu'il importe qu'on puisse juger de cette interprétation. Ce sont ces valeurs et leur expression institutionnelle qui fournissent le modèle à partir duquel nous pouvons comparer les différentes expériences politiques, ou les rapporter à la nôtre. Mais ce modèle n'est pas autre chose que le moyen d'une réflexion démocratique. Il ne s'agit nullement de penser qu'une quelconque déduction pourrait se substituer à l'histoire et que le droit politique peut devenir *ipso facto* une conviction suffisamment partagée pour servir de fondement à une communauté démocratique. C'est, si l'on veut, un modèle qui ne vise à aucune application, une *épistémé* qui n'a aucune prétention à devenir *politeia*.

Je ne suis pas sûr que Rorty rejetterait ces arguments, c'est-à-dire l'idée que nous avons besoin pour comprendre nos expériences d'une réflexion anhistorique sur l'idée démocratique elle-même. Il ne contesterait sans doute pas que nous pouvons avoir besoin d'une expression philosophique de la démocratie, à condition que cette expression ne cherche pas à être un fondement politique. Ce que le « libéralisme bourgeois postmoderne » rejette, c'est l'idée que des fins fixées *a priori* puissent avoir une prétention normative telle qu'on se permette, en quelque sorte, de rejeter certaines expériences politiques comme n'étant pas conformes à ce qui est ainsi posé. Ce qui pose problème à ses yeux, c'est au fond l'idée de méta-normativité, dont les droits de l'homme sont l'expression la plus originaire et la plus significative. Lyotard nomme ainsi la valeur à laquelle prétend la Déclaration des droits de l'homme et du citoyen de 1789 : il s'agit pour elle de décider de ce qu'est une norme, c'est-à-dire de juger de la légitimité politique, en se référant à une légitimité supérieure, à une autre autorité[30]. Mais cette autorité en réalité n'existe pas : « Comme autorité suprême, destinateur et sens de la méta-normative, l'homme devrait avoir signé le Préambule de la Déclaration. Tel n'est pas le cas », puisque la Déclaration est signée par les représentants du peuple français[31]. C'est là qu'est justement le différend selon Lyotard : d'un

■ 29. *Émile ou de l'éducation, op. cit.,* p. 837.
■ 30. J.-F. Lyotard, *Le Différend,* Paris, Minuit, 1983, p. 210-211.
■ 31. *Ibid.,* p. 211.

côté on clame l'évidence rationnelle des droits universels, au nom desquels les Constitutions sont jugées ; de l'autre, on se donne le droit de représenter l'ensemble des communautés alors qu'on n'est représentant que d'un peuple particulier. On parle à la place de l'homme, on constitue une méta-normativité qui n'existe pas – c'est, pourrions-nous dire, un grand récit, celui des Droits ou de l'Homme. Burke est au fond le premier à avoir critiqué la Déclaration des droits de l'homme dans cette perspective : les représentants français ont sincèrement pensé qu'ils pouvaient parler au nom de l'homme, alors qu'ils ne sont bien que français. La déclaration est un texte philosophique sans fondement, qui ressort d'une volonté d'imposer au monde une législation. Il faut donc aussi la comprendre comme un acte politique de la part d'une puissance en guerre[32]. L'idée de méta-normativité est impossible à former, puisqu'il n'est pas possible d'exprimer les droits en dehors d'une communauté déterminée. En eux-mêmes, les droits de l'homme n'ont d'autre réalité que d'être une doctrine métaphysique, au-dessus de l'histoire, incapable d'être reçue par un peuple singulier – donc incapable en réalité de toute normativité.

Les droits de l'homme sont une doctrine philosophique qui voudrait valoir comme loi des lois – qui voudrait en quelque sorte précéder la démocratie. C'est bien cette prétention que le pragmatisme politique voudrait définitivement écarter, considérant que les démocraties ne naissent pas ainsi, et que toute méta-normativité est une imposition anti-démocratique. Mais cette critique repose sur deux interprétations de l'idée de méta-normativité qui sont contestables.

D'abord, elle considère que se référer à une supra-communauté ne donne aucune légitimité. Je suis tout à fait d'accord avec cet argument, mais il me semble que les droits de l'homme ne prétendent pas tirer leur bien-fondé d'une telle référence. Ce qui donne un fondement à ces droits, c'est leur reprise au sein des législations positives. La déclaration de 1789, comme l'écrit très justement Étienne Balibar, identifie les droits de l'homme et les droits politiques[33] – l'homme est un citoyen, il n'existe pas en dehors de cette citoyenneté. C'est pour cette raison que la déclaration peut être reprise, intégrée et adaptée aux constitutions. Elle l'est par exemple en 1798, en Hollande, lorsque naît la République Batave, ou l'année d'après à Naples, lorsque la République parthénopéenne est proclamée[34]. Burke a sans doute raison de dire que, dans un geste fou, les représentants français ont eu la prétention de porter l'universel, considérant que leur situation était désormais celle de l'humanité tout entière en quête d'émancipation. Il a sans doute également raison de voir dans cette déclaration une orgueilleuse volonté de se substituer aux législations en place. Mais il ne faut pas confondre l'origine des droits de l'homme et leurs effets politiques. Si la Déclaration de 1789 est fondatrice, ce

■ 32. *Réflexions sur la révolution de France*, trad. fr. P. Andler, Paris, Hachette, 1989, p. 282 *sq.* Je me permets de renvoyer sur ce point à F. Guénard, *La Démocratie universelle. Philosophie d'un modèle politique*, Paris, Seuil, 2016, p. 181-195.
■ 33. É. Balibar, *La proposition de l'égaliberté*, Paris, P.U.F., 2010, p. 66.
■ 34. Je renvoie sur cette question aux analyses d'Annie Jourdan, *La Révolution, une exception française ?*, Paris, Flammarion, « Champs », 2006, p. 257 *sq.*

n'est pas dans sa prétention à être le texte législatif d'une supra-communauté, mais dans ce qu'elle a pu inspirer, dans le modèle qu'elle a pu être.

Ensuite, la critique de cette méta-normativité repose sur l'idée que les droits de l'homme, anhistoriques, transculturels, auraient pour fonction de tenir éloignées les convictions partagées, plus encore de s'y substituer. Mais cette idée est également contestable : les droits de l'homme forment les opinions, et deviennent ainsi une politique. La démonstration qu'en fait Claude Lefort est à mes yeux décisive : les droits sont inséparables de la conscience des droits, et cette conscience nourrit la lutte pour l'émancipation[35]. La démocratie excède l'État de droit, mais la contestation qu'elle ouvre ne peut prendre appui que sur une référence qui joue son rôle parce que celle-ci se formule comme étant historiquement indéterminée[36]. La formulation anhistorique est nécessaire afin qu'aucun pouvoir ne puisse se les approprier complètement – afin donc qu'ils puissent soutenir toute forme d'expérience démocratique.

Conclusion

Le « libéralisme bourgeois postmoderne » est une position raisonnable, car elle pousse les intellectuels à ne pas se placer en dehors de l'histoire, dans ce que Rorty appelle une « situation marginale », donc en dehors de leur communauté[37]. En s'insérant d'emblée dans l'expérience des peuples, elle pousse à concevoir la démocratie comme un régime dépendant d'un processus aux causes multiples. Mais elle reste insuffisante à mes yeux parce qu'elle considère, à tort, que l'invocation d'un modèle a toujours une visée prescriptive, en tant que telle aveugle à la singularité des conditions. Le problème est sans doute mal posé. Il l'est parce qu'à accorder trop d'importance à ce que l'on croit être la figure du philosophe-législateur, on finit par se méprendre sur l'intention de la philosophie politique lorsqu'elle s'interroge sur le bon gouvernement. Ce qu'Aristote ou Rousseau peuvent nous enseigner, c'est qu'on ne s'adresse jamais seulement au législateur quand on le fait – justement parce que le législateur ne parvient à ses fins que lorsque le désir de liberté est une conviction partagée. La modélisation ne doit pas seulement être comprise comme prescription, car elle est *paideia*. En jugeant que les penseurs de la liberté politique se sont toujours référés à une super-communauté, Rorty semble considérer qu'il n'y a que deux positions acceptables pour la philosophie : soit elle se place au moment où la cité ou l'État peuvent être fondés, soit elle accompagne les processus historiques d'émancipation, afin d'en produire une interprétation interne et de les soutenir. Les temps des fondations étant désormais dépassés, l'invocation du modèle ne peut qu'empêcher de saisir ce qui conduit aux régimes démocratiques.

35. « De la légitimation de la grève ou des syndicats, au droit relatif au travail ou à la Sécurité Sociale, s'est ainsi développée sur la base des droits de l'homme toute une histoire qui transgressait les frontières dans lesquelles l'État prétendait se définir, une histoire qui reste ouverte », C. Lefort, *L'invention démocratique*, Paris, Fayard, 1984, p. 67-68.

36. « Les droits de l'homme ramènent le droit à un fondement qui, en dépit de sa dénomination, est sans figure, se donne comme intérieur à lui, et en ceci, se dérobe à tout pouvoir qui prétendrait s'en emparer – religieux ou mythique, monarchique ou populaire. Ils sont, en conséquence, en excès sur toute formulation advenue […]. Enfin, la même raison fait qu'ils ne sont pas assignables à une époque » (*ibid.*, p. 66-67).

37. « Le libéralisme bourgeois postmoderne », art. cit., p. 223.

Il y a là une erreur à la fois sur l'idée d'expérience et sur celle de modèle. Le concept de démocratie vient toujours après les faits, explique Dewey, jamais il ne les précède. Les mouvements d'émancipation sont d'abord des mouvements de libération : « la démocratie politique [...] a émergé d'une multitude d'ajustements réactifs à un grand nombre de situations toutes dissemblables » ; « la liberté fut présentée comme une fin en soi bien qu'en réalité, elle ait désigné une libération par rapport à l'oppression et à la tradition »[38]. La démocratie serait donc une expérience, et non la conséquence d'un modèle. Mais est-ce que l'expérience atteste une telle proposition ? Cela ne va pas de soi. La réception de la Déclaration des droits de l'homme et du citoyen de 1789 prouve que l'expérience, pour être intelligible aux yeux de ses acteurs, a besoin de prendre modèle sur une réalité posée comme anhistorique. L'histoire globale de la Déclaration d'indépendance de 1776 révèle qu'elle a été imitée plus d'une centaine de fois en deux siècles, et que, écrite afin de servir la construction de l'État américain, elle est devenue, par ces multiples reprises, une référence transculturelle[39]. Dans de nombreuses révolutions démocratiques récentes, on constate le poids des modèles[40]. En en appelant à des expériences de libération, les acteurs font appel à un imaginaire démocratique qui renforce, à leurs propres yeux, la légitimité des luttes qu'ils mènent. Cet imaginaire est constitué tout à la fois d'images, de récits, de représentations en partie indéterminés, mais aussi de valeurs idéales (la liberté, l'égalité, la dignité) considérées comme structurantes. Cette invocation renforce la compréhension des combats qu'ils mènent. Si ceux-ci naissent d'une réaction à un ordre établi injuste et autoritaire, ces différentes révoltes ne s'unissent en un même combat démocratique qu'en faisant appel à ces modèles qui leur donnent un sens politique.

La réflexion philosophique, quand bien même elle refuse, à raison, de se considérer comme législatrice, peut ne pas être inutile – ne serait-ce que parce qu'elle rend possible ces références structurantes. Il y a bien intérêt à se mettre en situation de délibérer sur la vie politique des Scythes, des Lacédémoniens ou des Athéniens.

Florent Guénard
Maître de conférences en philosophie à l'École Normale Supérieure, USR 3608.

▨ 38. J. Dewey, *Le public et ses problèmes, op. cit.*, p. 170 et 173.
▨ 39. Voir sur ce point l'étude de D. Armitage, *The Declaration of Independence*, Cambridge, Harvard University Press, 2007 (trad. fr. C. Jaquet, *Du nouveau monde à l'Amérique d'Obama. Un empire contre nature*, Nantes, L'Atalante, 2009).
▨ 40. Je me suis arrêté pour le montrer sur le cas de la révolution démocratique tunisienne commencée en 2010. Je me permets de renvoyer à cette étude (voir *La Démocratie universelle, op. cit.*, p. 329 *sq.*).

DOSSIER

Embarras de la démocratie

LA DÉMOCRATIE SELON PLATON OU DE L'IGNORANCE COLLECTIVE ÉRIGÉE EN PRINCIPE POLITIQUE[1]

Marc-Antoine Gavray

La critique platonicienne de la démocratie est résolument philosophique, contestant le modèle anthropologique et épistémologique sous-jacent au nom des aberrations historiques auxquelles il est condamné. Cet article examine les deux principaux moteurs de l'analyse platonicienne : 1) l'absence d'unité, qui se traduit par une oligarchie de fait et par une dispersion des citoyens, plus soucieux de leur liberté individuelle que de l'intérêt de la cité ; 2) une théorie de la connaissance qui, aussi implicite soit-elle, dissocie savoir et pouvoir. Il en résulte une prise de distance à l'égard d'un modèle où l'homme démocratique serait jugé compétent par nature à exercer des responsabilités.

P laton n'est pas vraiment un partisan de la démocratie. Faut-il l'en blâmer ? C'est en effet la démocratie qui, à ses yeux, a condamné Socrate à la peine capitale. C'est elle également qui porte la responsabilité de la guerre interminable contre Sparte, sombre décor de sa jeunesse[2]. Sans même évoquer les manipulations des démagogues, la culture des tribunaux ni les débats interminables (ou mal terminés) qui l'animent, les raisons ne manquent pas de la critiquer. Or, si Platon la prend régulièrement pour cible, ce n'est pas au nom de considérations historiques et politiques de ce type. Son principal grief est philosophique : de son point de vue, c'est le modèle sur lequel la démocratie repose – la conception de l'homme et du savoir sous-jacent – qui est inadéquat. Les problèmes factuels, historiques, ne sont que les symptômes

▧ 1. Je remercie Stéphane Marchand non seulement de m'avoir encouragé à écrire ce texte, mais également de m'avoir fait profiter de ses remarques. Je n'en porte pas moins la responsabilité de son contenu.
▧ 2. La guerre du Péloponnèse débute en 431 et se termine en 404. Platon naît quant à lui en 427 et passe donc son premier quart de siècle dans un climat de guerre continue, suivie par une période de répression violente puis de restauration de la démocratie qui s'achèvera notamment par la condamnation de Socrate.

de postulats théoriques (implicites) qu'il identifie au gré des analyses. Platon critique la démocratie parce qu'elle ne peut rien produire d'autre que cela.

Le jugement paraîtra rétrograde, conservateur, voire inspiré par le pire des totalitarismes. Il suffit cependant de regarder les attaques – plus vives encore – que Platon formule à l'encontre de l'oligarchie ou de la tyrannie pour constater qu'il ne nourrit aucune haine particulière pour la démocratie. Sa critique relève plutôt d'une analyse sans compromis des défauts inhérents à ces régimes, qui aboutit à une hiérarchie dans le pire où la démocratie n'occupe pas la dernière marche[3]. Je voudrais en examiner les éléments concernant cette dernière afin d'en évaluer la pertinence et la vigueur. Mon but ne sera pas de donner raison à Platon ni même de le justifier, mais de remonter au principe de sa démarche, dans l'idée que son embarras vis-à-vis de la démocratie ne disparaît pas dans notre conception moderne : non pas Platon comme vestige historique, pas davantage comme modèle, mais comme un moteur de questionnement dans notre rapport à la démocratie et à la politique en général.

Quelle unité pour la cité démocratique?

Je prendrai pour fil conducteur deux éloges que Platon insère dans ses dialogues, tous deux placés dans la bouche d'une figure éminente de la démocratie. Cœur du *Ménéxène*, le premier est attribué à Aspasie, la femme du stratège Périclès, ce héros démocrate de la seconde moitié du Ve siècle. Le second provient du *Protagoras*, où il est prononcé par le sophiste d'Abdère. Ces deux portraits idéalisés présentent la démocratie sous son meilleur jour, celui-là même que Platon interroge.

Une aristocratie de fait

L'éloge du *Ménéxène* entre dans la catégorie des oraisons funèbres (ἐπιτάφιοι λόγοι) – un genre épidictique consistant à louer les morts (au combat) et, à travers eux, la cité dont ils ont illustré les valeurs. La critique de Platon ne visera pas le principe de la mise en scène, le fait que la démocratie enjolive ses origines et son présent. Tout régime éprouve en effet le besoin de se raconter pour asseoir sa légitimité et persuader ses citoyens de la solennité des valeurs à respecter. Même les cités vertueuses de la *République* et des *Lois* n'échappent pas à la règle, se forgeant un discours modèle – un mensonge d'État – qui assure leur unité[4]. En ce sens, la démocratie recourt à la fiction pour remplir la fonction de transmission des valeurs, d'autant qu'aucun pouvoir fort n'y garantit la cohésion sociale[5].

3. Pour une analyse des emprunts à la démocratie que Platon s'autorise dans une certaine mesure, lire l'article d'É. Helmer, « La conception platonicienne de la démocratie », in Φιλοσοφια. Επετηρις του κεντρου ερευνης της ελληνικης φιλοσοφιας, Athènes, Académie d'Athènes, 2010, p. 251-267. Cet article dresse en outre un bilan des tendances interprétatives du rapport de Platon à la démocratie que le lecteur pourra consulter (p. 251-252). Le livre récent d'Anders Dahl Sørensen (*Plato on Democracy and Political Technē*, Leiden, Brill, 2017) donne une vision plus large du dialogue de Platon avec la démocratie.

4. Cf. *République*, III, 414b-415d. Sur le « noble mensonge » et sa fonction dans la *République*, voir M. Schofield, *Plato. Political Philosophy*, Oxford, Oxford University Press, 2006, p. 284-309. Dans les *Lois*, c'est la fonction essentielle que remplissent les préambules, par exemple en IV, 715e-720e, où il s'en justifie.

5. Il suffit de voir les effets que Socrate, non sans une ironie décelée par Ménéxène, avoue éprouver à l'écoute de ce discours : il se sent comme envoûté et grandi par le prestige des morts (*Ménéxène*, 235a-c).

Comme l'a relevé Gregory Vlastos, la dimension parodique du texte est indéniable[6]. Platon ne prétend d'ailleurs pas faire œuvre historique, mais les mots qu'il prête à Aspasie traduisent sa perception du discours glorificateur de la démocratie. Examinons tout d'abord comment ce dernier met en évidence deux spécificités d'Athènes et du régime démocratique : l'excellence et l'homogénéité.

Car c'était alors le même régime (πολιτεία) que de nos jours, le gouvernement de l'élite (ἀριστοκρατία), qui nous régit aujourd'hui, et qui toujours, depuis cette époque lointaine, s'est maintenu la plupart du temps. Celui-ci l'appelle démocratie (δημοκρατίαν), celui-là de tel autre nom qu'il lui plaît ; mais c'est en réalité le gouvernement de l'élite avec l'approbation de la foule (μετ' εὐδοξίας πλήθους ἀριστοκρατία; *Ménéxène*, 238c5-d2, trad. fr. L. Méridier)[7].

Dans un contexte où la démocratie n'est qu'un régime parmi d'autres dont la supériorité est loin d'être l'évidence qui nous apparaît aujourd'hui, la stratégie de légitimation mise en œuvre par Aspasie consiste à affirmer que, si ce régime surpasse les autres, c'est parce qu'il revêt en réalité les traits d'une aristocratie, un régime où les meilleurs exercent le pouvoir : sa valeur générale transparaîtra de celle de ses gouvernants. Or, puisqu'en démocratie le pouvoir appartient au peuple dans son ensemble et sans distinction (à l'exclusion notable des femmes et des esclaves), il s'agit de poser que l'extension démocratique du pouvoir ne nuit en rien à la valeur des gouvernants[8]. Cela implique donc d'admettre (implicitement) que chacun possède les capacités nécessaires à l'exercice politique, c'est-à-dire pour l'essentiel à choisir ceux qui paraissent les plus aptes aux fonctions de commandement.

La démocratie assume ainsi le paradoxe de considérer que c'est « la foule qui, en général, exerce le pouvoir » (ἐγκρατὲς δὲ τῆς πόλεως τὰ πολλὰ τὸ πλῆθος, 238d3-4), tout en admettant de déléguer plusieurs fonctions manifestement réfractaires à la gestion collective. Le paradoxe est encore renforcé du fait que, d'un côté, elle revendique un postulat fondamental d'égalité entre tous les citoyens et, de l'autre, elle en juge certains plus aptes au gouvernement. Ce qui soulève la question de l'homogénéité : comment assurer la cohérence du corps des citoyens ? Sortir du paradoxe implique donc de clarifier le postulat, ce que fait Aspasie. L'homogénéité démocratique suppose de reconnaître une égalité de naissance (ἰσογονία), en vertu de laquelle tous les citoyens jouissent *en droit* d'un accès identique aux fonctions et aux droits politiques (ἰσονομία), quelles que soient leur condition et leur origine (239a). L'égalité naturelle (κατὰ φύσιν) est à cet égard *nécessairement* commuée en une égalité sanctionnée par la loi (κατὰ νόμον), grâce à laquelle tous se regardent comme des pairs. Insister sur l'*isonomie* montre que l'homogénéité de la démocratie repose moins sur l'idée de peuple (δῆμος), conçu comme une entité unifiée, que sur

---

6. G. Vlastos, « ΙΣΟΝΟΜΙΑ ΠΟΛΙΤΙΚΗ», in *Platonic Studies*, Princeton, Princeton University Press, 1973, p. 190-192. Rappelons que l'éloge est attribué à une femme, étrangère de surcroît, soit une personne privée de moindre droit politique à Athènes.

7. L'éloge se poursuit jusqu'en 239a5. Il doit être comparé à celui que Thucydide attribue à Périclès (II, 37, 1).

8. Sur l'usage dans les *epitaphioi logoi* de présenter la démocratie comme une aristocratie, je me permets de renvoyer à N. Loraux, *L'Invention d'Athènes. Histoire de l'oraison funèbre dans la Cité classique*, Paris, Mouton, 1981, chap. IV.

l'égalité de droit entre ses membres. Aussi la démocratie se caractérise-t-elle essentiellement par l'octroi d'un droit égal à tout citoyen de participer à la vie politique, à la différence de régimes caractérisés par l'inégalité et dépourvus de toute homogénéité, où les uns apparaissent comme des maîtres, les autres comme des esclaves[9].

Il n'en reste pas moins que certains pouvoirs sont délégués et que certains individus sont jugés meilleurs par leurs pairs (238d). En réalité, la contradiction avec le principe d'égalité est seulement apparente. L'égalité de droit n'oblitère pas les différences entre les individus. Rien n'empêche des citoyens de mieux développer des compétences politiques. La question devient alors celle du critère d'évaluation : qui jugera de la supériorité de certains ? Sur ce point, la réponse d'Aspasie est démocratique à deux niveaux. D'une part, c'est bien la foule (πλῆθος) qui conserve le pouvoir mais qui prend la décision de le déléguer *en partie* : les gouvernants intronisés restent les légataires de la cité, à laquelle ils doivent rendre des comptes. D'autre part, leur supériorité est établie par la foule : c'est elle qui juge l'excellence des magistrats à qui elle confie des tâches, sur la base de critères qui lui sont propres, sans jamais prétendre à ce que cette supériorité apparente trouve un quelconque ancrage naturel, réel. En conclusion, la démocratie de droit telle que la présente Aspasie s'accomplit dans une sorte d'aristocratie de fait, qui demeure démocratique dans ses fondements.

Un régime bariolé

Ce tableau extrêmement favorable prend l'exact contre-pied des critiques de Platon qui, dans la *République*, attribue à la démocratie les caractéristiques suivantes[10] : les magistratures y sont tirées au sort ; il y règne un excès de liberté (ἐλευθερία), de franc-parler (παρρησία) et de licence (ἐξουσία) ; s'y retrouvent toutes les autres formes de constitutions ; les citoyens n'y subissent aucune contrainte, ni à obéir ni à être obéis, ni à gouverner ni à être gouvernés. Ce résumé le mène naturellement à conclure que la démocratie est, « apparemment, un délicieux régime politique, sans vraie direction, et multicolore, distribuant une certaine forme d'égalité, de façon identique, à ceux qui sont égaux et à ceux qui ne le sont pas »[11]. Toute la critique se concentre sur le postulat d'égalité, auquel elle en associe étroitement un autre, plus vigoureux encore en démocratie : le principe de liberté.

Le règne du tirage au sort

Commençons par l'égalité et par sa première manifestation : le tirage au sort. Si le hasard peut devenir un principe démocratique, c'est grâce au postulat d'une égalité stricte entre les individus, en vertu duquel tout citoyen peut *par nature* – c'est-à-dire par sa naissance en tant que citoyen – recevoir

■ 9. *Ménexène*, 238e. De ce point de vue, cette apologie de la démocratie rejoint celle prononcée par Otanès dans le débat sur les constitutions consigné par Hérodote (III, 80).

■ 10. *République*, VIII, 557a-558a. C'est sans doute ce qui fait dire à Malcolm Schofield que, dans le *Ménéxène*, Platon se fait « engagé » (*Plato. Political Philosophy, op. cit.*, p. 74), au sens où il s'attaque directement à cette mise en scène glorifiante que la démocratie propose d'elle-même.

■ 11. *République*, VIII, 558c4-6 (tr. P. Pachet) : εἴη, ὡς ἔοικεν, ἡδεῖα πολιτεία καὶ ἄναρχος καὶ ποικίλη, ἰσότητά τινα ὁμοίως ἴσοις τε καὶ ἀνίσοις διανέμουσα.

une magistrature, sans que cela ne contrevienne au bien-être général de la cité. Le tirage au sort est en quelque sorte l'accomplissement de l'égalité démocratique, au sens où il implique de négliger complètement les différences de statut ou de capacité à diriger, au motif que chacun possède un droit absolument égal à exercer une fonction politique. Il est remarquable que le discours d'Aspasie passe totalement sous silence cette pratique pourtant caractéristique de la démocratie pour insister sur la valeur aristocratique du régime athénien[12], ce qui conduit au dilemme suivant. Soit, dans la perspective qui paraît privilégiée par Aspasie, la démocratie délaisse le tirage au sort au profit d'une attribution des magistratures par la voie des élections (αἱρετοί) ou de l'hérédité (ἐκ γένους, 238d3). Dans ce cas, elle ne conserve de la démocratie que le nom (et Aspasie note justement que « on l'appelle tantôt démocratie »), vu qu'elle refuse de mener le principe d'égalité jusqu'à sa conséquence ultime. Elle correspond alors à une aristocratie – voire à une oligarchie – *de fait*, dès lors qu'elle restreint l'accès aux magistratures à ceux qui paraissent les meilleurs et réserve le pouvoir à une élite, restaurant *en fait* ce qu'elle évacue *en droit*[13]. Soit, à l'inverse, la démocratie généralise le tirage au sort au nom du principe d'égalité et, du même coup, s'interdit de tirer le meilleur parti de ses citoyens les plus compétents, sinon par le fait du hasard, dans la mesure où elle refuse d'observer des différences de valeur au moment de déléguer les charges politiques. Le tirage au sort conduit ainsi inévitablement à un nivellement (par le bas) des compétences (et donc de l'exercice) politiques – du moins est-ce là le sens de la critique de Platon.

Entendons-nous. Platon ne conteste ni le tirage au sort ni le principe d'égalité. Il en critique uniquement l'acception démocratique. Ainsi quand, dans les *Lois*, il examine les sept types de prétention à l'autorité, il place le tirage au sort au sommet de l'échelle, au plus près des dieux parce qu'il résulte d'un choix divin[14]. Il l'utilise ensuite pour diverses procédures d'attribution de charges distinctives au sein de sa cité[15]. Le tirage au sort joue donc un rôle essentiel dans la cité modèle, mais dans une configuration impliquant une sélection, préalable ou *a posteriori*, qui retient uniquement les citoyens jugés dignes d'exercer la charge en question, en vertu de quoi les meilleurs individus (par la vertu ou par le savoir) accèdent au pouvoir en proportion de leur supériorité. Cette version du tirage au sort s'écarte très manifestement

---

■ 12. En dépit de son absence dans le panégyrique du *Ménéxène*, le tirage au sort n'en est pas moins un caractère essentiel de la démocratie grecque, comme cela ressort aussi du passage d'Hérodote mentionné plus haut.

■ 13. Platon insiste par ailleurs sur le risque de dérive qu'encourt la démocratie, non seulement vers l'oligarchie, mais même vers la tyrannie (de fait ou réelle). Dans le *Gorgias*, il associe ainsi l'orateur et le tyran (466c-d ; 467a ; 468d ; 479a). Dans la *République*, il fait naître la tyrannie de la démocratie (VIII, 564c-565d).

■ 14. *Lois*, III, 690c : les autres formes d'autorité qui sont jugées légitimes sont l'autorité parentale, la noblesse, l'ancienneté, la position de maître, la force et le savoir. Ce type de tirage au sort s'avère tout sauf démocratique, puisqu'il concerne les naturels des individus : sont amenés à exercer une autorité légitime ceux qui en possèdent par nature (par le sort) les capacités qui les rendent aptes à diriger.

■ 15. *Lois*, VI, 756e, 759b et 763d-e. Par exemple, pour le Conseil de la cité pour laquelle il légifère (756c-e), il élabore un système à deux tours. Au premier, les citoyens répartis en quatre classes censitaires votent partout où ils peuvent acquitter le cens (les plus riches votent donc dans les quatre groupes). Au second, tous votent parmi les représentants élus au premier. Ensuite, un tirage au sort ramène les représentants à cent quatre-vingts par classe, qui sont alors soumis à l'examen. Selon Platon, ce procédé concilie monarchie et démocratie, (s)élections et tirage au sort, un juste milieu où doit se tenir la constitution : non seulement les « meilleurs » possèdent plus de poids dans le vote, mais les résultats du tirage au sort sont ensuite passés au crible de la valeur.

de celle fondée sur l'égalité démocratique, au prétexte que placer l'homme de bien dans une égalité stricte, prétendument naturelle, avec l'homme de peu revient à convertir une inégalité de nature en une égalité apparente, ce que Platon juge profondément inique. À l'égalité *arithmétique* qui fonde la démocratie, il préfère dès lors l'égalité *géométrique*, qui accorde un poids politique en proportion de la valeur d'un élément[16]. Au fond, la démocratie ne commet-elle pas l'erreur de postuler une égalité de nature que rien ne vérifie empiriquement ? Du moins le dilemme demeure : soit postuler une égalité de principe indiscutable, au détriment de la valeur du gouvernement ; soit accommoder l'égalité en faveur d'une méritocratie (dans le meilleur des cas). Nos démocraties représentatives semblent avoir *de facto* fait leur choix.

Le règne de la liberté

Si l'égalité s'avère une condition nécessaire de la démocratie, elle ne paraît pas suffisante. Son critère véritable, selon Platon, c'est la liberté. C'est elle en effet que la démocratie pose comme son bien le plus élevé et le plus beau, celui qui la rend digne d'intérêt aux yeux de ses partisans[17], dans un contexte grec où l'opposition entre servitude et liberté est plus prégnante que celle entre égalité et inégalité. Ce faisant, l'idéal démocratique ne commet aucune erreur de principe. Du moins s'accorde-t-il sur ce point avec le système utopique de la *République*, qui repose sur la capacité de certains individus à agir et à penser en toute liberté, c'est-à-dire à être capables de se débarrasser des entraves à la décision qui entraîne l'action juste. L'égalité qu'il postule entre les sexes se révèle ainsi une conséquence nécessaire de cet idéal de liberté, dans la mesure où cette capacité appartient à l'un et l'autre sexes. De ce point de vue, l'égalité devient un critère secondaire : les individus dotés de capacités semblables (de commercer, de protéger la cité ou de penser) reçoivent un traitement et des attributions égales, qui dépendent en définitive de leur capacité à manifester la liberté véritable – celle de la pensée. Platon et le courant démocratique s'accordent donc sur la valeur (politique) de la liberté. Ils divergent en revanche sur son extension et sur sa signification.

En démocratie, la liberté procède d'un postulat : elle est simplement reconnue à tous, tout comme l'égalité. Il ne faut ni l'acquérir ni la conquérir, car elle est donnée par nature ou, plus exactement, par la cité à tous ses citoyens. C'est pour cette raison qu'elle est non seulement le bien le plus précieux, celui cultivé pour lui-même, mais aussi le plus fondamental, parce qu'il conditionne tous les autres. Mieux encore, la liberté démocratique se définit comme la licence de « faire ce que l'on veut »[18]. Elle est un droit inaliénable qui offre à l'individu la faculté d'agir comme il l'entend, sans que la moindre contrainte (politique) ne pèse sur lui.

■ 16. Voir *Lois*, VI, 757b-c. Cette égalité proportionnelle séduira Aristote, qui la défendra dans ses *Politiques*, notamment pour éviter les séditions (III, 16, 2, 1287a12-14 ; V, 1, 1301a25-39 ; voir aussi III, 13, 13).
■ 17. *République*, VIII, 562b-c.
■ 18. *République*, VIII, 557b5-6 : ποιεῖν ὅτι τις βούλεται. Sur la liberté démocratique et sa reprise philosophique, je renvoie à l'article de Bernard Collette-Dučić, « La licence démocratique et son interprétation philosophique dans l'antiquité », dans B. Collette, M.-A. Gavray et J.-M. Narbonne (dir.), *Critique et licence dans la Grèce antique*, Paris, Les Belles Lettres, 2019, p. 417-442.

À suivre Platon, le principal effet de cette vision de la liberté est l'individualisme, qui se manifeste à différents niveaux. Le citoyen ne se sent pas tenu de participer à la vie de la cité et son implication politique dépend uniquement de son bon vouloir : il n'éprouve aucunement le besoin d'obéir ou de commander, de mener la guerre aux côtés de ses pairs ou de préserver la paix, de respecter les décisions judiciaires ou de les faire respecter[19]. Même les condamnés se permettent de continuer à circuler librement. La liberté démocratique agit ainsi comme une force centrifuge qui disloque la cité, car elle empêche les citoyens de se sentir impliqués dans un projet commun. Le règne du « chacun comme il le veut » conduit à celui du « chacun pour soi ». Pour contrer cette tendance et inciter les citoyens à s'investir dans la cité autrement que par l'exercice de leur liberté, la démocratie doit donc les doter de balises grâce auxquelles ils percevront l'importance d'appliquer (et de faire appliquer) les lois, parce qu'ils comprendront que leur liberté, tout inconditionnelle qu'elle est, ne dépend pas moins de la préservation de la cité. Et c'est le rôle que doit remplir l'éducation. Or, en démocratie, l'éducation suit le même modèle libertaire, au sens où chacun est éduqué dans l'idée que la liberté constitue son bien le plus précieux, ce qui se traduit dans sa forme même : il n'y a aucun cadre commun et chacun étudie en définitive les matières qu'il veut[20]. Érigée en principe plutôt qu'en finalité, la liberté entraîne la démocratie vers sa propre dispersion.

Le fait se remarque notamment dans le rapport à l'autorité. Dans tous les autres régimes, le nom que se donnent respectivement les gouvernants et les gouvernés évoque une relation de servitude : les gouvernés se désignent eux-mêmes comme peuple (δῆμος) et appellent maîtres (δεσπόται) leurs gouvernants, tandis que ces derniers se qualifient entre eux de codirigeants (συνάρχοντες) et nomment serviteurs (δοῦλοι) leurs gouvernés[21]. En démocratie en revanche, l'opposition entre peuple (δῆμος) et gouvernants (ἄρχοντες) prévaut. Quelle que soit sa place au sein de l'organisation politique, chacun jouit de la même liberté, et occuper une fonction ne confère aucun droit supplémentaire par rapport à ses concitoyens. Sans doute est-ce pour cette raison que le citoyen d'une démocratie ne ressent aucune attirance à exercer le pouvoir : si sa propre liberté constitue sa seule préoccupation, il acceptera une magistrature si et seulement si il y voit un autre moyen de l'assouvir[22]. Dans tous les autres cas, il préférera s'en abstenir pour continuer à jouir de sa liberté sans entrave. Le parallèle avec le philosophe tel que Platon le décrit est tentant. Si celui-ci est le seul à savoir comment diriger la cité, il estime avoir mieux à faire : sans l'intervention d'une contrainte extérieure, il n'ira jamais en politique de son gré[23]. Le philosophe platonicien et le citoyen démocratique sont donc animés d'un même désintérêt du pouvoir (pour le pouvoir), au nom d'une aspiration qu'ils jugent supérieure. Toutefois, s'il

■ 19. *République*, VIII, 557e-558a.
■ 20. *République*, VIII, 558b.
■ 21. *République*, IV, 463a-b. Dans la cité de Platon, les membres du peuple sont appelés donneurs de salaires (μισθοδόται) et nourriciers (τροφεῖς), les gardiens sauveurs (σωτῆρες) et auxiliaires (ἐπίκουροι).
■ 22. Une critique très proche se retrouve chez le Pseudo-Xénophon, *Constitution des Athéniens*, I, 8.
■ 23. Cf. *République*, VII, 516c-517a, 519b-d et 520a-d.

leur arrive jamais d'être contraints à exercer le pouvoir, ils se distingueront dans leur rapport à la liberté. Le premier usera de sa liberté de pensée pour remplir sa tâche : affranchi de toute ambition personnelle grâce à sa science des besoins de la cité et du moyen de les satisfaire, il œuvrera avant tout dans l'intérêt commun, conscient que son propre bien passe par celui de la cité. Le citoyen démocratique, pour sa part, poussé par son seul désir de liberté, subordonnera le bien commun à son intérêt propre. Sans nécessairement donner foi à la thèse de Platon, le contraste invite à s'interroger sur la manière dont la démocratie produit chez ses gouvernants une prise en considération de l'intérêt collectif, dans l'idée d'assortir ce droit à la liberté d'un devoir à son égard.

Mais la question se pose aussi pour les gouvernés, qui se sentent non moins libres que les gouvernants. L'effet conjugué de la liberté et de l'égalité entraîne en effet chez eux une certaine défiance à l'égard de toute forme d'autorité. Que les gouvernants soient tirés au sort parmi tous les citoyens, indistinctement, afin d'exercer une fonction politique sans la moindre prétention à le faire, implique qu'ils soient sujets à la contestation : pourquoi devrais-je renoncer à ma liberté pour obéir à un individu qui est absolument

> **Plus le citoyen démocratique aura de liberté, et plus il en voudra**

mon égal et n'a pas plus de légitimité à définir le bien commun, si ce n'est l'effet du sort ? Mais, en définitive, le tirage au sort n'est pas le seul motif de réticence et l'élection n'y change rien. De façon générale, en démocratie personne ne se sent tenu par les décisions des dirigeants, car obéir implique non seulement d'accorder une légitimité à la fonction, donc un crédit à ceux qui l'occupent, mais surtout de renoncer à une part de sa liberté individuelle pour suivre les décisions d'un autre. Or pourquoi devrais-je sacrifier ma liberté au profit de la sienne, si nous disposons tous deux d'un droit égal à la liberté ? D'après Platon, une telle défiance explique que seuls soient jugés légitimes les dirigeants qui évitent de toucher à la liberté de leurs concitoyens, tandis que les citoyens qui se soumettent délibérément à l'autorité des magistrats optent, aux yeux de leurs semblables, pour la servitude volontaire[24]. Dans ces conditions, la démocratie soulève un vrai problème de rapport à l'autorité et, par extension, d'efficacité réelle du pouvoir : l'institution des magistratures et des fonctions contrevient à ses principes fondamentaux que sont la liberté et l'égalité.

Loin d'être insurmontable, le dilemme peut se résoudre aisément dans le cadre d'un contrat social, en vertu duquel chacun renonce à une part de sa liberté pour la déléguer à un pouvoir commun. Toutefois, le caractère totalement indéterminé de la liberté démocratique, négativité totale, renferme nécessairement une dimension excessive, incontrôlée, illimitée, qui empêche un tel renoncement[25]. En démocratie, même les esclaves et les animaux

24. *République*, VIII, 562d-e.
25. Plusieurs sophistes ont d'ailleurs été les premiers partisans du contrat social (voir Ch. Khan, « The Origins of Social Contract Theory in the Fifth Century B.C. », *in* G.B. Kerferd (ed.), *The Sophists and their Legacy*, Wiesbaden, Steiner, 1981, p. 92-108 ; et M. Narcy, « Le Contrat social : d'un mythe moderne à l'ancienne

d'ordinaire serviles se conduisent de façon impudente et libre, parce qu'il y a comme une soif de liberté (ἐλευθερίας διψήσασα), une soif d'alcoolique inextinguible et inassouvie[26]. Plus le citoyen démocratique aura de liberté, et plus il en voudra. Plus il en voudra, plus il sera susceptible de s'en prendre aux dirigeants qui contrarieront sa soif, en accusant d'oligarchie ceux qui refusent de le servir.

Cette soif de liberté trouve sans doute sa source dans le principe même de la démocratie. À lire l'exposé de la dégradation progressive des régimes dans la *République*, la démocratie naît de l'oligarchie, quand les pauvres, lassés d'assister au spectacle de riches dont l'obsession est de s'enrichir, surmontent leur lâcheté pour se débarrasser de ceux-ci et se répartir le pouvoir à égalité[27]. La fiction généalogique ne doit sans doute pas être prise au pied de la lettre. Si elle fait de la démocratie le régime des pauvres, c'est moins pour signifier qu'elle est uniquement peuplée de miséreux que pour insister sur le changement de lieu du désir qui, en passant de l'oligarchie à la démocratie, se déplace de la richesse vers la liberté. En démocratie, la liberté est en quelque sorte le seul bien commun à l'ensemble des citoyens (et des dirigeants). Aussi s'agit-il d'un régime fondé sur la crainte de se retrouver asservi (à nouveau par les riches) et de perdre son seul bien.

Affirmer la liberté sans autre critère que négatif comme le fait la démocratie, se complaire dans une forme de liberté pure (ἄκρατος, 562d2), non mélangée à la moindre contrainte, c'est nécessairement rendre tout exercice du pouvoir impossible. Pour persister, la démocratie doit donc renoncer à une part de sa double caractéristique fondamentale, sans quoi l'unité qu'elle revendique reste de pure façade.

L'homme démocratique, parangon de l'individualisme

Nous annoncions un second effet de l'égalité démocratique : sa bigarrure. La démocratie procède en effet à une mise à égalité de tous les régimes, qui en fait le régime le plus plaisant, parce qu'elle ressemble à un « bazar aux constitutions »[28]. Cette mise à égalité ne signifie pas que la constitution démocratique emprunte ses composantes à toutes les autres constitutions, au sens où elle contiendrait des éléments tyranniques, oligarchiques, etc. Elle désigne plutôt le fait que la démocratie implique une mise à égalité des individus et des naturels, ainsi que des décisions prises. D'une part, chacun y est libre de vivre comme il le souhaite, c'est-à-dire en suivant les règles qui lui plaisent. Le personnage d'Aristophane, Dicéopolis, le protagoniste des *Acharniens*, vient directement à l'esprit, lui qui décide de conclure pour lui-même et pour sa famille une trêve avec l'ennemi lacédémonien, plutôt que de continuer à subir les affres de la guerre aux côtés de ses concitoyens. D'autre part, dans les assemblées politiques, chacun prend des décisions

sophistique », *Philosophie* 28, 1990, p. 33-56). Toutefois, aucun sophiste n'a fondé explicitement le contrat social sur le renoncement à la liberté, même s'il est vraisemblable qu'ils aient fait de ce renoncement un effet du contrat.

26. *République*, VIII, 563b-d. La métaphore du vin survient en 562c. Sur ce passage, lire les analyses, brèves mais stimulantes, de R. Muller, *La doctrine platonicienne de la liberté*, Paris, Vrin, 1997, p. 75-78.

27. *Ibid.*, VIII, 556c-557a.

28. *Ibid.*, VIII, 557d6 : παντοπώλιον πολιτειῶν.

ou, du moins, soutient des motions, résultant de ses propres aspirations. La démocratie a en effet pour caractéristique d'admettre à égalité toutes les décisions ou tous les avis. Sur ce point, le parallèle avec nos assemblées modernes est séduisant, où siègent des partis régis par des visions politiques pour le moins bigarrées, entre les tenants de l'oligarchie, les partisans du retour à un régime autoritaire, les défenseurs d'une dictature du prolétariat... En un sens, loin de constituer un véritable régime politique, qui serait guidé par une vision de la société – ou déterminé par une fin (τέλος) –, la démocratie s'apparente plutôt à une absence de régime défini. Elle est moins une conception de la politique qu'un refus de se prononcer définitivement en faveur d'une vision déterminée de la cité car, de l'avis de Platon, toutes les idées politiques doivent pouvoir s'y exprimer sans entrave, en vertu du principe de liberté qui n'en autorise aucune à monopoliser l'espace public.

Une telle mise à égalité se retrouve au niveau du désir. Dans sa généalogie, Platon apparie en effet chaque constitution à un type de naturel. Sans chercher à dire qu'un régime donné est principalement composé des individus correspondants, il met plutôt en parallèle constitutions et comportements[29]. Pour saisir le naturel démocratique, Platon opère une distinction entre les désirs nécessaires, qui concernent les besoins naturels (se nourrir, etc.), et les désirs superflus, qui vont au-delà[30]. Le naturel démocratique est celui chez qui les seconds prennent le pas sur les premiers, car il met tous les désirs sur un pied d'égalité (ἐξ ἴσου), sans aucune hiérarchie : l'homme démocratique est celui qui réalise indistinctement tous ses désirs, qu'ils contribuent ou non à son bien. Il livre dès lors son âme au commandement du premier désir venu : c'est celui-là qu'il poursuit, car il se trouve pour un temps placé au centre de son attention. Sa vie prend ainsi la forme d'un tirage au sort, où les désirs se succèdent à la faveur du hasard, sans la moindre organisation. Dans ces termes, l'égalité s'avère un refus de hiérarchiser les désirs, donc les vices et les vertus qui les régissent, dans la mesure où tous semblent de même nature et, de ce fait, aucun ne doit être réprimé[31].

La liberté de l'homme démocratique repose sur un principe d'égalité dont la conséquence ultime s'avère de nier la possibilité même de la liberté en tant que liberté délibérée et résultat d'un projet réfléchi. Parce qu'il y a mise à égalité d'éléments de niveaux différents, le hasard de leur succession devient le seul critère de décision. Or le sort se trouve à l'opposé d'une cause volontaire, rationnelle et libre, bref d'un véritable projet (individuel ou politique), c'est-à-dire d'un projet organisé autour d'un *télos*. La liberté sans contrainte et sans hiérarchie de la démocratie aboutit en définitive à sa propre négation.

■ 29. Dans la *République*, l'adjectif δημοκρατικός qualifie uniquement l'homme démocratique. Il ne reçoit d'ailleurs pas de sens politique que dans un seul passage des *Lois*, où il renvoie moins à une démocratie effective qu'à la dimension démocratique d'une constitution (VI, 756ᵉ10, cf. *supra*). Pour désigner la cité démocratique, l'État où la démocratie est en vigueur, Platon utilise le verbe δημοκρατέομαι (à une forme personnelle ou au participe). Quant au substantif δημοκρατία, il qualifie un certain type de régime, jamais une cité dont le régime effectif serait une démocratie. Le lexique platonicien observe donc une certaine constance, séparant clairement l'aspect politique de l'aspect psychologique et, au sein de la politique, le type et sa manifestation.

■ 30. *Ibid.*, VIII, 558c-562a.

■ 31. Le portrait du naturel démocratique est sans doute l'un des plus cinglants que Platon ait dressés (561c-e).

Quelle connaissance pour la démocratie ?

Un second horizon de la critique platonicienne de la démocratie est sans doute Protagoras, le premier philosophe à avoir défendu l'idéal démocratique. Platon a dégagé de sa pensée une vision cohérente sur la démocratie, qui forme un second plaidoyer dans les dialogues. Celui-ci explore la transmission des idées démocratiques et le rôle qu'y joue la connaissance. L'enjeu paraît crucial : dans un régime politique où chaque citoyen est amené à participer au pouvoir, comment s'assurer de sa capacité, sinon à considérer que la démocratie ne repose sur aucune compétence spécifique ?

Le partage des valeurs

Si Platon ne met jamais le mot « démocratie » dans la bouche du sophiste, il le contraint à justifier le régime athénien et, du même coup, sa prétention à enseigner l'excellence politique. Protagoras revendique en effet de former de bons citoyens, dans une démocratie grecque qui requiert moins une capacité à exercer des magistratures qu'à participer à la vie de la cité, par une bonne gestion de son patrimoine, par la prise de parole à l'assemblée et par l'exercice d'éventuelles fonctions[32]. C'est dire combien son bon fonctionnement passe par l'éducation. Or Platon formule deux objections[33]. En premier lieu, pour les matières techniques, les Athéniens n'écoutent que les experts, tandis que, pour les questions de politique générale, ils concèdent à chacun un droit de parole égal : par leur attitude, ils rendent donc vain l'enseignement de la politique, vu qu'ils semblent postuler que tous la possèdent en droit. En second lieu, même les *leaders* démocratiques se révèlent incapables de transmettre leurs compétences à leurs propres fils, et Platon cite Périclès en exemple. Le fonctionnement de la démocratie contredit l'idée d'éducation politique et ressemble à un régime où le pouvoir appartient au premier venu.

Protagoras répond par un mythe qui décompose la répartition des facultés et révèle ainsi leur importance relative pour la vie politique[34]. La justification de la démocratie passe donc à nouveau par la fiction. Négligé par Épiméthée, l'homme est d'abord nu et sans défense. Puis il reçoit de Prométhée le feu et les arts, grâce auxquels il fabrique un langage et des objets techniques utiles à sa subsistance. Enfin, incapable de cohabiter avec ses semblables car l'art politique lui fait encore défaut, il obtient de Zeus la justice (δίκη) et la honte (αἰδώς), qui sont cette fois distribuées à tout un chacun[35]. En d'autres termes, c'est la participation universelle à cette double capacité politique qui rend la démocratie possible, là où la distribution sélective des savoirs techniques crée certes une relation de dépendance, mais entraîne surtout des torts réciproques[36]. Ce n'est pas parce que je dépends du cordonnier pour me chausser que celui-ci va consentir à me fabriquer des chaussures et moi

■ 32. Platon, *Protagoras*, désormais « *Prot.* », 318e-319a.
■ 33. *Ibid.*, 319b-320b.
■ 34. *Ibid.*, 320c-322d.
■ 35. Pour une analyse approfondie du mythe et des questions connexes, je me permets de renvoyer à mon livre *Platon héritier de Protagoras. Dialogue sur les fondements de la démocratie*, Paris, Vrin, 2017.
■ 36. *Prot.*, 324e-325a.

à le payer en retour. Il faut encore que nous éprouvions le sens de la justice et de la honte pour être tenus par nos obligations réciproques.

La démocratie repose bien sur un mythe, une croyance partagée et délibérément admise, en vertu duquel chacun possède les capacités indispensables pour prendre part à la politique. Elle fait ainsi l'hypothèse de considérer chacun comme s'il en était doté et refuse que quiconque en soit exclu *a priori*. Ce postulat rend d'ailleurs la démocratie non seulement possible, mais même nécessaire, étant donné que rien ne justifie d'écarter certains de la vie politique, si tout le monde en détient les capacités. De ce point de vue, simuler la justice, c'est déjà y participer d'une certaine façon, dans la mesure où cela revient à admettre le lien de la cité et à consentir à le préserver[37]. Pour en revenir aux objections de Platon, si la démocratie autorise seulement les spécialistes à se prononcer sur les matières techniques, c'est parce qu'ils sont les seuls compétents dans ces domaines ; et si elle autorise tout le monde à s'exprimer sur les questions générales, c'est en vertu de la participation universelle aux capacités politiques. Qu'en est-il à présent de la transmission des compétences politiques ? La démocratie n'est-elle rien d'autre qu'un régime de l'opinion immédiate et du talent inné ? Sans être encore des vertus, mœurs ou règles instituées, justice et honte sont des capacités à transformer en compétences. Il reste à expliquer comment les développer pour acquérir la connaissance des normes de la cité.

L'éducation démocratique constitue un processus marqué par des ajustements constants, ce que Protagoras explique au moyen d'une analogie avec la langue maternelle : l'apprentissage ne repose pas sur un seul professeur clairement identifiable, mais tous l'enseignent à tous, en permanence et dès l'enfance[38]. Du fait que chacun a les capacités nécessaires, il peut recevoir d'autrui un savoir avant de le/lui transmettre (à) un autre. Chacun occupe tour à tour la place de maître et de disciple, devenant progressivement spécialiste dans les matières politiques[39]. La démocratie suppose donc que chacun accepte de prendre part en permanence à l'éducation politique. L'analogie linguistique permet d'aller plus loin : les citoyens contribuent aux lois comme à l'évolution de la langue, de façon impersonnelle, collective et continue. Ils s'avèrent à cet égard responsables de leur propre éducation et de leur propre unité politique. Maillons indispensables de la démocratie, ils s'intègrent au mouvement qui les englobe et les dépasse, qu'ils contribuent à entretenir. L'universalité des facultés politiques conduit en quelque sorte à instituer une technocratie où l'expertise est l'apanage de chacun, permettant la construction collective d'un projet commun, d'une unité qui se modifie et s'adapte sans cesse.

Ce processus n'empêche pas cependant l'émergence d'inégalités. Si Protagoras croit en la force de l'éducation, les faits le conduisent à reconnaître une hiérarchie des compétences, car certains se montrent plus doués que d'autres. Or l'écart reste ténu, une différence minime de degré (ὀλίγον, 328a) qui ne justifie pas d'instituer une aristocratie. Les meilleurs sont plutôt une

37. Voir *Prot.*, 322d et 323b-c.
38. *Ibid.*, 327e-328a.
39. *Ibid..*, 326e-327b.

chance pour la communauté, au sens où ils contribueront à élever d'un degré l'éducation. En d'autres termes, tout en admettant l'égalité de principe des capacités politiques, Protagoras évite de conclure que chacun les réalise au même degré. La démocratie doit postuler l'égalité, mais pas nécessairement admettre que tout le monde se vaut quant aux compétences acquises. Surviennent bien des inégalités, mais qui seront l'occasion d'une amélioration collective.

En conclusion, l'apologie de la démocratie que prononce Protagoras propose une vision alternative du postulat d'égalité, qui ne se fonde plus sur la reconnaissance de droits, mais en justifie la possibilité. Dans ses termes, la démocratie fait l'hypothèse d'une distribution universelle des capacités politiques, dont elle pose que tout le monde est doté *a priori*, ce qui l'autorise à reconnaître à tous un droit égal à la vie politique. Pour justifier *a posteriori* son hypothèse, elle considère l'éducation politique comme un processus continu et réciproque, qui s'étend sur l'ensemble de l'existence, en vertu duquel chacun devient compétent et actualise les capacités politiques qu'il possède en droit.

L'absence de connaissance

Comme Protagoras, Platon soutient que la politique suppose un savoir. Il s'accorde même à dire que maîtriser une science (ou un art) exige à la fois du temps et une prédisposition de l'individu[40]. Leur divergence concerne la nature de la science politique. Pour Protagoras, elle consiste en trois éléments : l'ensemble des règles de la cité, la manière de les respecter et les moyens de les modifier. Or, du fait que ces règles sont édictées par des citoyens tous pourvus des mêmes capacités politiques, il résulte que leur connaissance et leur mise en œuvre sont, en droit, accessibles à tous. De ce point de vue, le savoir démocratique correspond à un savoir (immanent) du fonctionnement de la cité, que certains possèdent mieux parce qu'ils éprouvent avec plus d'acuité la nature de ses besoins et le moyen de les satisfaire, c'est-à-dire de la faire évoluer vers un état meilleur pour elle[41].

Platon estime en revanche qu'aucun savoir ne peut être maîtrisé par la totalité des citoyens, ni même par leur majorité, parce que l'apprentissage requiert un temps et une concentration incompatibles avec une activité professionnelle. C'est la thèse de la *République*, qui exclut de la vie politique toute la population à l'exception de la catégorie des gardiens[42]. C'est aussi la thèse du *Politique*, où Platon examine les constitutions à l'aune de son modèle, qui repose sur la dialectique appliquée au gouvernement de la cité[43]. Il les envisage ainsi sous le critère du savoir : la seule constitution droite est

---

40. Platon brosse un tableau qui rejoint les rares fragments de Protagoras sur l'éducation : « Il disait que l'art sans la pratique et la pratique sans l'art ne valent rien » (B 10 DK) et « La culture n'émerge pas dans l'âme si on ne la pénètre pas en profondeur » (B 11 DK). Voir aussi « L'enseignement requiert de la nature et de l'exercice » et « Il faut commencer à apprendre dès l'enfance » (B 3 DK).

41. Sur ce point, le *Protagoras* rejoint la définition du savoir que Platon attribue au sophiste dans le *Théétète*, où il consiste, dans le cas de l'orateur, en une capacité à modifier ce que la cité considère comme juste pour qu'y entrent des contenus plus utiles (*Théétète*, 167b-d). Je renvoie à nouveau à mon *Platon héritier de Protagoras*.

42. Ce point a été abondamment étudié, mais je ne résiste pas à renvoyer aux pages qu'y a consacrées J. Rancière, *Le philosophe et ses pauvres*, Paris, Flammarion, 2007², p. 17-52.

43. *Politique*, 292a-e. Sur la thèse du *Politique*, je renvoie au livre récent de D. El Murr, *Savoir et gouverner. Essai sur la science politique platonicienne*, Paris, Vrin, 2014.

celle régie par la science politique, grâce à laquelle le politique adapte en permanence ses décisions à la situation. Incapable cependant de vivre au chevet de chaque citoyen, le politique édicte des lois, qui imitent son savoir. La loi est en effet une opinion, un énoncé associé à une situation pour mener la cité dans la bonne direction. Elle offre une solution de repli commode, à défaut d'être en permanence la plus adéquate, car elle présente le mérite de s'appliquer à tous de façon uniforme et évite ainsi les dérives de l'arbitraire. Faute de savoir politique, il est donc dans l'intérêt des constitutions de la respecter. Il arrive néanmoins qu'elles ne suivent ni la loi ni le savoir, et sont alors les pires de toutes : la tyrannie et l'oligarchie. Où la démocratie se situe-t-elle dans cette typologie ?

Platon range la démocratie dans les constitutions déviées. Il en fait le « gouvernement de la foule » (ἡ τοῦ πλήθους ἀρχή)[44] pour en souligner la multiplicité constitutive et évincer l'unité d'une entité identifiable, celle du peuple (δῆμος), à laquelle l'étymologie laisserait croire. La démocratie apparaît comme la constitution où le pouvoir est distribué entre tous les citoyens. Elle implique en ce sens une dispersion des avis et manque du sentiment commun qui la ferait parler d'une seule voix. En même temps qu'il rend

> La démocratie est le meilleur des régimes illégaux et le pire des régimes légaux

son unité problématique, cet éparpillement l'affaiblit résolument, tant pour le meilleur que le pire : une telle dilution du pouvoir entraîne nécessairement de l'inertie, car l'excès dans la formulation d'avis divers et variés empêche la prise de décision, même s'il diminue du même coup les risques de dérive. Régime dévié le plus inertiel, la démocratie paraît être pour la même raison le moins dangereux et le plus doux à vivre[45]. Mais la dissémination du pouvoir enlève également toute importance au respect des lois : le pouvoir étant exercé par tous et sur tous, aucune décision ne peut causer de peines extrêmes à qui que ce soit. Sous cet angle, la démocratie est donc le meilleur des régimes illégaux et le pire des régimes légaux, en raison de l'inefficacité que produit inéluctablement la fragmentation du pouvoir. Le plus tiède des régimes, en quelque sorte.

Mais la fragmentation du pouvoir est également fragmentation du savoir. Son émiettement mène tout droit à un régime de l'opinion et de la répétition : selon Platon, dans un régime où tous enseignent à tous le savoir politique, celui-ci se fonde nécessairement sur le passé, sur les opinions acquises. Il consiste en la reproduction inlassable des mêmes recettes, celles qui ont déjà fait leurs preuves et doivent continuer à fonctionner. La démocratie devient le régime de la reproduction, où se manifeste à nouveau son inertie.

Se pose dès lors la question du mode de savoir et de vérité que la démocratie peut espérer. Platon laisse penser que la démocratie ne peut être le lieu d'une vérité et d'un savoir absolus. Il attribue d'ailleurs à Protagoras une théorie de la vérité qui est adaptation aux circonstances et ajustement constant. Mais

■ 44. *Politique*, 291d et 303a.
■ 45. *Ibid.*, 303a-b.

ce n'est pas sur le point de l'évolution permanente que Platon s'y oppose, lui qui prône un modèle politique d'adaptation au *kairos*[46]. C'est plutôt dans la nature du savoir que se situe la différence. Pour Platon, l'adaptation aux circonstances n'interdit pas d'atteindre une vérité ni d'être en mesure de déclarer une décision la meilleure possible. Pour la vision démocratique incarnée par Protagoras, le savoir doit en revanche renoncer au régime du vrai pour entrer dans celui du plus et du moins, du meilleur et du pire. Il évacue le principe d'une décision meilleure *tout court* pour celui d'une décision meilleure *qu'une autre*. Dans ce cadre, la démocratie est le régime qui renonce au régime du vrai.

Toutefois, ce que dénonce Platon, c'est la tendance en démocratie à maintenir l'aspiration au vrai. Ainsi, quand nous faisons appel à des experts, à des politiciens, nous attendons d'eux qu'ils délivrent *la* vérité qui conduit à la décision. Or cette vérité sur laquelle nous comptons, Platon ajoute, nous la jugeons selon nos propres critères, qui sont des critères d'ignorance : ce sont en définitive les citoyens qui jugent de la valeur de la vérité qu'ils estiment pourtant être absolue. De plus, ils évaluent les propositions qui leur sont faites en fonction de leurs propres attentes, de leurs propres opinions[47]. Ils vivent ainsi dans l'attente d'une vérité, d'une solution définitive, mais ils la jugent en fonction de leur point de vue ignorant.

Platon estime pour cette raison que la foule n'a pas à juger du travail des politiques – du moins des vrais politiques, ceux qui détiennent la véritable science politique. Protagoras, au contraire, soutient qu'il appartient également au travail du politique d'améliorer la disposition de la cité, c'est-à-dire d'user de la rhétorique pour montrer que le résultat est meilleur. Mais la question de la justification du critère du mieux reste entière. Qui au fond, en démocratie, juge-t-il du mieux ? Est-ce le monopole d'expert qui doit imposer son point de vue ? Mais au nom de quoi ? Est-ce plutôt le privilège de tous les citoyens ? Mais comment éviter de se contenter de répondre à leurs attentes ? Le mieux pour les individus ne sera peut-être pas le mieux pour la collectivité : chacun s'en trouve peut-être mieux, mais pas l'ensemble. Le problème se pose une nouvelle et dernière fois : comment la démocratie parviendra-t-elle à réconcilier l'intérêt du tout avec celui de chacune de ces parties ?

Le rêve démocratique

Avec les siècles, nous avons intériorisé la définition (aristotélicienne) de l'homme comme un animal politique. Sans plus guère nous soucier du sens original de l'énoncé, nous estimons désormais naturel que tout homme participe à la vie politique et que le meilleur régime, celui qui est le plus adapté à la nature humaine, soit donc la démocratie. Notre aspiration va peut-être même plus loin encore : puisque nous sommes tous citoyens, politiques, ne devrions-nous pas tous également être philosophes, au sens où le citoyen véritable en démocratie serait celui qui exerce sa capacité critique ? Si Platon nie la possibilité de cette fiction démocratique, c'est avant tout parce que la démocratie

■ 46. *Ibid.*, 305c-d.
■ 47. Cf. *Lois*, III, 701a-b.

s'avère incapable d'enseigner ses propres valeurs, de faire véritablement en sorte que tous ses citoyens exercent réellement leurs compétences politiques, comme elle le prétend. Selon Platon, être un citoyen, être politique au sens propre du terme, n'est pas en effet un droit ou une fonction. Cela exige des compétences effectives. Il ne suffit pas, selon lui, d'attribuer à tout un chacun des facultés politiques *de iure*. Certes, l'hypothèse a ses vertus et s'avère difficile à contester. Mais le modèle démocratique d'enseignement, tel que le conçoit Protagoras, ne parvient jamais à sortir de l'opinion et d'un régime de répétition. Le défi de la démocratie est donc de parvenir à développer les compétences politiques qu'elle reconnaît par hypothèse à tous ses citoyens, sans exception, de façon à ce que tous deviennent vraiment citoyens et pleinement politiques. Du moins est-ce le défi que Platon nous oblige à relever.

Marc-Antoine Gavray
FRS-FNRS / Université de Liège

Embarras de la démocratie

DE LA DIFFICULTÉ D'ÊTRE UN BON TRIBUN
Étude critique de John P. McCormick

Sébastien Roman

Pour remédier au caractère oligarchique des démocraties contemporaines, John P. McCormick propose de s'inspirer de Machiavel pour mettre en place un Tribunat du peuple, qui compléterait le modèle de l'élection par l'institution d'une assemblée de classe spécifique, réservée au peuple et en faveur du peuple. Le présent article est une étude critique de cette proposition, à partir d'une analyse précise du terme de « Tribun » dans les *Discours sur la première décade de Tite-Live*. McCormick se trompe dans sa lecture des Tribuns chez Machiavel, de même que dans celle du remède des assemblées, qui ne relève pas de la délibération telle qu'il la conçoit.

I l apparaît de plus en plus évident aujourd'hui, pour une très grande majorité de personnes, que quelque chose ne va pas dans nos démocraties. « *Aber etwas fehlt!* » disait Ernst Bloch[1]. Quelque chose manque. Et, en effet, quelque chose manque – mais on ne sait pas encore quoi, ou bien, si on le sait un peu, c'est le remède qui nous échappe – pour que notre démocratie soit davantage démocratique, à savoir, comme son sens étymologique l'indique, d'être un régime où le « peuple » est et demeure victorieux. Tout citoyen, qui désire être pris en compte, et se lasse de ne pas l'être, sauf illusoirement au moment du vote, devrait alors pouvoir se réjouir de ce que dit John P. McCormick[2], tant on ne peut que souscrire à son diagnostic : les démocraties contemporaines ont un caractère oligarchique inquiétant. Elles n'ont de démocratique que le nom : elles ne sont pas la puissance du peuple ou sa victoire, mais un régime

---

1. Bloch aimait reprendre cette expression tirée d'un opéra de Bertolt Brecht et de Kurt Weill, *Grandeur et Décadence de la ville de Mahagonny*.
2. J. P. McCormick, *Machiavellian Democracy*, Cambridge, Cambridge University Press, 2011.

dans lequel des élites – avant tout économiques, financières aujourd'hui – se sont accaparées le pouvoir, d'autant plus idéologiquement qu'elles le font en son nom. McCormick le soutient très bien, en rappelant à l'aide de Bernard Manin[3] combien le choix non nécessaire du mécanisme représentatif favorisa une démocratie du consentement. Voter est en partie consentir, et c'est là le revers du concept d'« autonomie » si souvent glorifié : derrière l'idée de ne « se soumettre qu'à soi-même », est justifié de voter pour une personne pour ensuite accepter d'être passif jusqu'aux prochaines élections, au nom précisément de notre engagement ou de nos « obligations ».

Face à ce constat d'une démocratie malade, corrompue, viciée ou pervertie, McCormick a pour ainsi dire son âge d'or et sa solution, le tout de manière paradoxale, puisqu'il propose de convoquer un auteur à la réputation sulfureuse, Machiavel. L'idée est simple : afin de remédier à la passivité *institutionnalisée* des citoyens, il s'agit de favoriser l'avènement d'une démocratie contestataire, non pas en revenant au modèle de la démocratie directe, ni même en se contentant de revendiquer un système proportionnel accru, mais en complétant l'élection par le tirage au sort via la création d'un Tribunat du peuple (« *People's Tribunate* »[4]) inspiré directement de la pensée machiavélienne. Machiavel, sans être un démocrate, nous aiderait à l'être davantage nous-mêmes, de par son attachement à l'existence des Tribuns du peuple, qui permirent à Rome – là serait l'âge d'or – de connaître sa plus grande gloire pendant sa période républicaine, avec un pouvoir partagé entre sénateurs, consuls, et Tribuns.

On savait déjà que Machiavel, loin d'être machiavélique, loin de justifier la tyrannie, était partisan d'un républicanisme. Si les circonstances le permettent, rien ne permet mieux la grandeur de l'État que l'instauration d'une république, c'est-à-dire d'un pouvoir partagé entre grands et peuple, entre ceux qui, par leur position sociale avantageuse, désirent dominer, et ceux qui, possédant très peu, et n'étant pas soumis autant à l'insatiabilité des désirs que les grands, désirent avant tout ne pas l'être. Ce qui est nouveau est la manière dont McCormick interprète le cas des Tribuns du peuple, à savoir comme une mesure institutionnelle qui permit et permettrait aujourd'hui la création d'une conscience de classe spécifique, celle du peuple et pour le peuple, par un Tribunat dont les membres seraient issus de ses rangs, à même pour cette raison de le défendre contre les excès des grands. La meilleure manière de défendre l'égalité aujourd'hui serait paradoxalement de ne pas se cantonner au principe de l'égalité, mais de partir des inégalités sociales et économiques pour concevoir des assemblées de classe spécifique. Il s'agit donc de compléter l'élection ou le vote – l'égalité juridique est bonne, il faut la conserver, car chacun doit avoir le droit de voter – par l'institution d'une classe spécifique composée de 51 citoyens tirés au sort, dont seraient exclus les grands[5], et que McCormick propose d'amender à la Constitution américaine.

3. B. Manin, *Principes du gouvernement représentatif*, Paris, GF-Flammarion, 1996.
4. J. P. McCormick, *Machiavellian Democracy, op.cit.*, p. VIII.
5. Est exclu du Tribunat proposé par McCormick toute personne, soit ayant exercé une charge publique, durant deux mandats consécutifs, à quelque niveau que ce soit (municipal, régional, national, *etc.*), soit (et/ou) dont

Nous avons déjà eu l'occasion de critiquer sa proposition, et ne reviendrons pas sur ce que nous avons déjà dit[6]. L'idée de McCormick est intéressante, d'une part parce qu'il en donne une traduction précise en pratique, d'autre part parce qu'elle est audacieuse et volontairement provocatrice tout en tapant dans le mille : le problème, en effet, aujourd'hui, est bien que les citoyens ordinaires sont trop éparpillés pour avoir conscience de la classe qu'ils pourraient former ensemble pour lutter contre la domination des élites. Mais la proposition de McCormick n'est pas pertinente tout en étant infidèle à la pensée machiavélienne. Nous voudrions cette fois-ci le démontrer à partir d'une étude attentive du terme « Tribun » dans les *Discours sur la première décade de Tite-Live* (par la suite nommé D)[7]. Deux moments structureront notre développement : il sera question, premièrement, du souci du bien commun chez les Tribuns, qui peuvent les conduire à agir *contre* le peuple ; nous montrerons ensuite que le choix du tirage au sort est une fausse bonne idée pour compenser les limites de l'élection, ce qui nous permettra également de critiquer la conception délibérative que McCormick se fait de son Tribunat.

La garde de la liberté et le salut de la patrie : les Tribuns équilibristes

Commençons par un bref rappel. Machiavel a ceci d'original qu'il explique d'une tout autre manière que la tradition humaniste l'excellence de la Rome antique, dans son expérience républicaine allant de la chute des Tarquins jusqu'au temps des Gracques. La tradition veut que Rome n'ait dû sa grandeur qu'au choix de la constitution mixte, célébrée pour sa tempérance, à savoir un modèle d'équilibre entre les humeurs qui composent la cité – les deux principales étant souvent les grands et le peuple – permettant de conserver des régimes politiques (royauté, aristocratie, démocratie) uniquement leurs qualités. La meilleure manière de retarder au maximum la dégénérescence naturelle de tout État, selon la théorie polybienne de l'*anakyclosis*, serait de mettre en place un pouvoir partagé qui puisse satisfaire les humeurs en présence, par l'instauration d'un Sénat, le choix de consuls, et celui de Tribuns de la plèbe[8]. Mais Machiavel, très vite, dès le début des *Discours*, renverse la tradition et montre son envers : derrière la célébration de la tempérance se cache en réalité une réticence à accorder un pouvoir politique au peuple, ce dernier étant jugé par nature bête, mauvais, et cruel, toujours porté à l'excès, si bien que la solution trouvée pour le tempérer est de lui donner l'*illusion* de pouvoir jouer un rôle politique, tout en essayant en pratique de l'en empêcher. Car, en réalité, ce que la tradition célèbre, ce n'est pas tant ce que les grands ont choisi d'admettre que ce qu'ils ont été contraints d'accepter : la naissance

le revenu net familial annuel équivaut ou dépasse les 345000 dollars (cas des individus qui appartiennent aux 10% des familles les plus riches aux États-Unis), ou bien les 150000 dollars à titre individuel.

■ 6. Voir S. Roman, *Nous, Machiavel et la démocratie*, Paris, CNRS, 2017, p. 293-314.

■ 7. N. Machiavel, *Discours sur la première décade de Tite-Live*, trad. fr. A. Fontana et X. Tabet, Paris, Gallimard, 2004, désormais cité « D. ».

■ 8. Peuple et plèbe sont identiques chez Machiavel, sauf quand il s'agit, selon des critères socio-économiques, de l'*infima plebe*, à savoir de « ceux qui vivent du travail de leurs bras » comme dans le cas des *Ciompi* (voir J.-C. Zancarini, « Les humeurs du corps politique. Le peuple et la plèbe chez Machiavel », *Laboratoire italien* 1, mars 2001, p. 26).

des Tribuns est un pouvoir politique que le peuple a gagné par la force et la menace, contre l'insolence des grands qui, après avoir fait les yeux doux au peuple et l'avoir traité avec humanité par peur qu'il se rapproche des Tarquins, n'hésitèrent pas ensuite, une fois les Tarquins défaits, à « cracher contre la plèbe le venin qu'ils avaient gardé dans leur cœur »[9]. La plèbe, plus tard, à l'occasion de la guerre contre les Volsques, les Eques et les Sabins, se révolta, fit sécession sur le mont Sacré, et exigea d'être doté d'un pouvoir politique. De là sont nés les Tribuns de la plèbe en 494 avant J.-C. Ce n'est donc pas en priorité le peuple qui est à craindre, mais bien l'insolence des grands. Machiavel est républicain : entre les grands et le peuple, il faut choisir, et la faveur doit être accordée au peuple, duquel dépend la grandeur de l'État. On comprend alors ce qui intéresse McCormick : prenant acte de l'importance du conflit civil, il considère que les Tribuns ont joué un rôle capital dans la défense des intérêts du peuple, et que l'excellence de la constitution mixte tiendrait à la création d'assemblées de classe spécifique. La seule manière pour le peuple de ne pas être dominé par les grands serait de pouvoir bénéficier d'une institution qui lui soit exclusivement réservée.

Pour autant, cela n'empêche pas sa lecture des Tribuns d'être tronquée. En effet, le rôle des Tribuns est de servir d'arbitres – pourrait-on dire d'équilibristes – pour entretenir dans de justes proportions le conflit entre les humeurs. Ils doivent pour ce faire trouver des « remèdes »[10], autant que faire se peut, pour équilibrer leur antagonisme sous fond de déséquilibres de la manière la plus profitable pour la cité. Cela exige non seulement de leur part de se faire l'avocat du peuple contre les grands, et de régler les conflits internes aux grands quand cela est nécessaire[11], mais aussi – ce que ne dit pas McCormick, ou ce qu'il ne fait que mentionner en le négligeant – d'intervenir *contre* le peuple quand celui-ci représente une menace pour la cité. Tout excès est à combattre, d'un côté comme de l'autre. Les excès du peuple peuvent d'abord tenir à une logique de *réaction* : si les nobles font preuve d'excès d'ambition – ce qui arrive toujours si aucun pouvoir ne les arrête – alors le peuple, lui-même, devient très vite excessif ; les nobles, par leur mauvais comportement, « suscitent, chez ceux qui ne possèdent pas, l'envie de posséder, soit pour se venger d'eux en les dépouillant, soit pour pouvoir accéder eux aussi aux richesses et aux honneurs dont ils voient les autres faire mauvais usage »[12]. La même chose est dite en I, 7, mais cette fois-ci le rôle modérateur que doivent savoir jouer les Tribuns est précisé : Machiavel reprend de Tite-Live l'histoire de Coriolan, de famille patricienne, qui, ne supportant pas la création des Tribuns, voulut profiter d'un état de disette pour contraindre le peuple affamé de renoncer à son nouveau pouvoir politique, pour pouvoir en échange acheter du blé à prix raisonnable. Le peuple, apprenant son projet, « s'indigna tellement contre Coriolan qu'à la sortie du sénat il l'aurait assassiné dans un tumulte, si les Tribuns ne l'avaient pas cité à comparaître

■ 9. *D.*, I, 3, p. 67.
■ 10. *Ibid.*, I, 46, p. 205.
■ 11. Voir *ibid.*, I, 50.
■ 12. *Ibid.*, I, 5, p. 76.

pour défendre sa cause »[13]. Les Tribuns doivent savoir se faire les gardiens du peuple *contre* le peuple quand la nécessité l'impose : si le peuple avait tué Coriolan, il s'en serait suivi de mauvais tumultes qui auraient menacé la cité. Parce qu'ils se doivent d'être de bons arbitres – ce qui, en passant, est d'autant plus difficile qu'ils ne sont pas réellement en position arbitrale, faute d'être neutres, puisqu'ils sont là aussi pour défendre la plèbe – ils ne peuvent pas toujours lui donner raison. Il est de leur devoir de tempérer l'humeur du peuple quand il faut le faire, et pour cela trouver des remèdes institutionnels – « ordinaires »[14] – pour éviter de recourir à des moyens toujours plus périlleux et plus violents. La colère du peuple doit trouver de quoi s'épancher par voie institutionnelle. McCormick le mentionne également, mais il insiste uniquement sur ce dernier point quand il reprend le cas de Coriolan, au lieu de dire que de tels faits prouvent aussi que le peuple a ses propres excès, contre lesquels le Tribun doit savoir lutter. McCormick se sert du cas de Coriolan pour insister sur la vertu *délibérative* des assemblées, non pour dire que le peuple est également à craindre, si bien que les Tribuns doivent savoir agir contre lui[15].

> **Les Tribuns doivent savoir se faire les gardiens du peuple *contre* le peuple**

Surtout, et c'est un autre point que ne mentionne pas McCormick : ce qui est initialement produit par réaction (ce qui est *toujours* le cas pour le peuple, qui ne fait que se défendre des grands) peut ensuite suivre son cours ou se nourrir de sa propre logique ; une fois que le peuple a dû combattre par nécessité, il peut ensuite le faire par *ambition*. La réaction n'est qu'une manière d'actualiser une disposition naturelle de l'homme, qui le destine à l'ambition, et ce quel que soit son rang social, « quel que soit le degré social auquel »[16] il monte. L'homme, par nature, est soumis à des désirs insatiables, il est fait pour tout désirer et peu obtenir, raison pour laquelle il « s'afflige dans le mal » et se « lasse dans le bien »[17] : qu'il s'afflige ou qu'il se lasse, cela revient au même, l'homme finit par désirer un (autre) bien, soit parce qu'il ne peut supporter le mal qui est le sien, ou qu'il désire un autre bien que celui ou ceux qui ne sont plus désirable(s) à ses yeux. L'insatiabilité des désirs rend l'homme ambitieux, et l'ambition est un « désir de domination »[18], synonyme encore d'« avidité »[19] (*avarizia*) ou de « cupidité »[20]. Le peuple, tout comme les grands, désire lui aussi toujours plus que ce qu'il possède, sauf que son insatiabilité est beaucoup moins grande que la leur, et que son

■ 13. *Ibid.*, I, 7, p. 84-85.
■ 14. *Ibid.*, p. 84.
■ 15. Un autre exemple des excès du peuple en réaction est l'histoire de Manlius Capitolinus analysée dans *D.*, I, 8 et III, 8. Manlius Capitolinus, envieux des honneurs rendus à Camille, essaya de « susciter des tumultes à Rome contre le sénat et contre les lois de sa patrie » (*ibid.*, p. 430). Les Tribuns intervinrent pour sauver Rome d'une guerre civile imminente. Machiavel dit : ils « s'unirent dans ce cas aux nobles pour sauver une peste commune », et il parle plus loin de « l'amour de la patrie » (*ibid.*, p. 430-431).
■ 16. *Ibid.*, I, 37, p. 177.
■ 17. *Ibid.*, p. 176.
■ 18. *Ibid.*, I, 39, p. 188, n. 760 de Fontana et de Tabet.
■ 19. *Ibid.* p. 46.
■ 20. *Ibid.*, I, 2, p. 62.

ambition est d'ordinaire très restreinte à défaut de pouvoir croître. Mais, de contrainte, l'ambition peut ensuite devenir libre – du moins suivre son cours – et démesurée. Le peuple passe alors du désir ne pas être dominé à celui de dominer à son tour, pour convoiter honneurs et biens :

> J'ai tenu ce discours, parce qu'il ne suffit pas à la plèbe romaine de s'assurer des nobles par la création des Tribuns, désir auquel elle fut contrainte par la nécessité ; aussitôt après avoir obtenu cela, elle commença même à se battre par ambition, et à vouloir partager avec la noblesse les honneurs et les biens, qui sont la chose la plus estimée par les hommes. De là naquit le mal qui engendra la lutte de la loi agraire, loi qui à la fin fût la cause de la destruction de la République [21].

Machiavel est sévère : s'il voit d'un bon œil la création des Tribuns, la cause de la destruction de la République romaine est ensuite l'ambition démesurée que cette création a fait naître chez le peuple. L'élargissement du pouvoir des Tribuns en 445 avant J.-C., par attribution d'un pouvoir consulaire, fut une « erreur » [22]. Mais c'est surtout la loi agraire – la revendication d'un partage plus juste des terres – qui incarne le mal qui s'est emparé du peuple. Certes, dit Machiavel à la fin de D, I, 37, la loi agraire a sa vertu : non pas pour elle-même, mais en tant que *principe repoussoir*, c'est-à-dire comme principe de défense contre l'ambition des grands. Mais prise en elle-même elle est un mal, car il ne faut pas pour Machiavel que le peuple devienne riche, au contraire faut-il entretenir, toutes proportions gardées, sa pauvreté. Et elle est un mal qui aurait pu, avec le temps, « s'éteindre de lui-même » [23] si les Gracques n'avaient pas eu le malheur de le réveiller. On le voit : l'ambition est potentiellement partout, elle est de tout bord, même si elle est plus à craindre d'un côté que de l'autre. Tout n'est qu'une question d'équilibre dans le rapport des forces en présence : « [...] toujours ou le peuple ou la noblesse devenaient superbes quand l'autre s'abaissait » [24]. Un peu moins d'ambition d'un côté fait accroître celle du camp adverse, mécaniquement, *nécessairement*. McCormick, lui, ne le dit jamais, lui qui n'envisage l'excès du peuple qu'en réaction aux grands. Il y a, chez McCormick, un certain angélisme du peuple : le peuple en lui-même serait bon ; il ne peut vouloir le mal que si les grands l'y poussent, et préfère initialement faire sécession au lieu de livrer bataille quand ces derniers le provoquent. McCormick n'explique pas la fin de la république romaine par les tumultes provoqués par la loi agraire – due en partie aux excès du peuple – mais par la logique impériale imposée par les grands, la guerre menée loin de Rome permettant de contourner le pouvoir des Tribuns à l'intérieur de la cité pour mieux s'attirer les faveurs du peuple [25].

Enfin, nous avons dit que les Tribuns devaient lutter contre les excès dont est capable le peuple, et que leur rôle d'équilibriste était d'autant plus difficile qu'ils étaient juges et parties. Mais la difficulté est d'autant plus redoutable que les Tribuns eux-mêmes peuvent faire preuve d'excès. Et il n'y a rien de plus

■ 21. *D.*, I, 37, p. 178.
■ 22. *Ibid.*, I, 39, p. 189.
■ 23. *Ibid.*, I, 37, p. 182.
■ 24. *Ibid.*, I, 46, p. 204.
■ 25. J. P. McCormick, *Machiavellian Democracy, op.cit.*, p. 96.

logique : un homme qui devient Tribun, par sa nouvelle fonction, s'élevant à un degré social supérieur, ne peut avoir qu'une ambition plus grande. Indéniablement les grands et le peuple forment deux humeurs différentes chez Machiavel, deux classes bien distinctes, toujours en opposition. Mais cela n'empêche pas, à un niveau plus interindividuel, qu'il y ait des *plus ou moins* grands et des *plus ou moins* petits. C'est d'ailleurs parce qu'au sein des grands il en existe des plus ou moins grands que des conflits ne cessent de les opposer. Déjà, entre les grands et le peuple pris comme catégorie sociale, il n'y a pas de différence de *nature*, mais simplement de *position* : les grands ne sont pas faits d'un autre bois que la plèbe; un grand est simplement ce qu'un homme du peuple aurait pu être ou pourrait devenir, s'il avait pu être à sa place ou s'il lui était possible de la prendre. L'assignation initialement contingente des places sociales les a déterminés autrement, mais ici et là, de ce côté-ci comme de l'autre, il s'agit du même homme. Les différences sont des différences d'assignation, et tout est une question de *proportion* en société : aussi bien dans l'équilibre difficile à trouver entre les humeurs, qu'entre les hommes eux-mêmes, cette fois-ci comparativement les uns aux autres et non les uns contre les autres. Le Tribun est plus grand que le citoyen ordinaire qui appartient à la plèbe, même s'il est élu par elle, et s'il doit la défendre. Le danger est qu'il laisse alors libre cours à son ambition, jusqu'à devenir « furieux » au point de contribuer à la ruine de la république :

> [...] car les Tribuns de la plèbe, ayant cette autorité entre leurs mains, ne se contentèrent pas d'avoir un consul plébéien, mais voulurent les avoir tous les deux. Après quoi ils voulurent la censure, la préture, et toutes les autres charges de commandement de la ville. Et cela ne leur suffit pas; en effet, menés par la même fureur, ils commencèrent ensuite, avec le temps, à adorer les hommes qu'ils voyaient en mesure de frapper la noblesse; c'est de là que vinrent la puissance de Marius et la ruine de Rome[26].

C'est d'ailleurs parce que le Tribun est ambitieux qu'il est corruptible et peut être acheté par les grands. Dans D, III, 11, Machiavel parle de l'autorité des Tribuns qui, d'abord vertueuse à sa création pour « mettre un frein à l'ambition de la noblesse »[27], devint par la suite « insolente et redoutable pour la noblesse et pour Rome tout entière [...] »[28]. L'ambition des Tribuns est alors si grande qu'elle aurait détruit la république si Appius Claudius Crassus, un grand, n'avait pas trouvé une solution. Il proposa de retourner les Tribuns contre eux-mêmes, de les affaiblir de l'intérieur, profitant de la possibilité toujours offerte de trouver « parmi les Tribuns quelqu'un qui fut soit craintif, soit corruptible, soit amateur du bien commun, si bien qu'ils [les Romains] le poussaient à s'opposer à la volonté des autres qui auraient voulu appuyer des décisions contraires à la volonté du sénat »[29]. Le nombre des Tribuns ne fait pas leur force mais leur faiblesse, car il est toujours possible de trouver

■ 26. *D.*, I, 5, p. 73-74.
■ 27. *Ibid.*, III, 11, p. 441.
■ 28. *Ibid.*, p. 442.
■ 29. *Ibid.*, p. 442.

parmi eux une personne qui les fera changer d'avis ou les manipulera[30]. Ce qui est notable, dans cet extrait de D, III, 11, est que la corruption ne soit qu'un moyen parmi d'autres d'influencer un Tribun. Être « amateur du bien commun » est présenté comme un possible, alors même que cette disposition ne devrait être étrangère à aucun Tribun. Cela peut tenir au contexte : c'est surtout quand la cité est en péril que la sensibilité du Tribun au bien commun est réveillée ou suscitée. Sauf que justement : au moment où Appius Claudius intervient, Rome est en danger, et les Tribuns sont aveuglés par leur fureur. La sensibilité des Tribuns au bien commun n'est donc pas évidente. Pour ce qui est de manipuler un des leurs par la crainte, cela peut avoir plusieurs significations : on peut aussi bien profiter de ce sentiment pour raviver en lui le souci du bien commun, qu'il aurait déjà, ou le menacer plus directement en lui faisant comprendre ce qu'il viendrait à perdre, personnellement, si ses pairs ne prenaient pas la bonne décision. Les deux sont envisageables et prouvent que le Tribun est influençable de différentes façons : s'il est sensible au bien commun, il faut agir par ce biais ; mais s'il est sensible à sa propre grandeur, alors il est corruptible, et il faut savoir là aussi en profiter, en lui faisant miroiter de nouveaux biens matériels et honneurs.

À juste titre, il a été reproché à McCormick de ne pas suffisamment donner de garanties contre le risque de corruption des Tribuns. En effet, il est facile d'imaginer combien les Tribuns, dans la configuration du nouveau Tribunat qu'il propose de créer aux États-Unis, pourraient à la fois être tentés de profiter de leur statut pour devenir célèbres[31], et être convoités par les partis politiques qui n'hésiteraient pas à chercher à les séduire pour profiter de leur expérience et de leur notoriété[32]. Toutefois, concernant le risque de domination exercée par les Tribuns, McCormick a très bien compris une chose. Il n'y a pas que les « luttes engendrées par la loi agraire »[33] qui aient causé la chute de la république romaine. Il y a aussi « la prolongation des commandements »[34], sous-entendu des commandements militaires. Machiavel dit que c'est d'un commun « accord »[35] que grands et peuple décidèrent de prolonger le commandement des Tribuns et celui des consuls. Tite-Live, lui, dit de manière plus intéressante – dans la logique même du propos machiavélien, si bien que l'on peut s'étonner que Machiavel ne l'ait pas lui-même repris – que c'est au contraire suite à des *désaccords* que de telles mesures furent prises, là encore en réaction : à savoir que le peuple, après avoir demandé que les Tribuns soient réélus, ce que le sénat n'accepta pas, décida de prolonger leur mandat, contre quoi les sénateurs firent de même pour les consuls[36]. Vint ensuite le prolongement non plus des charges publiques mais des commandements, idée

---

■ 30. Voir aussi sur ce point *D.*, III, 15 : plus le nombre de Tribuns est important, plus le risque de la discorde augmente, ne pouvant pas tous être d'accord, défaut accru en temps de guerre, où il est plus facile de commander à un seul.

■ 31. Voir sur ce point A. Rehfeld, « Incentivize the Powerful or Empower the Poor ? Thoughts on John McCormick's *Machiavellian Democracy* », *The Good Society*, vol. 20, n°2, 2011, p. 226-239.

■ 32. Voir S. Roman, *Nous, Machiavel et la démocratie, op.cit.*, p. 307-308.

■ 33. *D.*, III, 24, p. 478.

■ 34. *Ibid.*, p. 478.

■ 35. *Ibid.*, p. 478.

■ 36. Tite-Live, *Histoire Romaine*, III, 21, texte que nous avons consulté sur le site de la Bibliotheca Classica Selecta de l'Université de Louvain, http://bcs.fltr.ucl.ac.be/LIV/III.html#3-21.

néfaste dès le début pour Machiavel, bien que prise initialement pour des raisons pratiques apparemment inoffensives : Publius Philon fut le premier que le sénat autorisa d'être proconsul afin de lui laisser le temps de terminer son état de siège de la ville de Paléopolis. De même est-ce parce que la guerre se faisait de plus en plus loin de Rome, qu'elle était toujours plus longue, que les chefs romains exigèrent et obtinrent souvent un prolongement de leur commandement. S'ensuivirent deux conséquences préjudiciables pour le « salut de la patrie » (*salus patriae*[37]) : tout prolongement – dans les charges et commandements – ne peut qu'être en faveur d'un petit nombre de personnes, lesquelles seules peuvent acquérir une réputation, puisqu'elles seules ont une expérience politique qui leur permet d'être mal ou bien vus (celui qui n'a pas d'expérience politique peut certes être bien vu, mais il *parle* seulement bien, à défaut d'avoir pu démontrer qu'il sait aussi bien *agir*) ; le prolongement favorise aussi un culte du chef qui peut finir par aveugler les citoyens et les détourner du « bien public »[38], d'autant plus facilement en temps de guerre que Rome pouvait être oubliée par ceux qui avaient à combattre loin d'elle. Le prolongement ne peut donc qu'accroître le risque de tyrannie, et donner aussi bien au Tribun, qu'au consul, la folie des grandeurs.

Dans son projet, McCormick propose de limiter le mandat des nouveaux Tribuns à un an. La mesure prévue est salutaire, comme l'est celle de pouvoir juger publiquement les Tribuns à la fin de leur mandat en cas de mauvaise conduite de leur part, même si une telle sanction est insuffisante en arrivant trop tardivement ou après coup[39]. McCormick comprend donc mieux que les Tribuns peuvent ne pas être bons qu'il ne comprend leur rôle d'équilibriste *contre* le peuple lui-même. Mais cela n'empêche pas les mesures répressives qu'il imagine d'être insuffisantes, d'autant plus qu'un autre problème se pose dans sa proposition, qui tient au choix du tirage au sort pour compléter l'élection.

La bonne pioche est rare : l'excellence dans l'être et le paraître des Tribuns

C'est de bonne intention que McCormick désire compléter l'élection par le tirage au sort. Sauf que le problème est que le Tribun ne peut pas être n'importe qui, et que la loterie, parce qu'elle est loterie, n'assure pas que le citoyen tiré au sort soit compétent. Il est bien beau de vouloir corriger le caractère élitiste du vote. Mais ce n'est pas pertinent si l'on désire, dans la logique de Machiavel, faire de certains citoyens des « gardiens de la liberté »[40]. Ce que nous avons dit précédemment le fait comprendre aisément : tout le monde ne peut pas être un bon équilibriste, et la politique est un art. Le

---

■ 37. *D.*, III, 30, p. 492.

■ 38. *Ibid.*, p. 479.

■ 39. Pour éviter le risque de corruption des Tribuns, le mieux serait que les citoyens puissent les sanctionner plus rapidement et de manière plus continue. Voir S. Roman, *Nous, Machiavel et la démocratie, op.cit.*, p. 309-310. Suite aux remarques critiques qui lui ont été faites, après la publication de *Machiavellian Democracy*, McCormick est revenu sur certaines des modalités de son Tribunat, pour renforcer les dispositifs de sécurité contre le risque de corruption des Tribuns. Nous n'entrons pas ici dans les détails car cela ne change rien aux critiques majeures que nous lui faisons. Voir John P. McCormick, « Machiavellian Democracy in the Good Society », *The Good Society*, vol. 21, n° 1, 2012, p. 90-117.

■ 40. « [...] the American tribunes would serve as the popularly based "guard of liberty" within the American republic » (John P. McCormick, *Machiavellian Democracy, op.cit.*, p. 187).

Tribun, comme le prince, doit savoir faire preuve de *virtù* pour affronter la fortune. Il doit être un homme de bien, ce qui veut dire, comme nous l'avons déjà compris : non seulement défendre le peuple ; non pas, encore moins, servir ses propres intérêts jusqu'à faire preuve d'un excès d'ambition ; mais se soucier avant tout du bien commun ou du salut de la patrie. À cela il faut ajouter plusieurs points, qui vont permettre également de remettre en cause la vertu délibérative des assemblées romaines dont McCormick ne cesse de faire l'éloge. D'abord, il doit être « un homme de bien » pour que le peuple sache raison garder :

> Et les désirs des peuples libres sont rarement pernicieux pour la liberté, parce qu'ils naissent ou du fait d'être opprimés ou de la crainte de devoir l'être. Et quand bien même ces opinions seraient fausses, il y a le remède des assemblées, s'il surgit un homme de bien qui, par ses harangues, leur démontre qu'ils se trompent. Et les peuples, comme dit Tullius, sont capables, bien qu'ils soient ignorants, d'entendre la vérité ; et ils cèdent facilement quand le vrai leur est dit par un homme digne de foi [41].

Contrairement à la tradition qui se méfie du peuple, Machiavel dit qu'il y a peu de choses à craindre d'un peuple libre (d'un peuple asservi, c'est une autre affaire), d'abord parce qu'il désire peu de choses – essentiellement d'être libre au lieu d'avoir des désirs insatiables – ensuite parce qu'on peut lui faire confiance dans le soin qu'il prend de sa liberté, qui est directement son *bien*, et indirectement celui de la cité quand elle peut être une république. Si les désirs des peuples libres sont rarement « pernicieux », c'est parce qu'ils le sont rarement pour *sa* liberté, mais aussi « pour *la* liberté », autrement dit pour une république. En réalité c'est beaucoup plus complexe, car le même Machiavel dit dans D, I, 53 que « souvent le peuple, trompé par une fausse image de bien, désire sa propre ruine », et qu'en l'absence d'un homme de bien qui lui fera remarquer ses erreurs, on expose de cette manière « les républiques à des dangers et des dommages innombrables » [42]. Le peuple peut donc, sous l'effet de ce qui lui paraît ou de ce qu'il imagine être un bien (*falsa immagine di bene*), causer lui-même sa propre perte, et nécessairement celle de la cité, si aucun homme de bien ne lui montre qu'il se fourvoie.

Le peuple peut revendiquer injustement de nouveaux droits. Il peut avoir des « opinions fausses », c'est-à-dire s'imaginer à tort être victime d'une oppression, ou bien craindre de l'être de manière injustifiée. Mais ces problèmes, comme le mentionne le dernier extrait ci-dessus repris des *Discours*, peuvent très vite être résolus par « le remède des assemblées, s'il surgit un homme de bien qui, par ses harangues, leur démontre qu'ils [les peuples libres] se trompent ». Un remède existe, dont il faut comprendre les conditions qui déterminent son efficacité : d'abord, le lieu est important, le peuple doit quitter la place publique, la rue, ou encore les loges [43], pour se réunir en assemblée, ce qui fait comprendre que le bon remède est *ordinaire*, puisqu'il relève des

■ 41. *D.*, I, 4, p. 71.
■ 42. *Ibid.*, p. 221.
■ 43. « Les loges étaient, à Florence, des lieux de rencontre où l'on discutait et où l'on jouait » (note de Fontana et Tabet dans *D.*, p. 89).

institutions; ensuite, et contrairement à ce que dit McCormick, que l'assemblée soit le remède ne signifie pas que la délibération soit la solution, au sens que l'on passerait du stade de l'*opinion* – d'une opinion brute, grossière (« raw opinion »)[44] – à celui du *jugement*, compris comme la possibilité d'un jugement désintéressé, parce qu'ayant les moyens matériels de devenir argumentatif. Quand la plèbe se réunit en assemblée, elle peut certes délibérer, évaluer le pour et le contre, mais quand elle se trompe, il faut quelqu'un – un homme de bien, un homme en qui elle peut avoir confiance (« digne de foi ») – qui lui *montre* son erreur. L'homme de bien ne délibère pas avec la plèbe, il ne discute pas avec elle pour examiner le bien-fondé de ses assertions, mais il doit lui *faire voir* ses erreurs, ou encore lui faire « entendre la vérité », et tout cela à l'aide de « harangues », autrement dit par un art de la rhétorique. L'homme de bien doit *corriger* le jugement de la plèbe, et c'est une des qualités de la plèbe de reconnaître le vrai, quand son ignorance la conduit à sombrer dans le faux. Le peuple, quand il est dans l'erreur, ne peut pas délibérer, il ne sait pas faire preuve d'un bon jugement, mais il est toujours capable de *reconnaître* la vérité quand celle-ci lui est *présentée* par un homme qui n'est pas leur égal.

La question de l'homme de bien dépasse le simple cas des Tribuns, car il s'agit plus généralement de trouver dans la cité « quelques citoyens âgés et estimés, dont la révérence »[45] sera capable de freiner la plèbe dans son insolence. Mais justement, parce que l'homme de bien ne se limite pas au Tribun pour raisonner le peuple, une rude bataille s'ensuit pour savoir qui des Tribuns ou des grands pourra paraître tel aux yeux du peuple. Le peuple est sensible à la figure de l'homme de bien. Il le respecte parce qu'il l'admire et le craint. Mais une telle sensibilité est alors la source d'un pouvoir hautement convoité, non pas seulement en faveur du peuple, mais aussi contre lui, selon ce qu'on pourra lui faire accroire. Le Tribun est donc d'autant plus contraint d'être un homme de bien qu'il doit *paraître* l'être davantage que d'autres au prix d'une meilleure manipulation. Dans D, I, 13, Machiavel montre à plusieurs reprises comment les Romains n'hésitaient pas à recourir à la religion pour manipuler le peuple, et, pour ce qui nous intéresse, il explique à la fin de ce chapitre comment les nobles parvinrent à persuader le peuple de refuser une proposition du Tribun Terentillus qui était pourtant à son avantage. Terentillus proposa « de nommer cinq magistrats qui auraient dû édicter des lois pour limiter le pouvoir, trop arbitraire selon lui, des consuls »[46]. Pour contrecarrer sa proposition, les nobles trouvèrent comme « remède »[47] – c'est-à-dire comme moyen efficace, car il n'y a aucune maladie, mais simplement à leurs yeux un danger – de manipuler la plèbe par la crainte. Ils racontèrent que les livres sibyllins prédisaient la perte de Rome si les discordes civiles perduraient, et exagérèrent la menace représentée par Appius Herdonius et ses troupes pour faire croire que cette perte était imminente. Les Tribuns

---

■ 44. J. P. McCormick, *Machiavellian Democracy*, *op.cit.*, p. 74.
■ 45. *D.*, p. 221.
■ 46. *Ibid.*, p. 111 (extrait de la note 362 de Fontana et Tabet).
■ 47. *Ibid.*

eurent beau essayer de démontrer – de « dévoiler »[48] – à la plèbe qu'il ne s'agissait que de mensonges, ils ne purent la raisonner tant elle était devenue craintive. Face à l'obstination des Tribuns de proposer la loi de Terentillus, « un certain Publius Ruberius, citoyen grave et influent, sortit du sénat pour leur montrer, par des propos mi-aimables mi-menaçants, les dangers que courait la ville et l'opportunité de leur requête ; si bien qu'il obligea la plèbe à jurer qu'elle ne s'écarterait pas de la volonté du consul »[49]. Publius Ruberius (en réalité Publius Valerius) parvint à convaincre la plèbe, laquelle devint si « obéissante »[50] qu'elle accepta non seulement d'aider à vaincre Appius Herdonius, mais également à la suite et tout de suite de partir en guerre contre les Volsques, là encore en étant manipulée : rien ne l'obligeait normalement à le faire, puisque Publius Valerius avait trouvé la mort au cours de l'assaut mené contre Appius Herdonius. Mais le nouveau consul réussit à la persuader que son serment tenait toujours, et s'il lui proposa de combattre les Volsques, ce fut non seulement pour profiter de son soutien pour partir inespérément en guerre, mais aussi pour ne pas laisser à la plèbe « le temps de penser à la loi de Terentillus »[51].

D, I, 13 prouve que la bataille bat son plein pour jouer de sa réputation et en imposer. Publius Valerius est considéré comme un homme de bien, et il en profite pour jouer avec les *affects* du peuple : il est mi-aimable, mi-menaçant pour faire perdre au peuple toute capacité de jugement. Même chose dans D, I, 47 et 48 : les grands usent et abusent du sentiment de honte dont la plèbe est capable, pour qu'elle ne choisisse pas les Tribuns avec autorité consulaire parmi ses rangs mais parmi les nobles. Non seulement la plèbe est capable d'entendre le vrai par un homme de bien, mais elle sait elle-même ou par elle-même saisir la vérité quand elle passe du général au particulier, c'est-à-dire, comme le disent Alessandro Fontana et Xavier Tabet, quand elle passe de ce qu'elle *imagine* être vrai ou juste, à ce dont elle *fait elle-même l'expérience*, ce qui revient à voir la chose de plus près au lieu de la voir grossièrement de loin[52] ; et ce changement, très certainement, tient aussi au fait que voyant la chose de plus près, la touchant pour ainsi dire du doigt, on passe de la foule ou de la multitude – avec pour corollaire des phénomènes d'agitation, d'échauffement, d'emportement – à un examen plus individualisé et plus apaisé, plus « froid », de ce qu'il s'agit précisément d'évaluer ou de juger, si bien que des avis contraires peuvent émerger et dissoudre l'unité de la plèbe qui tenait jusqu'ici à son opposition aux grands. Le jugement de la plèbe non seulement alors se précise et s'aiguise, mais en se précisant, peut changer du tout au tout, et c'est une preuve de la sagesse du peuple romain que de savoir reconnaître ses erreurs.

La plèbe, quand elle se trompe, a honte. Elle a donc une conscience morale de la vérité. Les grands profitent de cette conscience pour la manipuler ou la retourner contre elle. Ils cherchent à la provoquer à leur avantage :

48. *D.*, p. 111.
49. *Ibid.*
50. *Ibid.*
51. *Ibid.*, p. 112.
52. *Ibid.*, I, 47, p. 209 (note 907).

a) soit en faisant en sorte que la plèbe descende le plus vite possible « dans les détails »[53] ; c'est le cas, par exemple, de la ruse employée par Pacuvius Calavius qui, pour réconcilier la plèbe avec la noblesse à Capoue, lui promit que tous les nobles seraient tués comme elle l'exigeait, à condition toutefois avant chaque exécution de proposer quelqu'un d'autre en remplacement, ce qu'elle ne parvint pas à faire ; la plèbe, ainsi, n'eut pas le temps de s'échauffer davantage contre les grands en obtenant tout de suite ce qu'elle désirait – là est le subterfuge ; la mise à mort a pu être évitée en passant du désir à la réalité, de la colère au jugement, en faisant constater à la plèbe, *par elle-même*, qu'elle n'avait à chaque fois personne de meilleure à proposer ; b) soit en la devançant dans la nomination d'un nouveau Tribun en proposant des hommes parmi « les plus réputés de Rome »[54], pour que la plèbe ait honte de refuser de telles candidatures, sachant que tout citoyen honnête ne pouvait que les accepter (piège de la réputation et de l'estime sociale) ; c) soit, enfin, en corrompant « quelques plébéiens vils et très ignobles pour que, mêlés aux plébéiens d'une plus grande qualité qui la demandaient habituellement, eux aussi la demandassent »[55], si bien que la plèbe ne pouvait qu'avoir honte de ses candidats, et être là encore contrainte de choisir *in fine* parmi les grands.

Les Tribuns doivent exceller dans l'être et dans le paraître

Pour que le Tribun se fasse entendre par le peuple, il faut donc aussi qu'il sache le manipuler, autant voire davantage que les grands, s'il veut être suivi par la plèbe. Mais cette manipulation doit être faite dans le *bien* du peuple, non à son détriment, et elle consiste, d'une part, à user du remède des assemblées – plus largement des remèdes ordinaires, comme celui de la faculté d'accusation pour distinguer un juste reproche d'une calomnie, tout cela en vue de contraindre la plèbe de descendre dans les détails – d'autre part à user d'un art du paraître. Les Tribuns doivent savoir faire preuve de *virtù* : pas seulement de vertu (morale), mais aussi d'habileté, d'excellence rhétorique, pour impressionner le plus possible et manipuler de manière efficace.

Mais s'ils doivent exceller dans le paraître, ils doivent aussi exceller dans l'être : pour bien conduire la plèbe, le Tribun doit certes savoir bien la manipuler, mais il ne saurait la tromper ; et cela n'est pas contradictoire avec ce que nous avons dit précédemment parce que la manipulation a ses limites. Qu'on la manipule pour son bien ou pour son mal, à son avantage ou à son désavantage, la plèbe ne peut pas être trompée sur ce qui est vrai quand elle entre dans les détails, quand elle est en situation de juger de près et par elle-même ce qu'elle ne faisait qu'*imaginer* jusqu'ici. Machiavel rend hommage à la plèbe pour ce qui est de la qualité de son jugement dans le choix de la magistrature. Lors des élections, elle se trompe très rarement, beaucoup

■ 53. *Ibid.*, I, 47, p. 210.
■ 54. *Ibid.*, I, 48, p. 211.
■ 55. *Ibid.*, p. 211.

moins que le prince. Il lui est impossible d'élire un homme totalement vicieux, parce qu'elle sait elle-même reconnaître le vice et la vertu :

> Quant à juger les choses, il est très rare que le peuple, quand il entend deux orateurs d'égale vertu qui prennent des voies divergentes, n'embrasse pas l'opinion la meilleure et ne soit pas capable de comprendre la vérité qu'il entend. [...] On voit encore que le peuple, dans les élections des magistrats, fait de bien meilleurs choix qu'un prince, et jamais on ne le convaincra qu'il est bon d'élever aux honneurs un homme infâme et de mœurs corrompues, ce dont on convainc facilement, et par mille chemins, un prince [56].

Le peuple est moins corruptible que le prince dont le jugement peut être davantage faussé par l'ambition, et si le paraître est nécessaire, le peuple exige aussi que le Tribun soit réellement vertueux. « Je conclus donc qu'il n'est pas de remède plus sûr ni plus nécessaire pour refréner une foule soulevée que la présence d'un homme qui par sa prestance paraisse véritable et qui le soit vraiment » [57]. Le Tribun doit être *intrinsèquement* un homme de bien, sans quoi il serait incapable de remédier aux égarements de la plèbe et d'ordonner la nécessité de paraître à l'exigence d'être authentiquement vertueux. Il est très intéressant de voir combien la plèbe elle-même juge insuffisante l'opinion ou la réputation, préférant se fier à ce qu'un homme fait, plutôt qu'à ce que l'on raconte de lui [58]. Si *doxa* il y a, alors il s'agit d'une *doxa* critique avec elle-même, qui ne se fie à la réputation d'une personne qu'à défaut de mieux la connaître par ses actes. La réputation par lignée ou par entourage (selon les principes « tel père, tel fils » et « dis-moi qui tu fréquentes, je te dirai qui tu es ») s'étiole vite avec le temps, si rien, par des faits, ne prouve de manière concrète la qualité supposée de la personne. La plèbe, ainsi, se méfie elle-même des ouï-dire ou en éprouve les limites avec le temps. Si les hommes, « *in universali*, jugent davantage avec les yeux qu'avec les mains » [59], si, dans ce plus grand nombre la plèbe est massive, il n'en demeure pas moins que l'épreuve du temps exige de sentir, d'observer *in concreto*, ou d'avoir la preuve tangible des qualités supposées des individus, sans quoi la plèbe elle-même se lassera vite de présupposer seulement.

On est donc très loin de ce que propose McCormick avec le principe de tirage au sort, parce que la loterie – pas plus que l'élection et même moins qu'elle, sauf exception heureuse, en cas d'excellente pioche – ne garantit pas de tomber sur un homme qui excelle à la fois dans l'être et le paraître, même si on comprend très bien par ces remarques qu'un tel homme est avant tout un idéal. La figure du Tribun pose le problème du bon et du mauvais *chef* éludé par McCormick, que le passage du général au particulier explicite. Ce que la plèbe voit de près peut la rendre capable de saisir la vérité. Mais justement, parce que voir de près est aussi *sentir*, toucher, c'est aussi le moment où la plèbe peut davantage être sensible à la puissance des affects et être manipulée. Certes, le voir est aussi sujet à l'affect, puisque l'imagination

■ 56. *D.*, I, 58, p. 242.
■ 57. *Ibid.*, I, 54, p. 226.
■ 58. Voir *ibid.*, III, 34.
■ 59. N. Machiavel, *Le prince*, trad. fr. J.-C. Zancarini, J.-L. Fournel, Paris, P.U.F., 2018, p. 207.

peut venir grossir ou déformer la réalité. Mais entre le *voir* et le *sentir*, il n'est pas seulement question du passage de l'affect à la raison, mais également d'affects à de plus grands affects. D, I, 57 l'explique. Il est facile, de loin, avec les autres, de mépriser une menace, de s'en moquer ensemble. Mais quand le temps d'obéir approche, alors les mêmes qui prenaient de haut la menace finissent très souvent par obéir. La multitude est « audacieuse quand il s'agit de *parler* » – de contester, s'indigner avec d'autres de la politique entreprise, ce sous l'influence d'affects partagés, qu'ils soient légitimes ou non – mais « dès qu'on voit le châtiment en face, comme on se méfie les uns des autres, on s'empresse d'obéir »[60]. « Comme on se méfie les uns des autres » n'est pas la cause de la subite obéissance ou du revirement d'attitude. Le décalage entre la parole et l'acte tient à un éclatement de la multitude en autant d'individus qui la composent sous l'effet de la crainte, et dans D, I, 57, l'histoire est celle de Camille, en 389 av. J.-C., qui menace de mort tout Romain qui refuserait de quitter Véies pour revenir habiter à Rome. Le moment d'obéir approchant, la menace se fait davantage sentir, et la puissance du sentiment de crainte est telle qu'elle finit par séparer les individus les uns des autres, au point de se méfier de ceux qui, quelques heures plus tôt, étaient leurs compagnons. Il est vrai que Machiavel dit dans le même chapitre : « Quand les esprits sont un peu refroidis, et que chacun voit qu'il doit rentrer chez lui [à Rome, comme l'exige Camille], ils commencent à douter d'eux-mêmes, et à penser à leur salut, en fuyant ou en s'accordant »[61]. Mais « Quand les esprits sont un peu refroidis » ne signifie pas ici le passage de l'affect à la raison, bien plutôt la perte malheureuse d'un affect qui était à l'avantage de la puissance de la multitude, sous l'effet d'un plus puissant affect – la crainte de sa propre mort – qui finit par la dissoudre en ébranlant sa confiance. Et Machiavel aussitôt d'enchaîner :

> Voilà pourquoi une multitude ainsi soulevée, si elle veut échapper à ces dangers, doit aussitôt choisir parmi elle un chef qui la discipline, qui la maintienne unie, et qui pense à sa défense. C'est ce que fit la plèbe romaine quand, après la mort de Virginie, elle s'en alla de Rome et, pour se sauver, choisit parmi elle vingt Tribuns[62].

L'élection d'un chef est nécessaire, et le rôle d'un Tribun est de garantir la puissance collective de la multitude, non seulement en la guidant dans sa réflexion, en lui apportant la raison qui pourrait lui manquer, mais aussi en sachant entretenir en elle de *bons* affects, c'est-à-dire des affects qui sont utiles à sa défense. Il faut toutefois noter une différence de taille entre Machiavel et McCormick dans la composition du Tribunat : étonnamment, McCormick vide pour ainsi dire le Tribunat du peuple, alors même que les Tribuns seraient choisis au hasard parmi lui, puisqu'ils se retrouveraient uniquement entre eux tout en ayant le droit de parler au nom du peuple en son absence. Dans les assemblées dont parle Machiavel, au contraire, les

---

■ 60. *D.*, I, 57 pour les deux citations, p. 236. Nous soulignons.
■ 61. *Ibid.*, p. 236-237.
■ 62. *Ibid.*, p. 237.

Tribuns ont affaire directement à la plèbe, et c'est la plèbe qui *in fine* vote, décide, ou juge. La mise à l'écart du peuple, au nom du peuple, proposée par McCormick ne peut qu'être suspecte. Il s'agit d'une sorte de mythification de la pratique délibérative – d'un côté le bon jugement, de l'autre le monde de l'opinion, le premier venant éclairer le second et lui servant de rempart – qui ne fait que trahir la pensée machiavélienne, sans résoudre le problème de la compétence des Tribuns.

Conclusion

Le caractère oligarchique des démocraties contemporaines est un problème majeur, indéniablement, comme il est indéniable que le résoudre supposerait de favoriser davantage une conscience de classe du côté du peuple : la meilleure façon de lutter contre le pouvoir des élites est encore de se sentir tous concernés et de tous partager le même désir de non-domination. Mais ce n'est pas en caricaturant le peuple, ni en subsumant l'opinion sous un jugement faussement éclairé, que l'on parviendra à trouver la bonne solution. Le Tribun est une figure bien plus complexe chez Machiavel que celle du bon représentant au service du peuple, parce que simplement tiré de lui, que propose McCormick. Ce dernier assume avec un certain plaisir le caractère provocateur de sa thèse. Mais il est surtout certain que sa proposition, mise en pratique, serait nuisible pour la démocratie en ne profitant pas au peuple, tout en faisant naître de mauvais tumultes qui ne pourraient que nuire à la cité.

Sébastien Roman
ENS de Lyon, Laboratoire Triangle UMR 5206

DOSSIER

Embarras de la démocratie

LA DÉMOCRATIE ÉPISTÉMIQUE : UNE PERSPECTIVE CONDORCÉTIENNE

Juliette Roussin

Quelles sont les implications de la philosophie de Condorcet pour les théories épistémiques de la démocratie ? Ces dernières réduisent souvent l'argument épistémique de Condorcet en faveur de la démocratie au théorème du jury. Or le philosophe montre que c'est seulement quand elle devient le vecteur de l'indépendance politique, économique et intellectuelle des citoyens que ses vertus épistémiques se font jour. En se concentrant sur les procédures de décision susceptibles de favoriser de bons résultats politiques, les approches contemporaines ne proposent qu'une analyse partielle des embarras démocratiques, et se privent de bases pour un argument épistémique plausible en faveur de la démocratie.

L'inquiétude pour l'avenir des démocraties a pris ces dernières années une ampleur nouvelle[1]. Aux thèmes désormais rebattus de la crise de la représentation et de la confiance démocratique, a succédé celui de la tentation populiste, voire du franc passage à l'extrême-droite, de citoyens ignorants et revanchards, prompts à porter au pouvoir les aspirants autocrates ayant su donner à l'ire populaire une cible appropriée – la gauche bon teint, les experts, l'Europe, les immigrés, les gays, les Juifs. Aux États-Unis, en Grande-Bretagne, en Italie, en Hongrie, en Pologne, en Autriche, en Turquie, en Inde, aux Philippines, au Brésil, en France peut-être : la démocratie recule, ses idéaux vacillent, sous les coups électoraux assénés par des millions de citoyens. Faut-il en conclure, de concert avec les détracteurs millénaires du régime démocratique, que le peuple est incapable de se gouverner lui-même, qu'en niant toute légitimité à quelque autorité que ce soit, il finit invariablement par se précipiter dans les pièges

■ 1. Je tiens à remercier Mathilde Unger pour ses commentaires sur une version antérieure de ce texte, ainsi que Marc-Kevin Daoust, Théophile Pénigaud de Mourgues, Sophia Rousseau-Mermans et les membres des *Cahiers philosophiques* pour leur lecture attentive et leurs suggestions.

d'un démagogue, et qu'il vaudrait mieux parer à tout cela en s'en remettant une fois pour toutes à une forme d'« épistocratie », de gouvernement des experts ?

On peut tout de même faire remarquer que, dans tous les pays mentionnés, le processus électoral et démocratique ayant conduit à ces résultats politiques préoccupants est lui-même marqué par de fortes distorsions : un système électoral permettant à une minorité de déterminer l'issue du scrutin ici, le musellement de la presse et de l'opposition là, la neutralisation des contre-pouvoirs, la prolifération des fausses nouvelles et la propagande d'État, l'accroissement des inégalités, tous ces facteurs sapent les conditions appropriées de la formation et de l'expression du jugement politique par les citoyens. On peut à l'inverse penser qu'une démocratie dont les institutions fonctionnent bien ne favoriserait pas l'émergence de démagogues et l'empiétement des libertés publiques. C'est en tout cas l'hypothèse de ceux qui défendent une approche « épistémique » de la démocratie, selon laquelle celle-ci, en tant que mode de gouvernement prévoyant la résolution des questions politiques par des méthodes inclusives, participatives et égalitaires de décision, peut tendre de façon générale à produire des résultats politiques plus rationnels et plus justes que d'autres régimes, lorsque certaines conditions sont remplies. Les partisans de la démocratie épistémique insistent en particulier sur l'importance de la délibération publique et du gouvernement à la majorité, plus précisément de la détermination majoritaire et égale des décisions politiques par un vaste ensemble de citoyens[2].

Leur dette est grande sur ce dernier point envers Condorcet, dont le « théorème du jury » avait établi, dès 1785, que la fiabilité du grand nombre tend dans certaines circonstances à l'infaillibilité[3]. Cependant, alors que ces lectures contemporaines réduisent souvent l'argument épistémique de Condorcet en faveur de la démocratie au seul théorème du jury, la réinscription du Discours préliminaire de l'*Essai* de 1785 dans l'ensemble de la réflexion politique du philosophe peut conduire à réévaluer ses implications pour la théorie de la démocratie. Un des apports majeurs de Condorcet, tout aussi fondamental pour les approches épistémiques de la démocratie que le théorème du jury, se situe en effet dans son analyse des conditions politiques et sociales sous lesquelles ce théorème peut trouver à s'appliquer. Les lectures contemporaines du théorème du jury négligent trop souvent que l'idéal condorcétien du gouvernement de la « raison commune »[4] repose sur la perspective d'une émancipation des citoyens de leur condition de dépendance politique, économique, et intellectuelle. C'est seulement quand la démocratie devient le vecteur et le théâtre d'une telle indépendance que ses vertus épistémiques se font pleinement jour, selon Condorcet. Réinscrire le théorème du jury dans l'économie d'ensemble de la pensée politique condorcétienne permet donc de jeter une lumière nouvelle sur ses implications, mais aussi

---

2. D. Estlund, *L'autorité de la démocratie : une perspective philosophique*, trad. fr. Y. Meinard, Paris, Hermann, 2011 ; H. Landemore, *Democratic Reason : Politics, Collective Intelligence, and the Rule of the Many*, Princeton, Princeton University Press, 2012.

3. J.-A.-N. de Caritat (marquis de) Condorcet, « Discours préliminaire de l'*Essai sur l'application de l'analyse à la probabilité des décisions rendues à la pluralité des voix* » [1785], dans *Sur les élections et autres textes*, Paris, Fayard, 1986, p. 7-177.

4. *Ibid.*, p. 102.

de souligner un manque dans les arguments épistémiques contemporains à l'appui de la démocratie. En reléguant à un arrière-plan infra-théorique la prise en compte des conditions sociales de possibilité de la démocratie pour se concentrer presque exclusivement sur les procédures de détermination collective les plus susceptibles de favoriser l'émergence de bons résultats politiques, les approches contemporaines ne proposent qu'un diagnostic partiel des pathologies démocratiques, et se privent par-là de bases pour la construction d'un argument épistémique plausible en faveur de la démocratie.

Principes fixes du droit naturel et « vérité de la majorité »

Élaboré par Condorcet en 1785, ce qu'on a ultérieurement appelé le « théorème du jury » est, avec le « paradoxe de Condorcet », le grand legs du philosophe à la théorie du choix social. Tandis que le paradoxe de Condorcet met au jour la possibilité d'incohérences dans l'expression de la volonté majoritaire[5], le théorème du jury représente au contraire une tentative inédite de conciliation entre volonté démocratique et rationalité politique. Le Discours préliminaire de l'*Essai sur l'application de l'analyse à la probabilité des décisions rendues à la pluralité des voix* en propose la formulation suivante : dans une assemblée douée du pouvoir de décider, « si la probabilité de la voix de chaque Votant est plus grande que ½, c'est-à-dire, s'il est plus probable qu'il jugera conformément à la vérité, plus le nombre de Votants augmentera, plus la probabilité de la vérité de la décision sera grande »[6]. En d'autres termes, si chaque membre d'un groupe donné dispose d'une capacité de jugement ou d'une compétence politique suffisante, telle qu'il ait plus d'une chance sur deux d'émettre un jugement politique conforme à la vérité, alors la probabilité que la décision majoritaire soit la bonne s'accroît à mesure qu'augmente le nombre des membres du groupe[7]. Ce théorème vaut pour les décisions portant sur des faits passés (comme lorsqu'un jury juge de l'innocence ou de la culpabilité d'un prévenu), mais aussi, et c'est là tout son intérêt aux yeux de Condorcet, pour les lois votées par une assemblée représentative concernant le « maintien de la sûreté, de la liberté, de la propriété », et toute autre matière politique[8].

---

5. Le « paradoxe » correspond plus précisément au phénomène des majorités cycliques : dans certains cas, les préférences d'une majorité entre trois options A, B et C sont intransitives (une majorité préfère A à B, et une autre préfère B à C, mais il se trouve aussi une majorité pour préférer C à A). Près de deux siècles plus tard, l'économiste états-unien Kenneth Arrow systématisera ce paradoxe dans son célèbre théorème d'impossibilité. Si Condorcet était évidemment troublé par ce phénomène (la « méthode Condorcet », présentée *infra*, note 34, était destinée à diminuer l'apparition de cycles, sans parvenir toutefois à les éradiquer), il n'y vit pas une raison de douter de la rationalité de la démocratie, comme certains lecteurs d'Arrow le feront au xxᵉ siècle. C'est là une autre différence avec le théorème du jury, objet mathématique qui devient la base de toute une réflexion philosophique et politique chez Condorcet.

6. Condorcet, « Discours préliminaire », art. cit., p. 29.

7. La « compétence politique » est ici entendue comme la capacité tendancielle à énoncer et à agir en fonction de jugements corrects en matière politique, à faire les bons choix politiques. On s'éloigne donc de l'usage que la science politique fait de l'expression : il n'est pas question de mesurer la connaissance que les citoyens ont de leurs institutions politiques ou des lois de l'économie, quoiqu'on puisse supposer qu'un bon jugement politique repose pour partie sur de telles connaissances.

8. Condorcet, « Discours préliminaire », art. cit., p. 11-12, 30.

Que signifie dans ce cas que la majorité tende à la « vérité » ? Formé à l'école des physiocrates, Condorcet admet l'existence de « principes fixes et de vérités réelles et bien prouvées » sur le droit et la société politique, au premier rang desquels figurent les droits naturels des hommes[9]. Il entend élaborer un « art social » dont l'objet est moins la description des faits sociaux que la découverte des « maximes invariables »[10] de la justice politique. La visée de l'art social est prescriptive : il s'agit de mettre en œuvre une administration rationnelle de la société à partir des premiers principes politiques que sont les droits naturels, et du calcul des conséquences sociales probables que des mesures politiques particulières entraîneront dans un contexte donné. La conception condorcétienne de la loi s'inscrit dans cette aspiration générale à la rationalité politique : la législation humaine, du moins lorsqu'elle est juste et abordée de façon rationnelle, représente une tentative pour traduire en « règle commune »[11] obligatoire les principes vrais et fondamentaux de la politique.

Qu'elle soit le fait d'un monarque ou d'un peuple importe peu dans cette perspective : à rebours des modèles théologiques et absolutistes qui font de la loi un pur produit de la volonté, Condorcet enjoint de comprendre les lois « non comme l'expression de la volonté arbitraire [...], mais comme des vérités déduites par la raison des principes du droit naturel, et adoptées comme telles par la pluralité »[12]. La législation n'est pas le produit d'une volonté, mais la conséquence logique, la conclusion nécessaire d'un raisonnement déductif fondé sur les droits naturels. La vérité se transmettant des principes à la conclusion, « toute loi peut être regardée comme une suite de propositions vraies si la loi est bonne, fausses si elle est mauvaise »[13], et une bonne loi est universellement vraie[14]. Pour éviter toute méprise sur la « vérité » dont il est question néanmoins, il faut rappeler que Condorcet est aussi le disciple de Hume et l'héritier de l'empirisme de son siècle, et qu'il n'admet donc de vérité que probable. La certitude des sciences morales et politiques, quoique rendue très grande par l'usage rigoureux des principes et de la déduction, est aussi peu absolue que celle des vérités mathématiques et physiques. Ce probabilisme n'ôte rien au fait que la politique et la morale doivent être regardées comme des domaines susceptibles de vérité et de fausseté, la loi étant plus ou moins vraie selon qu'elle découle ou non des principes du droit naturel. Savoir *qui* détient le pouvoir législatif semble dès lors beaucoup moins important au Condorcet de la *Vie de Turgot* (1786) que d'être assuré de la justice des lois, c'est-à-dire du respect qu'elles manifestent pour les libertés humaines[15]. Dans une telle conception, même s'il détient le pouvoir politique, le plus grand nombre à la rigueur ne *fait pas loi* ; il se borne à reconnaître la vérité en la

9. Condorcet, « Discours préliminaire », art. cit., p. 100 ; Condorcet, « De l'influence de la Révolution d'Amérique sur l'Europe » [1786], dans *Œuvres*, Paris, Firmin Didot Frères, 1847, vol. 8, p. 3-113, ici p. 5-6.
10. Condorcet, *Vie de Turgot* [1786], dans *Œuvres*, Paris, Firmin Didot Frères, 1847, vol. 5, p. 5-233, p. 30.
11. *Id.*, « Lettres d'un bourgeois de New Haven à un citoyen de Virginie, sur l'inutilité de partager le pouvoir législatif en plusieurs corps » [1788], dans *Sur les élections et autres textes*, Paris, Fayard, 1986, p. 203-272, p. 205.
12. *Id.*, *Vie de Turgot, op. cit.*, p. 211. On perçoit ici l'influence des physiocrates, en particulier celle de Quesnay, qui voyait dans la loi positive une « déduction exacte » des règles évidentes du droit naturel.
13. *Id.*, « Lettres d'un bourgeois... », art. cit., p. 259.
14. *Id.*, « Observations sur le vingt-neuvième livre de l'*Esprit des Lois* », dans *Œuvres, op. cit.*, vol. 1, p. 363-388, ici p. 378.
15. *Id.*, *Vie de Turgot, op. cit.*, p. 181-182.

déclarant. Il n'a pas à proférer une volonté, mais seulement à prendre acte, comme telle, d'une vérité établie par ailleurs.

Ce qu'établit le théorème de jury de façon formalisée, c'est que la source populaire du pouvoir politique se révèle néanmoins déterminante pour l'élaboration d'une législation légitime. Non pas tant parce que la participation égale de tous au gouvernement compte parmi les droits naturels fondamentaux des hommes[16] : Condorcet juge la réalisation de ce droit moins essentielle au bonheur humain que la protection de la personne ou le respect du droit de propriété, par exemple[17]. S'il est préférable que la législation soit le fait du peuple plutôt que celui du prince, c'est parce que la majorité est davantage susceptible de formuler une règle commune qui soit « conforme à la raison et à la vérité »[18] :

> La raison, d'accord avec la nature, ne met qu'une seule borne à l'indépendance individuelle, n'ajoute qu'une seule obligation sociale à celles de morale particulière : c'est la nécessité et l'obligation d'obéir dans les actions qui doivent suivre une règle commune, non à sa propre raison, mais à la raison collective du plus grand nombre ; je dis à sa raison et non à sa volonté, car le pouvoir de la majorité sur la minorité ne doit pas être arbitraire ; il ne s'étend pas jusqu'à violer le droit d'un seul individu ; il ne va point jusqu'à obliger à la soumission lorsqu'il contredit évidemment la raison. Cette distinction n'est pas futile : une collection d'hommes peut et doit, aussi bien qu'un individu, distinguer ce qu'elle veut, de ce qu'elle trouve raisonnable et juste [...].
> La soumission à la vérité de la majorité est donc fondée sur la nécessité d'avoir une règle commune d'action, et sur l'intérêt de préférer la règle commune, qui sera le plus souvent conforme à la raison et à l'intérêt de tous. Or, c'est ce que l'on trouve dans le vœu de la majorité, pourvu qu'elle se forme entre des hommes rigoureusement égaux en droits, et ayant en général les mêmes intérêts[19].

Dans ce texte de 1792, Condorcet s'interroge sur le fondement de l'obligation dans laquelle est chacun de se soumettre aux « règles communes » de la société politique ; il le trouve dans la « raison commune » qu'exprime la loi, dès lors qu'elle est l'ouvrage de tous. Cette raison commune, rappelle Condorcet, est d'abord une raison et non une volonté, un « jugement » et non une préférence au service des « passions » ou des « intérêts » particuliers[20] ; la loi pour être légitime doit être rationnelle. Mais la raison est « commune » aussi parce qu'elle est « collective ». C'est « la raison collective du plus grand nombre », qui résulte de l'addition des raisons individuelles des citoyens quand ils cherchent ce qui, « abstraction [faite] de leur opinion » particulière, est conforme à la vérité et à la justice, que Condorcet rapporte, en 1792, à « l'intérêt de tous ». Plus exactement, il s'agit de faire la différence des raisons individuelles se prononçant indépendamment les unes des autres sur une question donnée,

■ 16. *Id.*, « De l'influence... », art. cit., p. 6.
■ 17. *Id.*, *Vie de Turgot, op. cit.*, p. 210-211, 181.
■ 18. *Id.*, « Discours préliminaire », art. cit., p. 102.
■ 19. *Id.*, « De la nature des pouvoirs politiques dans une nation libre » [1792], dans *Œuvres, op. cit.*, vol. 10, p. 589-613, ici p. 589-590.
■ 20. *Id.*, « Sur la forme des élections » [1789], dans *Sur les élections et autres textes*, Paris, Fayard, 1986, p. 437-474, p. 440-441.

et d'appeler « raison commune » la réponse ayant obtenu la plus grande quantité de voix. C'est ainsi que Condorcet peut conclure à l'obligation de se soumettre à la « vérité de la majorité », entendant par là non que le nombre aurait pour lui la force de décréter le juste, mais au contraire que la loi, en tant qu'elle est déterminée par la majorité des citoyens, a toutes les chances d'être conforme à la justice. La concordance des voix majoritaires passe pour l'indice probable de la vérité de la règle commune.

Les approches contemporaines et le sens politique du théorème du jury

On comprend aisément l'intérêt des théoriciens contemporains pour le théorème, qui semble offrir une défense extrêmement efficace du régime démocratique comme gouvernement du plus grand nombre, pourvu qu'on accepte l'idée que la qualité des décisions politiques est susceptible d'être évaluée à l'aune de critères normatifs indépendants[21]. Sans adhérer nécessairement à l'objectivisme moral que semble faire sien Condorcet, qui parle des droits naturels comme de premiers principes universellement vrais, les partisans contemporains d'une défense épistémique de la démocratie se distinguent par leur conviction que la politique est au moins autant affaire de préférences que de jugements, et que ces derniers sont par conséquent susceptibles d'être vrais ou faux[22]. Ils ne partagent pas à cet égard le scepticisme de Duncan Black qui, redécouvrant le théorème du jury à la fin des années 1950, en rejette comme immédiatement absurde l'application dans le domaine électoral, où l'idée d'une décision « correcte », dit-il, n'a pas de sens[23]. Les démocrates épistémiques estiment au contraire qu'il est tout à fait possible de distinguer entre de bonnes et de mauvaises décisions politiques, sur une base non seulement prudentielle, mais aussi factuelle (la décision s'appuie-t-elle sur des données exactes ?) et normative (la décision est-elle justifiée ?), et que c'est bien la conviction qu'une telle possibilité existe qui explique que nous nous engagions dans des discussions et des combats politiques[24]. Or si plus les individus sont nombreux, plus ils ont de chances de prendre de bonnes décisions, on ne peut que reconnaître l'avantage « épistémique » de la démocratie, c'est-à-dire la probabilité plus élevée qu'elle a de produire une législation juste ou « vraie », selon les termes de Condorcet, et sa supériorité conséquente sur des formes de gouvernement plus restreint, y compris exclusivement composé de personnes très compétentes.

Avant d'examiner plus avant la réception du théorème dans la théorie démocratique contemporaine, il reste à établir comment Condorcet en vient à

■ 21. Voir, entre autres, D. Estlund, J. Waldron, B. Grofman, S. Feld, « Democratic Theory and the Public Interest : Condorcet and Rousseau Revisited », *The American Political Science Review*, vol. 83, n° 4, 1989, p. 1317-1340 ; R. Goodin, *Reflective Democracy*, Oxford, Oxford University Press, 2003 ; J. Wyckoff, « Rousseau's General Will and the Condorcet Jury Theorem », *History of Political Thought*, vol. 32, n° 1, 2011, p. 49-62 ; R. Goodin et K. Spiekermann, *An Epistemic Theory of Democracy*, Oxford, Oxford University Press, 2018.
■ 22. J. Coleman, J. Ferejohn, « Democracy and Social Choice », *Ethics*, vol. 97, n° 1, 1986, p. 6-25 ; J. Cohen, « An Epistemic Conception of Democracy », *Ethics*, vol. 97, n° 1, 1986, p. 26-38.
■ 23. D. Black, *The Theory of Committees and Elections*, Cambridge, Cambridge University Press, 1958, p. 163.
■ 24. J. Habermas, « La démocratie a-t-elle encore une dimension épistémique ? Recherche empirique et théorie normative (1) », *Participations*, trad. fr. I. Aubert et K. Genel, vol. 3, n° 4, 2012, p. 209-230, p. 218.

penser cette conjonction entre « vœu de la majorité » et « vérité ». À ce stade, les motifs de la confiance dans le plus grand nombre demeurent obscurs : où trouver la garantie que la majorité ne désigne pas comme vrai ce qu'elle veut croire tel ? Comment s'assurer que la nécessité seule ne conduit pas à reconnaître au plus grand nombre une certaine autorité ? Les conditions de validité du théorème du jury ont en partie vocation à répondre à ces questions.

Condorcet n'a jamais prétendu qu'une assemblée nombreuse serait épistémiquement plus efficace, dans l'absolu, qu'une assemblée peu nombreuse. Le théorème du jury n'est en effet valable que si l'on s'accorde sur certaines hypothèses. Chaque membre du groupe décideur doit avoir plus d'une chance sur deux de prendre la bonne décision (c'est l'hypothèse de la compétence individuelle), aucun ne doit se prononcer sous l'influence d'un autre membre (c'est l'hypothèse de l'indépendance des votes), et tous doivent voter de bonne foi[25]. On suppose par ailleurs que leur décision collective est susceptible de vérité ou de fausseté, qu'ils s'efforcent de juger conformément à la vérité, enfin que leur vote n'a lieu qu'entre deux options.

Ces hypothèses marquent la limite d'applicabilité du théorème. Cela est évident si l'on considère la condition de compétence. Certes, ce n'est pas trop exiger de l'individu que de supposer qu'il « se décidera plutôt en faveur de la vérité que de l'erreur » ; il demeure que si on n'admet pas cette hypothèse, « il devient absurde de rien faire décider à la pluralité des voix »[26]. C'est donc tout à la fois le principe de l'assemblée nombreuse et la reconnaissance de l'égalité individuelle des raisons – c'est-à-dire cette exigence fondamentale de la démocratie qu'est la participation inclusive et égale – qui devraient être congédiés, si les membres de l'assemblée se révélaient incapables de prendre de bonnes décisions avec une plus grande probabilité. En effet, la modification de cette première condition entraîne l'inversion des conclusions du théorème : « si au contraire la probabilité du jugement de chaque Votant est au-dessous de ½, c'est-à-dire, s'il est plus probable qu'il se trompera, alors plus le nombre de Votants augmentera, plus la probabilité de la décision diminuera »[27]. La conséquence qu'en tire Condorcet ne laisse aucun doute sur la valeur strictement conditionnelle de la démocratie à ses yeux : « on voit qu'il peut être dangereux de donner une constitution démocratique à un peuple sans lumières »[28].

Or l'*Essai* assortit sa démonstration mathématique d'un constat qui, tout empirique et circonstanciel qu'il soit, n'apparaît pas moins fatal à la défense de la démocratie sur une base épistémique. Dans la France de 1785, « une assemblée très nombreuse ne peut pas être composée d'hommes très éclairés »[29]. La capacité à être rationnel, à prendre de meilleures décisions

■ 25. Condorcet, « Discours préliminaire », art. cit., p. 29.
■ 26. *Ibid.*, p. 81.
■ 27. *Ibid.*, p. 29.
■ 28. *Ibid.* L'obéissance à la loi et au gouvernement est bien *conditionnée* par leur rationalité politique pour Condorcet : « En général, puisqu'il s'agit, dans une loi qui n'a pas été votée unanimement, de soumettre des hommes à une opinion qui n'est pas la leur, ou à une décision qu'ils croient contraire à leur intérêt ; une très grande probabilité de cette décision, est le seul motif raisonnable et juste d'après lequel on puisse exiger d'eux une pareille soumission » (*ibid.*, p. 23).
■ 29. Condorcet, « Discours préliminaire », art. cit., p. 29.

que si elles étaient déterminées au hasard, est directement corrélée aux lumières, c'est-à-dire aux connaissances dont un individu dispose et à l'esprit critique dont il sait faire preuve. La première des *Lettres d'un bourgeois de New Haven* recense en effet quatre causes de « fausses décisions », qui ont toutes plus ou moins trait au faible niveau général d'éducation et à l'inégale répartition des lumières dans la société : l'intérêt, la passion, la corruption (c'est-à-dire la coalition de plusieurs individus autour d'un même avis, qui rompt la condition d'indépendance des jugements), ou l'erreur, celle-ci provenant à son tour soit de « l'ignorance », soit des « préjugés », soit, enfin, de la « difficulté même de former des décisions »[30]. L'ignorance et les préjugés sont actuellement si répandus, d'après l'*Essai*, qu'il serait vain, risqué même, de laisser le pouvoir législatif à des assemblées nombreuses. C'est ainsi que le principe démocratique est congédié par Condorcet en 1785.

Le théorème présente un autre résultat intéressant. Tandis qu'à mesure que la probabilité individuelle de prendre la bonne décision se rapproche du seuil limite de ½, on doit admettre de plus en plus de décideurs dans l'assemblée pour obtenir une assurance suffisante que celle-ci ne rendra pas une décision fausse (ce qui pose des difficultés pratiques évidentes et ne garantit pas même qu'une décision vraie sera rendue), à l'inverse plus la probabilité que chacun prenne la bonne décision est élevée (plus elle se rapproche de 1), plus il sera facile d'obtenir la bonne décision, même d'une assemblée peu nombreuse[31]. Dans la plupart des pays, où les lumières sont concentrées dans une petite partie de la population, il est donc pratiquement préférable de confier le soin de faire les lois à des assemblées composées de peu de membres, mais très éclairés[32]. Selon que l'hypothèse de la compétence individuelle est vérifiée ou non, le théorème du jury permet ainsi de justifier, tantôt le principe d'une assemblée nombreuse et démocratique, tantôt ce que la théorie contemporaine appelle « l'épistocratie »[33], le gouvernement par un petit nombre de sages.

> L'indépendance des votes est cruciale pour l'application du théorème du jury

Si l'hypothèse de la compétence individuelle est donc loin d'être vérifiée, de l'aveu même de Condorcet, de nombreux commentateurs ont fait remarquer que d'autres hypothèses du théorème semblent tout aussi difficilement réalisables. Par exemple, le théorème ne vaut que si le choix s'opère entre deux options : dès que le groupe décideur est confronté à trois options et plus, la probabilité que chaque votant prenne la bonne décision tombe en dessous du seuil requis, et le soutien du plus grand nombre n'est par conséquent plus un indice fiable de la vérité. Les critiques n'ont pas manqué de souligner que les élections voient le plus souvent s'affronter plus de deux candidats, et que,

---

■ 30. Condorcet, « Lettres d'un bourgeois… », art. cit., p. 207.
■ 31. *Id.*, « Discours préliminaire », art. cit., p. 36.
■ 32. *Ibid.*, p. 108.
■ 33. D. Estlund, *L'autorité de la démocratie, op. cit.*

même lorsque le choix est binaire, chaque branche de l'alternative recouvre implicitement une multitude d'options[34].

De même, la plausibilité de l'hypothèse d'indépendance des votes a été vivement discutée. Son respect est crucial pour l'application du théorème du jury, qui repose sur la loi des grands nombres et dont la portée épistémique dépend en fait moins du nombre d'*individus* qui votent, que du nombre de *voix* ou de jugements qui s'expriment effectivement. Il faut que les jugements prononcés soient les plus nombreux possible, afin que la probabilité de la vérité du résultat collectif soit la plus élevée possible. Si z exerce suffisamment d'influence sur ses semblables pour qu'ils abdiquent leur jugement en faveur du sien (ou, cela revient au même, si un parti politique z donne des consignes de vote à ses partisans), il y a moins de jugements individuels qu'il n'y a d'individus, et les avantages épistémiques du théorème sont perdus : si la probabilité que chaque individu prenne la bonne décision est supérieure à 0,5, à partir du moment où un certain nombre d'individus x s'en remettent à z pour juger (et où donc la probabilité d'erreur pour chaque individu x^1, x^2, x^3... dépend de la probabilité d'erreur de z), la décision collective ne tend plus assurément vers le vrai. C'est la raison pour laquelle Condorcet préconise que les assemblées se prononcent sur chaque question « sans discussion, et uniquement par oui ou par non »[35]. C'est seulement par ce moyen, pense-t-il, que l'alignement systématique des votes d'un individu sur ceux d'un autre et la formation de factions peuvent être évités. Or cette exigence d'indépendance des votes est perçue, au mieux, comme irréaliste, au pire, comme attentatoire à la liberté des personnes. Il semble en effet illusoire d'escompter une parfaite indépendance des voix : nécessairement les jugements politiques des uns et des autres se forment à la lumière d'informations communes, par l'échange d'idées, sous l'influence de la presse et de leaders d'opinion[36]. La simple division de l'assemblée démocratique en partis contraint, semble-t-il, à rejeter l'hypothèse de l'absence de corrélation entre les suffrages. D'un point de vue moral même, cette hypothèse paraît injustifiable : neutraliser les phénomènes d'influence politique supposerait de discriminer certains modes de vie, en empêchant ceux qui veulent consacrer leurs ressources à convaincre les autres de vivre comme ils l'entendent.

Face à ces difficultés, les théoriciens contemporains favorables à une défense épistémique de la démocratie sur une base condorcétienne se sont en général employés à montrer que les hypothèses du théorème du jury

---

■ 34. *Ibid.*, p. 422 *sq.* Il faut remarquer que Condorcet avait prévu cette dernière difficulté, et qu'il n'y voyait pas une objection dirimante, mais la simple confirmation que « la manière de proposer la question à décider est donc très importante » (« Discours préliminaire », art. cit., p. 69). Pour la régler, il proposait de décomposer les questions politiques complexes, recouvrant une multitude de choix disjonctifs, en séries exhaustives de propositions simples qui puissent faire l'objet de choix véritablement binaires (*ibid.*, p. 48-49) et exprimées en des termes non pas « généraux », mais assez « précis » pour que tous les votants aient à l'esprit le même objet lorsqu'ils se déterminent. Ce système des « vœux complets » est désigné comme « méthode Condorcet » dans la littérature sur le choix social ; Condorcet préconise de l'adopter, en outre, pour éviter les cycles (voir G.-G. Granger, *La mathématique sociale du marquis de Condorcet*, Paris, Odile Jacob, 1989, p. 140-142).

■ 35. Condorcet, « Lettres d'un bourgeois... », art. cit., p. 252.

■ 36. K. Ladha, « The Condorcet Jury Theorem, Free Speech, and Correlated Votes », *American Journal of Political Science*, vol. 36, n° 3, 1992, p. 617-634, p. 621 ; J. Rawls, *Théorie de la justice*, trad. fr. C. Audard, Paris, Seuil, 2009, p. 399.

pouvaient être assouplies de façon à s'adapter aux caractéristiques des démocraties contemporaines. Certains théoriciens ont par exemple étudié les applications du théorème dans un contexte de votes stratégiques. De leur côté, Robert Goodin et Christian List ont montré qu'il était possible de généraliser le théorème du jury aux cas de vote à la pluralité en conservant ses conclusions : face à n options, il suffit que les votants aient en moyenne plus de $1/n$ chances de trouver la bonne réponse pour que le théorème du jury fonctionne[37].

D'autres théoriciens se sont attachés à montrer que le théorème du jury s'accommode des phénomènes d'influence politique, soit que l'hypothèse d'indépendance des votes soit moins stricte qu'il n'y paraît, soit que le théorème puisse s'appliquer même quand les jugements des votants sont partiellement corrélés. David Estlund soutient ainsi que l'hypothèse d'indépendance des votes ou des jugements requiert que la probabilité qu'a un individu x de trouver la bonne réponse ne soit pas statistiquement ou systématiquement corrélée à la probabilité qu'a un autre individu z de la trouver. En d'autres termes, la probabilité que x vote correctement doit être la même que celle qu'il vote correctement, sachant que z a voté correctement[38]. À l'inverse, un cas typique de dépendance des jugements serait une situation où le jugement de x sur un sujet a plus de chance d'être correct, si le jugement de z est lui-même correct – c'est-à-dire, si x renonce à exercer son jugement personnel et s'en remet entièrement à z pour juger. Il suffit alors que z juge *que A* pour que x juge de même, sur la foi de son autorité. La condition d'indépendance n'est donc pas nécessairement violée quand les questions politiques font l'objet d'une « discussion raisonnée » entre les citoyens[39]. Cette condition n'exclut pas en effet qu'un individu en influence un autre, selon Estlund, mais exige que cet autre soit *par lui-même* tout aussi capable de trouver la bonne réponse que s'il n'avait pas subi cette influence. Les jugements d'un individu peuvent ainsi se former et se réviser à mesure que sa lecture des journaux et ses échanges avec ses semblables accroissent ses lumières, sans pour autant dépendre statistiquement des jugements d'un autre, d'un parti, ou du public dans son ensemble[40]. D'autres théoriciens ont démontré que le théorème peut fonctionner même dans l'hypothèse d'une certaine interdépendance entre les jugements des votants, s'ils se forment à

■ 37. C. List et R. Goodin, « Epistemic Democracy : Generalizing the Condorcet Jury Theorem », *Journal of Political Philosophy*, vol. 9, n° 3, 2001, p. 277-306, p. 279-280.

■ 38. D. Estlund, *L'autorité de la démocratie, op. cit.,* p. 416.

■ 39. Condorcet, « Lettres d'un bourgeois… », art. cit., p. 252. On voit à travers cette citation que Condorcet est loin d'ignorer les mérites du débat politique. S'il refuse que celui-ci se tienne entre les murs de l'assemblée immédiatement avant le vote, c'est uniquement afin d'empêcher la cristallisation de votes partisans ou, pire, l'organisation de « brigues ». Mais il prévoit bien que la question sur laquelle les législateurs doivent se prononcer aura préalablement fait l'objet d'une délibération collective, notamment par l'entremise de la presse. La discussion politique continue, y compris les normes constitutionnelles, est de fait un principe central dans la théorie politique de Condorcet (Condorcet, « Des conventions nationales » [1791], dans *Œuvres, op. cit.,* vol. 10, p. 191-206).

■ 40. D. Estlund, « Opinion Leaders, Independence, and Condorcet's Jury Theorem », *Theory and Decision*, vol. 36, n° 2, 1994, p. 131-162, p. 132.

partir de mêmes sources d'information ou sont influencés par les prises de position d'une figure publique, par exemple[41].

Enfin, l'hypothèse de la compétence individuelle, selon laquelle *tous* les votants doivent avoir une compétence supérieure à 0,5, jugée à peu près irréalisable, a, elle aussi, été assouplie. Plusieurs théoriciens ont établi que les membres du groupe décideur peuvent afficher des niveaux très inégaux de compétence politique sans que cela affecte nécessairement les conclusions du théorème du jury. Comme l'indiquent Robert Goodin et Kai Spiekermann, « l'hypothèse de compétence égale est une pure commodité, bien plus qu'une nécessité mathématique »[42]. En réalité, certains membres peuvent bien être de piètres juges politiques, par ignorance, préjugé ou intérêt, d'autres produire des jugements très éclairés; tant que la distribution des niveaux de compétence est symétrique de part et d'autre de la médiane, que le groupe de votants soit très hétérogène en matière de compétence politique ne compromet pas nécessairement la probabilité qu'il prendra les bonnes décisions. Si seule la compétence individuelle médiane importe pour l'applicabilité du théorème, cela signifie entre autres que, même quand la compétence du groupe n'est pas assez élevée pour que le principe d'une assemblée nombreuse s'impose, il n'est pas forcément besoin que les lumières se diffusent à tous ni même à la majorité des membres de la société pour remédier à cette situation. Goodin et Spiekermann montrent qu'il suffit d'améliorer la compétence médiane, en concentrant les efforts sur les sous-groupes de votants les plus susceptibles de réagir positivement à des mesures visant à les rendre plus compétents : les moins compétents, peut-être, qui tombent dans des erreurs « grossières » plus faciles à corriger, mais éventuellement aussi les citoyens déjà relativement compétents que la politique intéresse davantage. Accroître la compétence d'un petit nombre peut ainsi conduire à un bond « remarquable » de la compétence du groupe[43].

On comprend l'intérêt de telles approches, qui parviennent à sauver la justification épistémique de la démocratie en rendant ses conditions plus plausibles ou adaptées aux caractéristiques des régimes démocratiques contemporains. Avec une hypothèse d'indépendance plus souple, le théorème du jury peut continuer de valoir dans les circonstances de la démocratie de partis et de la communication de masse. De même, le relâchement de la condition de compétence prend acte de la réalité des démocraties contemporaines, dont les membres peuvent être plus ou moins intéressés par les affaires politiques et susceptibles de jugements plus ou moins réfléchis à leur propos, tout en bloquant la conclusion « épistocratique » que devrait impliquer, selon l'*Essai* de 1785, l'inégalité épistémique entre les votants ou leur faible degré de compétence individuelle.

D'un autre côté, on peut se demander si ces adaptations contemporaines du théorème du jury ne reviennent pas à détourner le sens politique qu'il

■ 41. B. Grofman, Guillermo Owen, S. Feld, « Thirteen Theorems in Search of the Truth », *Theory and Decision*, vol. 15, n° 3, 1983, p. 261-278; K. Ladha, « The Condorcet Jury Theorem, Free Speech, and Correlated Votes », art. cit.
■ 42. R. Goodin et K. Spiekermann, *An Epistemic Theory of Democracy, op. cit.*, p. 24.
■ 43. *Ibid.*, p. 92.

revêtait pour son inventeur. Plus exactement, en détachant le théorème de la réflexion politique d'ensemble de Condorcet pour faire servir sa logique mathématique à une défense épistémique de la démocratie, il se pourrait que les théoriciens contemporains se privent d'outils pour comprendre la fonction politique des conditions du théorème, au delà de leur nécessité (ou, dans le cas de la condition de compétence individuelle égale, leur absence de nécessité) mathématique. Dans leurs usages contemporains du théorème, les défenseurs d'une approche épistémique de la démocratie semblent souvent vouloir démontrer que les démocraties existantes en satisfont les hypothèses. Moyennant quelques aménagements, elles feraient effectivement mieux que le gouvernement d'un seul ou d'une poignée d'experts et seraient, par conséquent, justifiées d'un point de vue épistémique. Ces aménagements peuvent consister en des tentatives ciblées pour améliorer légèrement la compétence politique de certains, par des « campagnes d'éducation civique » (Goodin et Spiekermann 2018, 92) ou l'instauration de forums délibératifs[44]. Hors de là, ils se traduisent surtout par un travail mathématique de relâchement des hypothèses du théorème en vue d'en assurer l'application la plus générale possible.

On peut toutefois se demander si les approches épistémiques de la démocratie ne gagneraient pas à s'interroger sur ce qui *fait défaut* aux démocraties existantes pour satisfaire aux conditions du théorème et tendre à de bonnes décisions politiques, plutôt que de chercher à modifier ce théorème pour qu'il corresponde à la réalité contrastée des régimes démocratiques actuels. Les conditions du théorème du jury sont peut-être strictes pour une raison, autrement dit, qui n'est pas uniquement mathématique. Dans l'œuvre politique de Condorcet, la capacité tendancielle de chacun de formuler des jugements politiques également indépendants et compétents apparaît comme une condition de légitimité de la démocratie. Le théorème du jury, en ce sens, assume une fonction politique : celle de formaliser les conditions sociales et politiques auxquelles doit satisfaire une démocratie pour être légitime.

Si cette lecture est exacte, c'est alors se méprendre sur le sens politique du théorème que de chercher à assouplir ses conditions : si « l'avantage de confier à une assemblée de Représentants plus ou moins nombreuse le soin de statuer sur des lois, *dépend* de la manière dont les lumières sont distribuées dans chaque pays »[45], la conclusion démocratique qui devrait s'imposer serait, non pas de rompre cette relation de dépendance, mais d'agir sur les circonstances qui s'opposent à l'avènement de la démocratie. C'est précisément ce à quoi s'attelle Condorcet dans ses différentes réflexions sur l'instruction publique, la redistribution et les assurances sociales. En ce sens, replacer le théorème de 1785 dans l'économie globale de l'œuvre condorcétienne permet d'éclairer le sens politique de ce théorème, mais aussi d'offrir une perspective distincte, largement oubliée par les approches contemporaines s'intéressant au théorème, sur les conditions sociales de la démocratie épistémique.

---

44. J. Fishkin, R. Luskin, « Experimenting With a Democratic Ideal : Deliberative Polling and Public Opinion », *Acta Politica*, vol. 40, n° 3, 2005, p. 284-298.

45. Condorcet, « Discours préliminaire », art. cit., p. 108 (nous soulignons).

Conditions de la démocratie rationnelle

Réinscrire le théorème et ses hypothèses dans l'économie de la pensée politique de Condorcet permet d'abord d'en saisir la portée distinctement normative. Ce qu'établit indiscutablement le théorème du jury, c'est que le mode démocratique de prise de décision est le meilleur, si l'on s'assure au préalable que certaines conditions indispensables sont remplies. Il revient alors à la théorie politique d'énoncer ces exigences et d'indiquer les voies par lesquelles elles peuvent être réalisées[46].

C'est l'un des enjeux du projet d'instruction publique de Condorcet. Ce programme, qu'il théorise dans les cinq *Mémoires sur l'instruction publique* de 1791 et soumet à l'Assemblée législative sous la forme de propositions plus directement pratiques dans le *Rapport sur l'instruction publique* d'avril 1792, est au service d'une seule fin : « [rendre] la raison populaire »[47], généraliser les lumières, c'est-à-dire offrir à tout citoyen qui le souhaite la possibilité d'acquérir les connaissances théoriques et pratiques qui étaient jusqu'alors le privilège d'une minorité. Accroître les lumières des citoyens ordinaires, c'est à la fois augmenter leur réserve de connaissances et les rendre plus capables de bien juger. Quoique diffusées par une éducation strictement positive[48], les lumières sont en ce sens indissociablement cognitives et morales. Il ne s'agit pas de dicter « la doctrine commune du moment comme des vérités éternelles », d'inculquer l'adoration religieuse de la constitution politique, mais de donner les moyens intellectuels de « l'apprécier et de la corriger »[49]. De façon générale, l'esprit critique et l'administration appropriée de la preuve comptent tout autant que le socle de connaissances positives dans l'instruction des citoyens.

L'instruction publique doit plus précisément se décliner en une instruction fondamentale commune à tous les enfants, qui dispense les savoirs élémentaires que sont la lecture, l'écriture, le calcul, et les notions premières du droit (c'est-à-dire la connaissance des droits naturels, principes dont toute législation procède), et qui propose ensuite à chacun d'apprendre les rudiments d'un métier ;

---

46. Condorcet consacre également de nombreux travaux aux conditions *procédurales* qui doivent contribuer à rendre la démocratie rationnelle. La qualité des décisions dépendant autant des « formes des élections », que des lumières des décideurs (Condorcet, « Discours préliminaire », art. cit., P. 45), il s'agit de réorganiser les modes de désignation des membres de l'assemblée et les procédures de prise de décision au sein de celle-ci afin d'obtenir en chaque cas le « véritable vœu de la pluralité », c'est-à-dire aussi la « décision dont la vérité est la plus probable » (Condorcet, *Essai sur la constitution et les fonctions des assemblées provinciales* [1788], dans *Œuvres, op. cit.*, vol. 8, p. 117-659, p. 212). Quoique l'étude de ces textes déborde le cadre du présent article, il faut relever que leur approche est nettement plus « élitiste » que les travaux du philosophe sur les conditions sociales de la démocratie rationnelle. Un système d'élections à deux degrés et des règles de majorité qualifiée pour certaines décisions, voire, avant 1789 et la conversion du philosophe au principe du suffrage universel, l'octroi du droit de vote aux seuls « propriétaires » (directement intéressés à la chose publique et dont la classe recoupe, incidemment, celle des plus éduqués) doivent ainsi prémunir contre l'influence politique de citoyens « peu éclairés » (Condorcet, « Sur la forme des élections », art. cit., p. 441 ; *Essai sur la constitution...*, *op. cit.*, p. 130, 135 ; « Discours préliminaire », art. cit., « Lettres d'un bourgeois... », art. cit., p. 210-12 ; voir David Williams, *Condorcet and Modernity*, Cambridge, Cambridge University Press, 2004, p. 199 ; Keith Michael Baker, *Condorcet : Raison et politique*, trad. fr. M. Nobile, Paris, Hermann, 1988, p. 330-332).

47. Condorcet, *Cinq mémoires sur l'instruction publique* [1792], Paris, Flammarion, 1994, p. 104.

48. *Ibid.*, p. 85, p. 88.

49. *Ibid.*, p. 93, p. 93.

en une instruction de niveau supérieur, consacrée à l'approfondissement des connaissances techniques liées au métier choisi ; en une instruction purement scientifique enfin. Condorcet distingue par ailleurs l'instruction à donner aux enfants, et l'instruction proposée aux adultes tout au long de leur vie, afin de perfectionner et de maintenir vivaces leurs connaissances, notamment dans le domaine juridique[50]. Enfin, en marge de l'instruction publique, Condorcet escompte que la liberté de la presse participera à l'extension des lumières, en dissipant les « préjugés » répandus dans la société[51].

L'instruction publique et l'information par une presse libre et diverse réalisent par-là deux conditions majeures du théorème du jury. Premièrement, en mettant à la portée de chacun les connaissances nécessaires à un jugement informé sur l'intérêt commun, elles permettent à tous les citoyens de se hisser au-dessus du seuil de compétence individuelle requis pour que les prédictions du théorème fonctionnent : des citoyens relativement éclairés, pourvu qu'ils soient en grand nombre, ont ensemble les plus grandes chances de prendre des décisions justes. Tandis que l'exemple des anciennes républiques montre qu'un peuple livré à l'ignorance, aux préjugés et à l'intérêt partial ne sera l'initiateur que de « lois tyranniques », « dans une nation où le grand nombre serait véritablement éclairé et libre de préjugés, il ne pourrait s'établir que des lois justes et sages »[52]. Le rapport d'implication est donc mutuel entre la démocratie et l'instruction : si l'instruction universelle a besoin de l'idéal démocratique d'égalité pour s'établir et s'affermir, elle justifie aussi la démocratie dans sa prétention. Une fois l'instruction devenue publique et les lumières diffuses, il n'est plus d'autre système politique rationnellement (mathématiquement) possible que la démocratie.

Deuxièmement, l'instruction publique et l'information libre et diverse affectent de façon déterminante une autre hypothèse du théorème du jury : celle de l'indépendance des votes. À l'origine de l'exigence que chaque citoyen « n'opine que d'après lui » (pour emprunter à Rousseau sa célèbre formule) et la crainte de voir l'influence de brigues biaiser la décision commune, on trouve en effet la critique plus fondamentale de toutes les formes de dépendance – intellectuelle, sociale, économique. À ce titre, la concentration du savoir entre les mains d'un petit nombre est une forme de domination comparable à celles qui procèdent de la position de supériorité que confèrent les privilèges, la richesse ou le prestige de la position sociale. Elle engendre une situation de dépendance intellectuelle et matérielle destructrice de « l'égalité républicaine »[53] comme de la « liberté civile » et « politique »[54]. Celui qui, ne sachant écrire, dépend de l'homme instruit pour mener sa vie de tous les jours n'est pas son égal en droit[55]. Lorsqu'il est la propriété exclusive d'une mince élite, le savoir se commue en pouvoir : les prêtres et les juristes, uniques dépositaires d'un savoir hautement stratégique, en usent pour maintenir le

---

50. Condorcet, *Cinq mémoires sur l'instruction publique*, op. cit., p. 74, p. 185.
51. « Lettres d'un bourgeois… », art. cit., p. 248.
52. *Vie de Turgot*, op. cit., p. 203 ; voir aussi *Cinq mémoires…*, op. cit., p. 64.
53. « Lettres d'un bourgeois… », art. cit., p. 272.
54. *Vie de Turgot*, op. cit., p. 179 ; voir aussi Condorcet, *Tableau historique des progrès de l'esprit humain : projets, esquisse, fragments et notes (1772-1794)*, Paris, Institut national d'études démographiques, 2004, p. 436.
55. *Cinq mémoires…*, op. cit., p. 61.

peuple sous leur coupe[56], tandis que les « charlatans » de tout poil profitent de la crédulité des ignorants pour s'enrichir à leurs dépens[57].

Il s'agit dès lors de « ne laisser subsister aucune inégalité qui entraîne la dépendance »[58]. Aux yeux du philosophe, c'est seulement quand tous les individus sont égaux et reconnus tels, dans la jouissance de leurs droits, mais également dans l'usage de leurs facultés intellectuelles et morales et même, jusqu'à un certain point, dans leur fortune respective, que les phénomènes de dépendance et de domination disparaissent et que les individus peuvent être considérés comme vraiment libres. Or, étant universelle et publique, l'instruction a cet effet remarquable de rendre effective l'égalité, ou plutôt, « une grande égalité entre les esprits, quant à la justesse de leurs jugements et à la vérité des principes d'après lesquels ils régleraient leur conduite »[59]. En aplanissant « l'inégalité dans les facultés morales »[60], l'instruction s'attaque donc à la racine de la domination politique et de la dépendance sociale.

L'instruction s'attaque à la racine de la domination politique

L'individu gagne d'abord les moyens de son indépendance dans la vie civile, où il choisit son métier et administre ses affaires en connaissance de cause, et où son instruction doit aussi lui assurer l'indépendance économique : « Si l'instruction est plus égale, il en naît une plus grande égalité dans l'industrie, et dès lors dans les fortunes »[61]. L'individu qui sait lire, écrire, compter, et qui connaît les droits naturels humains, n'est plus à la merci des « charlatans », ni des savants.

La maîtrise de ces savoirs fondamentaux lui assure donc aussi une indépendance dans la vie politique. Le citoyen éclairé n'est plus forcé d'accorder une « confiance aveugle »[62] à des » politiques de profession [...] intéressés à défendre tout ce qui est compliqué » pour s'assurer une influence[63]. Même si ses représentants demeurent plus instruits que lui, il dispose de connaissances suffisantes pour juger de la pertinence de leur action et exercer sur elle un contrôle critique. Cette indépendance d'esprit acquise grâce à l'instruction satisfait donc très exactement l'hypothèse de l'absence d'influence ou de déférence entre les votants qui figure dans le théorème du jury. Des citoyens qui connaissent leurs droits et sont au fait des réalités politiques, prévoit Condorcet, risqueront moins de céder à l'autorité des savants ou aux « prestiges du charlatanisme »[64]; ils ne seront pas aveuglément influencés par un de leurs pairs au point de conformer simplement son propre vote au sien. En donnant au plus grand nombre les moyens d'accéder à l'autonomie

■ 56. *Essai sur la constitution...*, *op. cit.*, p. 475.
■ 57. *Tableau historique...*, *op. cit.*, p. 440 ; *Vie de Turgot*, *op. cit.*, p. 206.
■ 58. *Cinq mémoires...*, *op. cit.*, p. 61.
■ 59. « Discours préliminaire », art. cit., p. 31.
■ 60. *Cinq mémoires...*, *op. cit.*, p. 61.
■ 61. *Tableau historique...*, *op. cit.*, p. 441.
■ 62. *Essai sur la constitution...*, *op. cit.*, p. 475 ; voir aussi *Tableau historique...*, *op. cit.*, p. 440.
■ 63. « Lettres d'un bourgeois... », art. cit., p. 258.
■ 64. *Tableau historique...*, *op. cit.*, p. 439.

intellectuelle, le système d'éducation publique et d'information libre fournit ainsi les conditions sociales pour que la deuxième hypothèse fondamentale du théorème du jury soit satisfaite, et augmente d'autant la probabilité que les décisions démocratiques seront justes.

On peut ajouter, enfin, qu'indépendance intellectuelle et indépendance matérielle se renforcent mutuellement[65]. L'individu est d'autant plus capable de penser librement qu'il n'est pas « abruti par la misère »[66] ni dépendant de citoyens plus riches et plus puissants que lui pour sa subsistance. Inversement, l'influence politique, la capacité de peser sur le cours d'un vote ou les questions mises au vote, tiennent souvent autant à la puissance économique qu'à l'ascendant intellectuel. L'indépendance des voix, autrement dit, ne tient pas uniquement à la diffusion de l'instruction, mais doit de surcroît être protégée par certaines mesures économiques destinées à contenir les « inégalités de richesse » et « d'état »[67] dans un intervalle suffisamment étroit pour empêcher leur transformation en relations de dépendance.

Condorcet est convaincu que les restrictions à la liberté de contrat et de commerce sont les principales causes des inégalités économiques et sociales, et que la libéralisation des échanges favorisera à l'inverse une croissance générale et de moindres écarts de fortune. Mais il insiste également sur le rôle des « bonnes lois civiles » dans la réduction des inégalités et de la dépendance[68]. Critique dès 1786 de la transmission indéfinie de biens par héritage[69] et de la masse d'impôts pesant sur les plus pauvres, au premier rang desquels la corvée dont il soutient l'abolition[70], il se prononce en 1790 en faveur de l'impôt progressif, afin de reporter sur les plus riches une part du fardeau de l'imposition qui pèse sur les plus pauvres[71]. Il conçoit également différents mécanismes d'assurances sociales, gérés par des associations privées ou par la puissance publique, permettant aux individus dépendant de leurs seuls revenus pour vivre d'en mettre une partie en commun et de recourir à ces fonds en cas d'accident, de vieillesse ou de décès prématuré[72]. Comme le souligne Gareth Stedman Jones, la fonction de ces mécanismes de redistribution et d'assurances sociales n'est pas d'instaurer un « État providence » avant la lettre, mais bien de « réunir les conditions politiques grâce auxquelles une population instruite pourrait se gouverner elle-même d'après la raison »[73]. Il s'agit de prévenir la formation d'insécurités et de relations de dépendance telles qu'elles pourraient favoriser la manipulation des plus démunis et le détournement de l'intérêt commun au profit de la domination politique et économique de quelques-uns.

■ 65. Condorcet, *Tableau historique…*, *op. cit.*, p. 440.
■ 66. Condorcet, « Lettres d'un bourgeois… », art. cit., p. 271.
■ 67. *Tableau historique…*, *op. cit.*, p. 436.
■ 68. « Que toutes les classes de la société n'ont qu'un même intérêt », dans *Œuvres, op. cit.*, vol. 12, p. 645-650, p. 646 ; « Lettres d'un bourgeois… », art. cit., p. 271 ; voir E. Rothschild, *Economic Sentiments : Adam Smith, Condorcet, and the Enlightenment*, Cambridge, Cambridge University Press, 2001, p. 162.
■ 69. *Vie de Turgot, op. cit.*, p. 23-24.
■ 70. *Ibid.*, p. 64.
■ 71. « Sur l'impôt progressif » [1793], dans *Œuvres, op. cit.*, vol. 12, p. 625-636 ; « Sur l'impôt personnel » [1790], dans *Œuvres, op. cit.*, vol. 11, p. 473-483, p. 473.
■ 72. *Tableau historique…*, *op. cit.*, p. 437-439 ; E. Rothschild, *Economic Sentiments, op. cit.*, p. 252.
■ 73. G. Stedman Jones, *La fin de la pauvreté ? Un débat historique*, Maisons-Alfort, Ère, 2007, p. 57.

À cet égard, l'endiguement des inégalités de richesse et de situation permet peut-être de satisfaire un autre présupposé du théorème, en plus de la condition d'indépendance des votes. En effet, une inégalité trop grande et durable entre les fortunes et les états risque de scinder la société en « deux classes de citoyens » aux intérêts opposés[74]. Or une telle division signerait la ruine de la république. Non seulement le règne corrupteur de « l'esprit de parti » compromettrait l'indépendance des voix, mais plus profondément encore, la division marquée et durable des citoyens en classes ferait de « l'intérêt commun » une chimère[75]. Rappelons-nous que le vœu de la majorité n'est « conforme à la raison et à l'intérêt de tous » que « pourvu qu'elle se forme entre des hommes rigoureusement égaux en droits, et ayant en général les mêmes intérêts »[76]. Dans une société de classes où les membres ont des intérêts économiques et sociaux opposés, on peut penser qu'il n'existe pas d'intérêt commun que tous pourraient s'efforcer de promouvoir, et que par conséquent le théorème du jury ne peut pas s'appliquer. L'égalité des droits, la liberté de commerce, les politiques redistributives et les mécanismes d'assurances sociales sont à cet égard autant de moyens d'empêcher que de trop fortes divisions sociales entravent l'avènement d'une démocratie rationnelle.

Conclusion

La réinscription du théorème de 1785 dans le cadre plus large des recherches de Condorcet sur les conditions de l'indépendance intellectuelle, politique et économique des citoyens ouvre donc des pistes intéressantes pour les arguments épistémiques en faveur de la démocratie. Elle suggère notamment qu'il serait absurde de brandir le théorème comme une preuve mathématique qui se suffirait à elle-même, et que les performances épistémiques de la démocratie dépendent, non seulement de procédures ingénieuses de révélation et de raffinement des volontés du peuple, mais aussi de structures sociales plus larges. L'égalité des droits rendue réelle par la jouissance de capacités et de ressources épistémiques, sociales et économiques qui, sans être rigoureusement égales entre les citoyens, ne laissent se développer entre eux aucune relation de dépendance et de domination, telles sont les conditions auxquelles les citoyens peuvent juger, en pleine connaissance de cause et en toute indépendance d'esprit, de la meilleure façon de promouvoir la justice et l'intérêt commun qui les lie.

À cet égard, les analyses de Condorcet permettent-elles d'éclairer certains des « embarras » actuels de la démocratie ? Sans parler des spécificités du temps présent que le philosophe n'aurait su prévoir, l'optimisme de certaines

---

74. Condorcet, « Lettres d'un bourgeois… », art. cit., p. 272.

75. Adhérant à une conception objective de l'intérêt commun, Condorcet ne croit pas que celui-ci résulte de l'agrégation des intérêts particuliers, ni que le conflit d'intérêts opposés puisse révéler la « vérité » et la justice. Contre le système anglais d'équilibre des intérêts, il maintient que de « bonnes lois » sauront identifier l'intérêt liant les différentes régions, classes et professions d'une même société (*ibid.*, p. 266 ; voir K. Michael Baker, *Condorcet, op. cit.*, p. 285 ; G.-G. Granger, *La mathématique sociale du marquis de Condorcet, op. cit.*, p. 95-96). Cependant, on peut penser que la similarité d'intérêts « entre les riches et les pauvres » (Condorcet, « Que toutes les classes… », art. cit., p. 646) n'est pas un postulat immuable de la théorie condorcétienne, mais qu'elle dépend du contexte social et en particulier du degré d'inégalités existant entre ces deux classes (voir par exemple, là encore, Condorcet, « Lettres d'un bourgeois… », art. cit., p. 271-272).

76. « De la nature… », art. cit., p. 589-590. Voir *supra*, p. 59.

de ses analyses, comme celles qui prévoient la réduction des inégalités socio-économiques sous l'effet de l'éducation et de la liberté des échanges, laisse aux lecteurs contemporains une impression de naïveté. L'idée que chaque électeur serait en mesure de déterminer la vérité politique au terme d'un raisonnement déductif sur les droits naturels contrarie notre sensibilité contemporaine, qui ne croit plus à un ordre naturel des droits. Elle pourrait à la rigueur valoir dans les cas de violation manifeste des droits humains, mais ne semble pas adaptée pour rendre compte de vastes pans de la décision politique. Si la conception condorcétienne de la vérité politique doit à l'évidence être retravaillée, les partisans contemporains de la démocratie épistémique n'ont pas nécessairement tort de remarquer que, dans la plupart des cas, une décision politique peut néanmoins s'avérer pire ou meilleure qu'une autre. La velléité d'interdire l'entrée du territoire national aux ressortissants de « pays musulmans », par exemple, découle d'erreurs factuelles et de préjugés racistes qu'il importe, pour une théorie normative de la démocratie, de pouvoir désigner comme tels. De même, le choix de laisser un territoire en friche ou d'y faire passer une autoroute s'appuie sur des considérations environnementales et économiques complexes ainsi que sur une hiérarchisation des fins et des principes d'action qui peuvent se prévaloir d'un certain poids normatif : il n'est pas moralement indifférent de choisir une option plutôt que l'autre. En d'autres termes, nous continuons à avoir de bonnes raisons d'analyser les décisions politiques, non comme des préférences ou de purs choix souverains, mais à la lumière de critères épistémiques (fiabilité des données et des prédictions, diversité des approches) et normatifs (non-discrimination, impartialité, garantie des droits, protection de l'environnement) qui peuvent bien entrer en tension ou susciter le désaccord, mais qui offrent un horizon d'excellence politique auquel rapporter notre jugement lorsque nous avons à nous déterminer en commun.

> Indépendance intellectuelle et indépendance matérielle se renforcent mutuellement

Si l'on admet que les décisions politiques n'obéissent pas seulement à un impératif prudentiel, mais sont susceptibles d'être évaluées en termes épistémo-normatifs, peut-on s'appuyer sur les analyses de Condorcet pour comprendre la situation actuelle de certaines démocraties ? Du Brésil au Royaume-Uni, des États-Unis à la Hongrie, la situation politique, économique et sociale des États varie et doit nous prévenir contre toute interprétation ou proposition politique englobante. Si les écrits du philosophe suggèrent certaines orientations générales, celles-ci ne sauraient se traduire en diagnostics et en politiques sans prendre en compte le contexte particulier à chaque régime concerné.

Face aux nouveaux « prestiges du charlatanisme » (théories du complot, discours de haine et autres faits alternatifs) comme à la technicité croissante des discours politiques « experts », les réflexions de Condorcet sur l'instruction suggèrent que « toutes les fois que la tyrannie s'efforce de soumettre la masse d'un peuple à la volonté d'une de ses portions, elle compte parmi ses moyens les préjugés et l'ignorance de ses victimes »[77]. À cet égard, la première condition pour que la démocratie représentative n'implique pas la dépendance des gouvernés serait que l'instruction soit effectivement égalitaire. On peut ainsi penser qu'une politique condorcétienne consisterait d'abord, aujourd'hui, à lutter contre les inégalités et la ségrégation scolaires, et à faire en sorte que tous les enfants bénéficient d'une éducation élémentaire et secondaire de qualité égale, qui leur donne des chances égales d'accéder à l'éducation supérieure et les moyens de l'indépendance intellectuelle.

De fait, Condorcet insiste, deuxièmement, sur la nécessité d'élever le seuil de connaissances dispensées par le système d'instruction publique, à mesure que les problèmes sociaux et politiques se complexifient et requièrent des gouvernants davantage de compétences[78]. Il est certain que savoir lire, écrire et compter, connaître ses droits, ne suffit plus aujourd'hui pour assurer l'autonomie politique. La capacité d'avoir une prise sur le cours de l'existence collective est en partie déterminée par la compréhension de la société (de son histoire, des forces sociales qui l'organisent), des enjeux environnementaux, économiques et technologiques auxquelles elle a à faire face et des possibilités politiques qui s'offrent à elle. Comme l'a montré Martha Nussbaum, un système d'éducation secondaire et supérieur inégalitaire, ou dont les programmes sont surdéterminés par les impératifs du marché de l'emploi et de la rentabilité, a toutes les chances d'échouer à développer chez les futurs citoyens cette capacité de s'orienter dans le monde et d'agir sur son cours[79].

Une troisième condition est que les discours politiques puissent faire l'objet d'une confiance (ou d'une défiance) rationnelle plutôt qu'« aveugle », c'est-à-dire qu'on puisse établir de façon indépendante qu'ils se fondent sur des faits et des preuves, et non sur la seule autorité de ceux qui les énoncent[80]. Là encore, l'école apparaît comme le premier lieu possible d'expérimentation et d'apprentissage du doute. En couplant par exemple éducation scientifique et formation aux sciences sociales, éducation aux médias et exercice de la pensée critique, une pédagogie active (donc refusant le dogmatisme) peut former des esprits libres, rompus à la recherche raisonnée de preuves et de justifications comme à celle des contre-vérités, pseudo-évidences et arguments d'autorité. Cela requiert, toutefois, de préserver la liberté d'enseigner face à l'État, mais aussi, sans doute, de repenser l'autorité du savoir transmis dans le cadre scolaire. Il n'est pas absurde de supposer que les usages irrationnels du doute résultent autant d'un manque de pratique que de l'impatience éprouvée face aux assertions péremptoires de certains « sachants ».

Outre l'école, il semble que les contre-pouvoirs, la communauté scientifique et un système médiatique divers et indépendant des pouvoirs publics et privés aient également un rôle primordial à jouer dans la lutte pour préserver la vérité – celle des faits, mais aussi celle des droits – des manipulations d'« hommes habiles ». La domination politique des charlatans comme des

■ 77. Condorcet, *Tableau historique…*, *op. cit.*, p. 322.
■ 78. *Essai sur la constitution…*, *op. cit.*, p. 475.
■ 79. M. Nussbaum, *Les émotions démocratiques : comment former le citoyen du vingt-et-unième siècle ?*, trad. fr. S. Chavel, Paris, Climats, 2011.
■ 80. Condorcet, *Cinq mémoires…*, *op. cit.*, p. 96 ; *Tableau historique…*, *op. cit.*, p. 419.

experts (économistes, ingénieurs ou juristes) sûrs de leur fait n'est évitable que si leurs propositions politiques sont sujettes à vérification et à contestation et si la culture démocratique est suffisamment robuste pour que le caractère contraignant de la preuve y persuade davantage que la posture d'autorité. À ce titre, une politique condorcétienne accorderait sans doute aujourd'hui une attention particulière aux moyens de préserver l'indépendance financière des grands médias, la qualité et la diversité de l'information qu'ils produisent, face aux dangers croissants de sa manipulation et de son traitement biaisé ou partiel.

Mais les analyses de Condorcet suggèrent aussi que ces mesures ont toutes les chances de rester sans effet, dans une société marquée par de fortes inégalités de richesse et de situations, qui engendrent dépendance et exclusion. Ce n'est pas seulement que ces inégalités tendent à favoriser l'influence politique des citoyens les plus aisés. Qu'il s'agisse de voter une taxe sur les carburants ou d'autoriser le mariage entre personnes du même sexe, on ne peut attendre des citoyens qu'ils expriment des jugements politiques compétents et tournés vers le bien commun dans un contexte politique et social qui rend toute communauté d'intérêts et de principe impossible entre eux. Nombre des résultats démocratiques dont on s'alarme aujourd'hui interviennent dans des contextes de forts conflits de classes (souvent alignés sur des divisions raciales) ou de réduction des responsabilités sociales de l'État. On peut penser qu'une démocratie qui s'incarne dans des mesures de protection sociale et de redistribution, voire de prédistribution[81], tendant à l'égalité de ses membres, est mieux armée qu'une autre pour développer entre eux les conditions d'une promotion collective de l'intérêt de tous. C'est peut-être là l'oubli que les défenses épistémiques de la démocratie et les contempteurs de l'incompétence des foules ont en commun : la démocratie ne saurait être rationnelle sans être aussi sociale.

Juliette Roussin
Université de Montréal

▣ 81. Parmi les mesures égalitaires de « prédistribution », on peut citer la limitation des hauts salaires ou l'instauration d'une « démocratie de propriétaires », que n'envisage pas Condorcet mais qui s'accorde bien avec ses intuitions républicaines.

Embarras de la démocratie

POLITIQUE POSITIVE ET DÉMOCRATIE

Michel Bourdeau

L'article se propose de présenter les critiques adressées par Comte à la pensée politique moderne. Une fois dressé un constat de la situation actuelle, il faut s'assurer que les embarras en question sont bien ceux de la démocratie. Une troisième partie présente à grands traits l'esprit de la politique positive. On peut alors expliciter le jugement porté sur la démocratie. Si la souveraineté populaire est une « mystification oppressive », il est toutefois possible d'en dégager un noyau positif, ce qui est beaucoup plus difficile pour l'égalité. Liberté et égalité travaillent en sens contraire et les niveleurs méconnaissent ce qui sert de fondement à la sociologie, à savoir la statique sociale ou théorie de l'ordre.

L a politique positive peut-elle nous apprendre quelque chose sur les embarras actuels de la démocratie ? Pour beaucoup d'entre nous, la question ne se pose tout simplement pas. Pour les uns, c'est jusqu'à l'existence même d'une politique positive qui en est venue à être complètement oubliée ; pour les autres, ce qu'ils savent d'elle suffit à la disqualifier. Comte n'a-t-il pas fait l'éloge de la dictature et critiqué le régime parlementaire ? Il n'est donc pas difficile de le présenter comme un adversaire irréductible de la démocratie. Il y a bien, chez lui, une critique de la maladie occidentale, mais ce n'est pas ce qu'il y a de plus intéressant et, si cette image d'un Comte précurseur du totalitarisme, qu'on trouve par exemple chez Hayek, et qui est aujourd'hui largement dominante, rendait justice à Comte, si elle nous donnait une image fidèle de la politique positive, alors, oui, il vaudrait mieux en rester là. Mais il faut bien admettre qu'elle est largement caricaturale. Comme Hegel, à qui pendant un temps on aimait à le comparer, la pensée politique de Comte a fait l'objet d'interprétations diamétralement opposées, illustrées entre les deux guerres par Alain et Maurras. La tension est inscrite dans la devise du positivisme : *ordre et progrès*, selon le poids que l'on donnait à l'un ou à l'autre. Et historiquement, il est assez clair que les plus actifs (qu'on pense à Littré, ou à Mill, qui d'ailleurs ont pris à un moment donné leur distance devant des orientations qui leur paraissaient rétrogrades) étaient des partisans du progrès. Dans ce qui suit, je m'inscris donc dans cette lignée, sans nier que l'autre lecture puisse s'appuyer sur des textes de Comte.

La difficulté n'est pas pour autant résolue. Comte a commencé à écrire il y a deux siècles. Entre la situation qu'il avait sous les yeux et la nôtre, les différences sont multiples et considérables. Même à supposer qu'ils soient toujours valables, exposer dans l'abstrait et pour eux-mêmes les principes de la politique positive ne répondrait que très imparfaitement à la question posée. Inversement, chercher dans l'œuvre de Comte comme des recettes qu'il suffirait de mettre en pratique n'a pas grand sens. Ce qui suit se situe donc dans un entre-deux, exercice quelque peu difficile. Le but, du moins, est clair : il ne s'agit pas d'accabler le malade, mais de chercher un remède à la situation.

Pour ce faire, je procéderai en quatre temps. Tout d'abord, il faut dresser un constat. Chaque jour, l'actualité apporte son lot de nouvelles inquiétantes qui invitent à se demander si le processus démocratique ne serait pas enrayé. Dans la mesure où les phénomènes économiques sont pour beaucoup dans cette évolution, il s'agira en un deuxième temps de s'assurer qu'il s'agit bien d'embarras *de la démocratie*. L'étymologie veut que ce soit un régime où le pouvoir appartient au peuple mais, comme on sait, la souveraineté populaire peut prendre des formes très diverses et beaucoup identifieraient volontiers démocratie et gouvernement représentatif. Tocqueville pour sa part proposait une autre approche : ce qui distingue avant tout un régime démocratique d'un régime aristocratique, c'est l'égalité des conditions.

Ce travail préliminaire une fois accompli, une troisième partie tentera de dégager ce que l'on pourrait appeler l'esprit de la politique positive. Pour celle-ci, ce sont les idées qui gouvernent le monde et il y a par exemple de bonnes raisons de se demander si, pour une part du moins, nos embarras actuels n'auraient pas leur source dans le triomphe des idées néo-libérales, au début des années 1980. Un autre principe fondamental, que Comte partage avec Tocqueville, pose la nécessité de se placer au point de vue sociologique. Il n'est pas difficile alors de vérifier le bien-fondé du premier axiome de la politique positive : il n'y a pas de société sans gouvernement. C'est seulement alors que, dans une dernière partie, on pourra expliciter le jugement porté sur la démocratie. Dès 1822 Comte, qui n'avait alors que vingt-quatre ans, avait remarqué qu'à la différence de l'erreur des rois, l'erreur des peuples entre en contradiction non avec les faits mais « avec les principes, qu'il est toujours bien plus difficile de ne pas perdre de vue ». Si la souveraineté populaire est ainsi présentée comme une « mystification oppressive »[1], il n'est toutefois pas

---

■ 1. Au Général Bonet, 1ᵉʳ décembre 1851 ; *CG* VI, p. 191. Pour les œuvres de Comte, les abréviations suivantes seront utilisées : « *CPS* », *Considérations sur le pouvoir spirituel* [1826], dans *Écrits de jeunesse*, P. Carneiro et P. Arnaud (éd.), Paris, Mouton, 1970 ; « *C* », *Cours de philosophie positive* [1830-1842], 2 vol., Paris, Hermann, 1975 (1ᵉʳ vol., leçons 1-45 ; 2ᵉ vol., 46-60) ; pour les leçons 46-51, les références sont à la nouvelle édition, Paris, Hermann, 2012 ; « *DP* », *Discours sur l'ensemble du positivisme* [1848], Paris, GF-Flammarion, 1998 (figure également au tome 1 du *Système* comme *Discours préliminaire*) ; « *S* », *Système de politique positive*, 4 vol., Paris, L. Mathias, 1851-1854 ; « *CG* », *Correspondance Générale et Confessions*, P. Carneiro

difficile d'y dégager un noyau positif. Il n'est pas sûr en revanche qu'il en aille de même de l'égalité. Pour Comte, liberté et égalité travaillent en sens contraire. Ses critiques s'adressent donc avant tout aux niveleurs, accusés de méconnaître ce qui sert de fondement à la sociologie, à savoir la statique sociale ou théorie de l'ordre. L'ordre suppose une différence entre le supérieur et l'inférieur, des rapports de subordination. L'établissement d'un classement constitue une partie essentielle de la statique sociale et la distinction entre classement concret et classement abstrait permet, *in fine*, de faire une place à un « sage nivellement ».

Une société en crise : en marche, mais dans quelle direction ?

Commençons par jeter un coup d'œil sur ce qui cause problème. Preuve que le constat est devenu banal, la langue a forgé un néologisme, *démocrature*, mais l'on préfère parler de populisme, chargeant ainsi d'un nouveau sens un terme apparu il y a une centaine d'années dans un tout autre champ sémantique, celui de la théorie non politique mais littéraire, pour désigner un courant romanesque proche du vérisme. On sait que la vie des langues se nourrit de tels transferts, mais il est aussi permis de penser que ce populisme dont on nous parle tant serait un concept mou.

Ce à quoi on assiste est une recomposition du paysage politique : les partis traditionnels vont de défaite en défaite et le processus démocratique par excellence que sont les élections en fait apparaître de nouveaux, qui se réclament parfois de principes assez éloignés de ce que nous considérons comme démocratique. Les partis politiques ne sont d'ailleurs pas les seuls à être affectés. La révolution informatique a profondément bouleversé nos modes de socialisation et d'autres institutions qui ont longtemps passé pour constitutives du jeu démocratique sont aussi atteintes.

Dans la mesure où la démocratie est une des formes de vie politique que peut se donner un État, une nation, la crise de la démocratie renvoie encore à un double dépassement du cadre national. C'est ainsi que, pour un Européen, il est difficile de la dissocier des problèmes suscités par la construction de l'Europe. En l'occurrence, il ne s'agit pas tant du déficit démocratique des institutions européennes, puisque précisément ce n'est pas la démocratie mais son absence qui est tenue responsable des dysfonctionnements observés. Ce qui alimente l'euroscepticisme, ce sont les conséquences de l'orthodoxie néo-libérale qui inspire depuis quelques décennies la politique de Bruxelles, mais dont les effets sont planétaires : avec la mondialisation des échanges, les multinationales échappent au contrôle des États, quand elles ne leur imposent pas leurs lois.

Si maintenant l'on rassemble ces différents aspects, l'image qui se dégage n'encourage pas à l'optimisme. Ce à quoi l'on assiste, c'est à un développement des inégalités. À l'effondrement des partis centristes répond le désarroi des

et alii (éd.), Paris, EESS, 8 vol., 1973-1990 ; « *Cat.* », *Catéchisme positiviste ou sommaire exposition de la religion universelle en onze entretiens systématiques entre une femme et un prêtre de l'humanité* [1852], Paris, GF-Flammarion, 1966 ; « *Appel* », *Appel aux conservateurs*, Paris, Victor Dalmont, 1855.

classes moyennes. Entre l'élite et le demos, les « petites gens », les laissés pour compte de la globalisation, le fossé ne cesse de se creuser. D'où une crise de confiance dans ceux qui nous gouvernent, qui finit par s'étendre des hommes aux institutions.

Et la démocratie dans tout cela ?

Le constat qui vient d'être dressé est très général. Soit, la société est en crise, mais qu'est-ce qui autorise à parler d'une crise de la *démocratie* ? Si la question se pose avec tant d'insistance, c'est qu'un phénomène nouveau s'est produit. La démocratie a toujours eu des adversaires, mais aujourd'hui, ce sont ses propres partisans qui s'interrogent. Leurs attentes ont été déçues : les formes que prend la vie démocratique, les résultats qu'elle produit ne correspondent pas à l'idée qu'ils s'en faisaient. Que s'est-il bien passé ? Est-ce un simple accident de parcours, ou ne serait-ce pas la nature même de la démocratie qui serait en cause ? La première hypothèse est la plus rassurante. La démocratie a connu bien d'autres accidents de parcours et la ligne fixée reste la bonne : ce dont nous souffrons, c'est d'un déficit démocratique. Mais si la situation actuelle est à ce point embarrassante, c'est qu'on ne peut pas non plus écarter la seconde hypothèse, au risque de se retrouver dans le camp des adversaires de la démocratie, un pas que beaucoup, non sans raison, hésitent à franchir, car il serait vécu comme une sorte de trahison.

Une partie de ces embarras est effectivement conjoncturelle, due notamment à une focalisation assez récente sur la démocratie. La France est une République. Ceux de ma génération, par exemple, ont été habitués à se réclamer de la tradition républicaine, des valeurs républicaines et déjà Comte, qui avait vécu sous deux monarchies et sous deux empires, pouvait se flatter d'être resté constamment républicain. Non que les références à la démocratie aient été absentes, mais elles n'étaient pas premières. Il est permis de penser que cette focalisation est liée à la place croissante occupée chez nous, et un peu partout dans le monde, par ce que l'on pourrait appeler le modèle nord américain. Qui aurait jamais songé à parler de première dame il y a seulement vingt ans, ou à introduire des primaires pour choisir le candidat aux élections présidentielles ? S'il fallait chercher à dater les débuts du processus, on pourrait le faire remonter à 1945 et au débarquement allié. *La démocratie en Amérique* a certainement beaucoup contribué à la fortune du mot *démocratie* ; or il est établi qu'avant 1940, sauf à droite, personne ou presque ne lisait Tocqueville, et qu'en particulier il ne faisait pas partie des lectures des philosophes ou des sociologues. Bref, dans cette focalisation quasi obsessionnelle sur la démocratie, certains pourraient être tentés de ne voir qu'un effet de mode ; or il est bien connu que les modes donnent lieu à des excès et sont destinées à passer. De même, il n'est pas inutile d'établir un parallèle avec la situation du marxisme il y a cinquante ans. On a trop vite oublié que Sartre exprimait un assez large consensus quand, en 1960, dans la *Critique de la raison dialectique*, il présentait le marxisme comme l'indépassable philosophie de notre temps. Qui contestait cette position se trouvait aussitôt disqualifié. Jusqu'à un certain point, la situation est analogue aujourd'hui, et l'on ne peut pas exclure que ceux qui tiennent la démocratie pour l'indépassable régime politique de notre temps, soient tout autant dans le vrai que Sartre il y a un demi-siècle.

Que l'on privilégie une hypothèse ou une autre, il faut de toute façon s'entendre au préalable sur ce qu'est une démocratie, étant entendu que le terme a pris au cours du temps des sens très divers et qu'il est hors de question de les examiner tous. Je m'en tiendrai donc à trois approches. Depuis toujours, une démocratie est un régime où le peuple est souverain. Tocqueville, pour sa part, nous invite à adopter un point de vue sociologique : une démocratie est une société où prévaut l'égalité des conditions. Enfin, aujourd'hui, dans l'esprit de beaucoup, il ne peut y avoir de démocratie que libérale.

Démocratie, souveraineté populaire et gouvernement représentatif.

L'étymologie veut que la démocratie soit le régime où le peuple (*demos*) exerce le pouvoir (*cratie*) mais, sous l'apparente simplicité de cette définition se dissimule toutes sortes de difficultés. C'est tout particulièrement le cas quand la démocratie est associée à l'idée de souveraineté populaire. Il est d'ailleurs assez remarquable que cette dernière notion soit absente de la pensée antique, alors pourtant que la démocratie nous vient des Grecs. Pour la question qui nous occupe, point n'est besoin de chercher à pénétrer les arcanes de la souveraineté et je m'en tiendrai à quelques remarques[2]. Pour y voir clair, il convient tout d'abord de revenir à l'usage adjectif. Le souverain, c'est le détenteur de la puissance souveraine et, pendant longtemps, les philosophes ont disserté sur le souverain bien. Est souverain ce qui, dans son genre, est au-dessus de tous les autres. La puissance souveraine, c'est la puissance suprême, celle qui décide en dernier ressort. La souveraineté, dit Bodin, c'est « la puissance de donner et de casser la loi »[3]. De là à l'idée de pouvoir absolu, il n'y a qu'un pas. L'absolutisme pose en effet que le prince est *legibus solutus*, délié des lois. À cet égard, il est important de noter que l'idée de souveraineté populaire concerne l'origine de la souveraineté et non sa nature. Elle a été mise en avant pour lutter non contre l'absolutisme, mais contre la monarchie de droit divin, contre l'idée, toujours pour parler comme Bodin, que le prince souverain n'est tenu à rendre compte qu'à Dieu.

2. Pour se faire une idée des subtilités auxquelles la notion a donné lieu, voir par exemple G. Burdeau, *Droit constitutionnel et institutions politiques*, Paris, LGDJ, 1962, qui explique, p. 109-110, pourquoi en France la souveraineté appartient non pas au peuple, mais à la nation. Comme le remarquait P. Legendre : « il n'est guère que la mafia pour pratiquer la souveraineté sans s'embarrasser de justification prodigieuse » (*L'inestimable objet de la transmission*, Paris, Fayard, 2004, p. 182).

3. *Les six livres de la République*, Paris, Jacques Dupuis, 1580, livre I, chap. X, « Des vraies marques de souveraineté », p. 233. C'est d'ailleurs ce que Constant reprochera à Rousseau : « en même temps que l'on reconnaît [...] la souveraineté du peuple, il est nécessaire, il est urgent d'en bien concevoir la nature et d'en bien déterminer l'étendue. Sans une définition exacte et précise, le triomphe de la théorie pourrait devenir une calamité dans l'application. La reconnaissance abstraite de la souveraineté du peuple n'augmente en rien la somme de liberté des individus, et si l'on attribue à cette souveraineté une latitude qu'elle ne doit pas avoir, la liberté peut être perdue malgré ce principe, ou même par ce principe » (*Principes de politique*, chap. 1, « De la souveraineté du peuple » ; dans *Œuvres*, éditées par A. Roulin, « Bibliothèque de la Pléiade », Paris, Gallimard, p. 1102-1103). En un sens, la difficulté tient à ce que la notion est liée à celle de la légitimité. Ce que l'on veut établir, c'est qu'il n'y a de pouvoir légitime que celui qui est institué par la collectivité qu'il régit. Comme le faisait valoir un frondeur à Mazarin, à ceux qui croient que « les peuples ne sont faits que pour les rois », il faut répondre que « les rois n'ont été faits que pour les peuples. Car de tout temps il y eut des peuples sans roi, mais jamais il n'y eut de roi sans peuple ».

Une autre difficulté concerne cette fois le peuple. Qui en fait partie ? Si en effet on se demande comment le peuple exerce son pouvoir, il est clair que la démocratie doit tenir compte de la démographie. Parallèlement à la distinction maintenant classique entre liberté des anciens et liberté des modernes, il y a lieu de distinguer la démocratie des anciens et la démocratie des modernes. Au IVe siècle, à Athènes, un citoyen pouvait participer directement aux prises de décision. Il est clair qu'avec l'évolution démographique, la démocratie directe est de moins en moins praticable et l'institution caractéristique de la vie démocratique aujourd'hui, c'est le gouvernement représentatif. De cette façon, on échappe aux apories de la souveraineté pour se demander à la place, plus prosaïquement : qui gouverne ? Si c'est le peuple qui désigne ses représentants alors, en principe, c'est lui qui gouverne, mais par l'intermédiaire de ses représentants.

Un gouvernement représentatif ne résout pas seulement les questions relatives à la taille du corps politique, elle apporte aussi une réponse élégante à l'objection qu'on a souvent faite valoir contre la démocratie : elle ignorerait le problème des compétences et laisserait le premier venu décider de questions auxquelles il n'entend rien[4]. C'est ainsi que Tocqueville, félicitant Mill d'avoir remarquablement exposé « la distinction capitale entre *délégation* et *représentation* », ajoutait : « Soyez sûr, mon cher Mill, que vous avez touché là la grande question, du moins telle est ma ferme croyance. Il s'agit bien moins pour les amis de la Démocratie de trouver les moyens de faire gouverner le peuple que de faire choisir au peuple les plus capables de gouverner et de lui donner sur ceux-là un empire assez grand pour qu'il puisse diriger l'ensemble de leur conduite et non le détail des actes ni les moyens d'exécution. Tel est le problème »[5].

Le système de la représentation corrige les défauts d'une démocratie mal entendue, mais dans quelle mesure est-il encore démocratique ? Elire ceux qui gouvernent, est-ce gouverner ? Il n'est pas sûr que la souveraineté populaire se réalise dans le gouvernement représentatif et Sieyès, par exemple, distinguait soigneusement régime représentatif et régime démocratique.

Le point de vue sociologique : l'égalité des conditions.

Souveraineté populaire, gouvernement représentatif, les deux notions ont été élaborées avant 1789. Or les contrecoups de la Révolution ont aussi affecté la pensée politique. Le surgissement de la science sociale a ainsi permis une nouvelle caractérisation de la démocratie. Cette approche, loin d'être incompatible avec la précédente, en constitue plutôt un enrichissement et Tocqueville par exemple, à qui sont empruntées les analyses qui suivent, compte parmi les plus chauds partisans du gouvernement représentatif. Adopter le point de vue sociologique, puisque c'est de cela qu'il s'agit, c'est

■ 4. Voir L. Lorrain « La représentation politique chez Mill », *Cahiers philosophiques* 148, 2017/1, p. 41-53.
■ 5. Lettre à Mill du 3 décembre 1835, dans *Correspondance anglaise*, vol. 1, Paris, Gallimard, 1954, p. 303-304. La même idée avait déjà été très clairement exprimée par Montesquieu, qui mettait plus explicitement en cause l'incapacité du peuple à prendre les bonnes décisions : « Le grand avantage des représentants, c'est qu'ils sont capables de discuter les affaires. Le peuple n'y est point du tout propre ; ce qui forme un des grands inconvénients de la démocratie. […] Il ne doit entrer dans le gouvernement que pour choisir ses représentants, ce qui est très à sa portée », *Esprit des Lois*, livre XI, chap. 6, *De la constitution d'Angleterre*.

prendre conscience du lien qui unit un régime politique à certaines formes de vie sociale. Demander, dans l'absolu, « quel est le meilleur type de gouvernement ? » n'a pas de sens. La bonne question est plutôt : donné un certain type de société, quel est le régime politique qui lui convient ? Vouloir introduire la démocratie en Libye, en Irak ou en Afghanistan sans s'être assuré que les conditions d'exercice de la vie démocratique sont réunies, c'est se condamner par avance à l'échec.

La question des rapports de Tocqueville à la démocratie est notoirement complexe. Si l'on trouve chez lui d'explicites professions de foi démocratique[6], il est difficile de faire de cet aristocrate un chantre enthousiaste du régime dont il constatait l'irrésistible avènement. Dans la mesure où il s'agit de comprendre ce qui ne va pas dans notre démocratie, je m'en tiendrai aux critiques qu'il a formulées à son encontre, étant entendu une fois pour toutes que c'est là un point de vue unilatéral.

Écrivant à son ami Henry Reeves, qui traduisait la *Démocratie en Amérique*, voici en quels termes il lui explique l'esprit dans lequel il a composé son ouvrage et qui doit guider le traducteur dans son travail :

> J'écris dans un pays et pour un pays où la cause de l'égalité est désormais gagnée sans retour possible vers l'aristocratie. Dans cet état de choses, j'ai senti que mon devoir était de m'appesantir particulièrement sur les mauvaises tendances que l'égalité fait naître afin de tâcher d'empêcher mes contemporains de s'y livrer. C'est la seule tâche honorable pour ceux qui écrivent dans un pays où la lutte est finie. Je dis donc des vérités souvent fort dures à la société française de nos jours et aux Sociétés Démocratiques en général, mas je les dis en ami et non en censeur. C'est même parce que je suis ami que j'ose les dire[7].

De ces critiques, on ne retient d'ordinaire que ce qui concerne la tyrannie de la majorité. Dans une démocratie, non seulement la majorité n'a souvent aucun scrupule à imposer ses vues à la minorité, mais elle réussit aussi ce tour de force d'« immatérialise[r] le despotisme »[8]. Il y a toutefois de bonnes raisons de penser que s'en tenir là, c'est passer à côté de ce que Tocqueville cherchait à nous faire comprendre. Comme le dit clairement la lettre précédente, à ses yeux, la source du mal était dans l'égalité. Preuve de ce que tel est bien le centre de sa critique, c'est sur ce point que porte le bref avertissement sur lequel s'ouvre le second livre :

> en me voyant attribuer tant d'effets divers à l'égalité, [le lecteur] pourrait en conclure que je considère l'égalité comme la cause unique de tout ce qui arrive de nos jours. Ce serait me supposer une vue bien étroite. […] Je n'ai pas entrepris de montrer la raison de tous nos penchants et de toutes nos idées ; j'ai seulement voulu faire voir en quelle partie l'égalité avait modifié les uns et les autres[9].

■ 6. Voir par exemple la lettre à Mill de juillet 1835, *Correspondance anglaise, op. cit.*, p. 294.
■ 7. À Henry Reeves, 15 octobre 1839 ; *ibid*, p. 47-48.
■ 8. *De la démocratie en Amérique*, 2 vols., Paris, Gallimard, 1953 ; I, p. 265.
■ 9. *Ibid.*, I, p. 7 ; l'idée est reprise dans la conclusion, au moment où l'auteur termine « par une idée générale qui renferme dans son sein non seulement les idées particulières qui ont été exprimées dans ce présent chapitre, mais encore la plupart de celles que ce livre a voulu exposer » : « J'ai voulu exposer au grand jour les périls que l'égalité fait courir à l'indépendance humaine, parce que je crois fermement que ces périls sont

Tout en admettant que liberté et égalité peuvent se confondre, Tocqueville estime indispensable de bien les distinguer. L'amour de la liberté est de tous les temps et le propre des sociétés démocratiques est cette égalité des conditions dont l'auteur de la *Démocratie en Amérique* nous dit, dans la première page du livre, qu'elle l'a tant frappé aux États-Unis qu'il en est venu à y voir « le fait générateur dont chaque fait particulier semblait descendre »[10].

Égalité est un terme éminemment polysémique et préciser ce qu'il faut entendre au juste par ces conditions qu'une société démocratique rend égales n'a rien d'aisé. L'omniprésent contraste établi entre démocratie et aristocratie invite toutefois à associer l'égalité des conditions à l'abolition des privilèges. La société de l'Ancien Régime était profondément inégalitaire et le rang de chacun y était soigneusement fixé. Tout cela a été détruit par la Révolution. Les liens de dépendance dans lesquels l'individu était inséré ont disparu. Tel est bien le travail de l'égalité : elle « rend les hommes indépendants les uns des autres »[11]. D'où ce corollaire : « l'égalité isole et affaiblit les hommes »[12]. Il suffit alors de dérouler les conséquences pour voir que « les vices que le despotisme fait naître sont précisément ceux que l'égalité favorise. Ces deux choses se complètent et s'entraident d'une manière funeste. L'égalité place les hommes à côté les uns des autres, sans lien commun qui les retienne. Le despotisme élève des barrières entre eux et les sépare »[13]. De plus, l'égalité ne peut qu'engendrer des frustrations : « non seulement [les hommes] sont impuissants par eux-mêmes, mais ils trouvent à chaque pas d'immenses obstacles qu'ils n'avaient point aperçus d'abord. Ils ont détruit les privilèges gênants de quelques-uns de leurs semblables ; ils rencontrent la concurrence de tous. La borne a changé de forme plutôt que de place »[14].

Démocratie et libéralisme

Enfin, il est permis de se demander si ce qu'on appelle crise de la démocratie ne serait pas plus précisément une crise de la démocratie libérale[15]. Il est clair en effet que l'actuel désamour est lié à des phénomènes qui ne sont pas directement politiques, à commencer par la mondialisation. Le populisme trouve son terreau chez ceux qui ont le sentiment d'être laissés pour compte, comme les victimes des délocalisations. On en dira autant des inégalités économiques, qui n'ont cessé d'augmenter depuis quelques décennies. Dans la mesure où la mondialisation est le fruit de la volonté délibérée de laisser libre cours à la concurrence et aux lois du marché, on en vient à la conclusion qu'il est fort possible que les embarras de la démocratie soient en

---

les plus formidables aussi bien que les moins prévus de ceux que renferme l'avenir. » (4ᵉ partie, chap. VII ; *Ibid.*, II, p. 334-335).

◼ 10. *Ibid.*, I p. 1 ; *cf.* II p. 101-103.

◼ 11. *Ibid.*, II, p. 295. Un autre aspect essentiel de l'égalisation des conditions concerne les lois sur les successions, qui « devraient être placées en tête de toutes les institutions politiques, car elles influent incroyablement sur l'état social des peuples » (*Ibid.*, I, p. 47).

◼ 12. *Ibid.*, II, p. 330 ; *cf.* p. 337.

◼ 13. *Ibid.*, II, p. 109.

◼ 14. *Ibid.*, II, p. 144.

◼ 15. Préciser ce qu'il faut entendre par libéralisme nous ferait sortir du cadre fixé. L'approche la plus appropriée au présent propos est sans doute celle suivie par Foucault : « un État sous surveillance du marché plutôt qu'un marché sous surveillance de l'État » (*Naissance de la biopolitique*, Paris, Gallimard-Seuil, 2004, p. 120).

partie dus à l'alliance étroite scellée il y a quelque temps entre démocratie et libéralisme économique[16]. Ainsi, l'euroscepticisme, qui est considéré comme un des symptômes les plus manifestes de cette crise de nos démocraties, n'est pas étranger au tournant libéral opéré il y a quelques dizaines d'années à Bruxelles et qui a conduit à inscrire le principe de la libre concurrence dans le marbre des traités. Tout le monde y gagne, nous disait-on. Ce n'est tout simplement pas vrai ; et, à tort ou à raison, ceux qui sont passés au rouleau compresseur tiennent le gouvernement en place, et à travers lui la démocratie, pour responsable.

La politique positive, première approche

Démocratie, tout comme *gouvernement représentatif*, n'appartient pas au vocabulaire de Comte mais cela ne signifie pas que celui qui se flattait d'être resté constamment républicain n'ait rien à nous dire sur la crise que nous traversons. Comte a commencé par être libéral, par étudier l'économie, et c'est la découverte des limites de ce point de vue qui l'a conduit à élaborer la politique positive. En d'autres termes, on peut lire la politique positive comme visant à remédier aux impasses auxquelles conduit un libéralisme mal entendu. Grand lecteur des lumières écossaises, Comte avait clairement reconnu, comme les économistes, l'existence d'un ordre spontané des sociétés humaines. C'est même le premier terme de la devise des positivistes, *ordre et progrès*, et l'objet de la première composante de la sociologie, la statique. Mais cet ordre spontané n'a rien de parfait ; il nous appartient d'en corriger les dysfonctionnements et d'intervenir dans le cours des événements pour substituer, à cet ordre naturel, un ordre artificiel plus conforme à nos besoins. C'est dire que la politique positive a été explicitement conçue pour nous aider à surmonter les crises :

> Dans l'organisme social, en vertu de sa complication supérieure, les maladies et les crises sont nécessairement encore plus inévitables, à beaucoup d'égards, que dans l'organisme individuel. [... Un des buts de la science sociale est de] concourir à adoucir et surtout à abréger les crises [..., étant entendu qu'] ici, comme ailleurs, et même plus qu'ailleurs, il ne s'agit point de gouverner les phénomènes, mais seulement d'en modifier le développement spontané ; ce qui exige évidemment qu'on en connaisse préalablement les lois réelles[17].

Pour le comprendre, il convient dans un premier temps d'en rappeler les principes : une fois posé qu'une politique positive doit s'appuyer sur la science sociale, il apparaît que ce sont les idées qui gouvernent le monde, et qu'il n'y a pas de société sans gouvernement.

Comte, comme Tocqueville, a reconnu que la pensée politique doit désormais se placer au point de vue sociologique mais, à la différence de ce dernier, il a pris le temps d'expliciter cette décision méthodologique. La sociologie,

---

■ 16. Comme le notait Raymond Boudon en 1985, « Aujourd'hui, Dieu merci, c'est de Hayek et de Popper que le Tout-Paris paraît plutôt entiché ». L'idée qu'on puisse être démocrate sans être libéral en est ainsi devenue presque inconvenante. Faut-il rappeler que Guizot ou B. Constant étaient tout sauf des démocrates et que, de façon générale, en France, le libéralisme se situe traditionnellement à droite ?

■ 17. *C*, 48e leçon, p. 188.

chez l'auteur du *Cours*, jouit d'un double statut. C'est une science comme les autres, qui étudie les faits sociaux comme la biologie étudie le vivant ; mais, en tant que science finale, elle inclut toutes celles qui la précèdent dans l'échelle encyclopédique et à ce titre elle se substitue à la philosophie[18]. Si l'on tient compte en outre du lien existant entre théorie et pratique, entre science et art, les conséquences pour la politique sont immédiates : art de gouverner, la politique s'appuie sur la science sociale comme l'art médical sur la science biologique. Pour mettre en valeur ce lien, Comte a forgé le mot *sociocratie*, qu'on peut considérer comme la transposition d'une certaine idée de la démocratie[19].

L'ensemble de la politique positive découle alors du constat « que les idées gouvernent et bouleversent le monde, ou, en d'autres termes, que tout le mécanisme social repose finalement sur les opinions »[20]. En conséquence, c'est jusqu'au monde des idées qu'il faut remonter si l'on veut comprendre la crise actuelle, car c'est là qu'elle prend sa source[21]. A chacun des trois états qui scandent chez Comte la marche de l'humanité correspond une forme de pensée politique. C'est ainsi qu'il existe une politique théologique (à la fin du Grand Siècle, Bossuet pouvait encore écrire une *Politique tirée de l'Écriture sainte*), une politique métaphysique, par où Comte entend la philosophie politique classique, de Hobbes à Rousseau, et une politique positive. Si cette dernière est toujours aussi impopulaire, aussi subversive, c'est qu'elle est résolument anti-moderne et s'inscrit en faux contre certaines des convictions auxquelles nous tenons le plus, comme le prouvent les deux axiomes sur lesquels elle repose : « il n'existe point de société sans gouvernement », « aucune société ne peut subsister et se développer sans un sacerdoce quelconque »[22].

Encore que l'actualité inviterait à revisiter le lien établi par le second entre politique et religion, il faudra ici s'en tenir au premier. Développée on ne peut plus clairement dès les écrits de jeunesse, l'idée que gouvernement et société sont deux concepts corrélatifs s'appuie sur une analyse de la division du travail entendue en un sens élargi qui sera encore celui de Durkheim. Si

---

18. Voir M. Bourdeau, « L'idée de point de vue sociologique », *Cahiers internationaux de sociologie*, CXVII, n°1, p. 225-238.

19. À la différence de *sociologie*, ou *altruisme*, mots forgés par Comte, *sociocratie* n'est pas entré dans la langue. Il désigne chez lui un état normal, à venir, décrit *S* IV, au chapitre quatre. *Normal*, ici, est à comprendre en opposition au pathologique, car il existe une pathologie sociale ; en ce sens, le normal est aussi descriptif que normatif. La caractéristique principale de la sociocratie est la séparation des pouvoirs temporel et spirituel, qui conduira à instaurer la religion de l'Humanité (sociolâtrie). Sur les difficultés posées par la notion de pouvoir spirituel, voir M. Bourdeau, « Pouvoir spirituel et formation de croyances », *Commentaire* 136, 2011-2012, p. 1095-1102, et « Société politique et société religieuse », à paraître dans la même revue.

20. *C*, 1ère l., p. 38.

21. À sa façon, Hayek ne pense pas autrement. Dans « Les intellectuels et le socialisme » il explique que si, dans l'immédiat après-guerre, le socialisme l'emportait, c'est parce qu'il avait gagné à l'époque la bataille des idées : les intellectuels étaient massivement gagnés à sa cause et, par leur intermédiaire, l'opinion publique. On oublie trop facilement que le raz de marée libéral qui a déferlé sur la planète après 1980 est fruit d'un long travail sur le front théorique commencé en 1945 avec la création de la Société du Mont Pèlerin, dont le but était de gagner la bataille de l'opinion et pour cela de convaincre les « second hand dealers of ideas » de parler en faveur du libéralisme. Sur l'histoire de la Société du Mont Pèlerin, voir par exemple Ph. Mirowski, D. Plewe (eds.), *The Road from Mont Pèlerin. The Making of the Neoliberal Thought Collective*, Cambridge (USA), Harvard University Press, 2009.

22. *Cat.*, p. 205-206.

celle-ci est en effet la condition *sine qua non* du progrès, elle produit aussi des effets pervers :

> d'une part, l'esprit s'aiguise, de l'autre, il s'amincit ; et, de même, ce que la sociabilité gagne en étendue, elle le perd en énergie [...]. De là la nécessité absolue d'une action continue [...] ayant pour destination spéciale de replacer constamment au point de vue général des esprits toujours disposés par eux-mêmes à la divergence, et de faire rentrer dans la ligne de l'intérêt commun des activités qui tendent sans cesse à s'en écarter.

... ce que Comte, quelque trente ans plus tard, résumera ainsi : « contenir leurs divergences et développer leurs convergences »[23].

Pour bien mesurer la portée de cette théorie du gouvernement, il convient de voir qu'elle s'oppose directement à une composante centrale de la pensée libérale, très bien décrite par Élie Halévy lorsqu'il remarquait qu'a surgi en Angleterre

> une conception nouvelle et très paradoxale, semble-t-il, de la société et du gouvernement. La meilleure société est celle qui se fonde sur un sentiment de défiance permanente des gouvernés à l'égard des gouvernants, qui met ceux-là en état d'insurrection organisée contre ceux-ci, qui vise non à aider le gouvernement à gouverner, mais au contraire à l'empêcher autant que possible de gouverner.

Si maintenant l'on passe de la politique à l'économie, la conclusion est la même :

> L'idéal des économistes est une société sans gouvernement, ou du moins dans laquelle les fonctions gouvernementales se réduisent à assurer le respect des contrats librement conclus entre les individus. Ces deux conceptions du libéralisme sont visiblement apparentées l'une à l'autre, puisqu'elles reposent sur un même sentiment d'hostilité à l'égard de l'idée gouvernementale[24].

Politique positive et démocratie

La théorie de la démocratie met bien en relief ce que la politique positive peut avoir d'avoir de profondément antimoderne. « Depuis trente ans que je tiens la plume philosophique, j'ai toujours présenté la souveraineté du peuple comme une mystification oppressive, et l'égalité comme un ignoble mensonge »[25]. Ce genre de déclaration péremptoire n'est pas fait pour attirer à son auteur les faveurs de nos contemporains et il n'y a pas lieu de s'étonner si ceux préfèrent ignorer la politique positive. C'est pourtant dommage, car

---

■ 23. Respectivement, *CPS*, p. 381-382 et *Cat.*, p. 205 ; voir encore *C*, 50ᵉ l., p. 266-270.

■ 24. E. Halévy, *Grandeur, décadence, persistance du libéralisme en Angleterre*, dans *Inventaires. La crise sociale et les idéologies nationales*, Paris, Alcan, 1936, p. 5-8.

■ 25. Au Général Bonet, 1ᵉʳ déc. 1851 ; *CG* VI, p. 191. À ces deux cibles, il conviendrait d'ajouter la critique des droits de l'homme. À l'individualisme qui s'y exprime, il opposait que « l'homme proprement dit n'est, au fond qu'une pure abstraction ; il n'y a de réel que l'humanité » (*C*, 58ᵉ l., p. 715 ; cf. *DP*, p. 357). Dans ce cas encore, il convient toutefois de relativiser la critique. Refuser à l'individu d'autre droit que celui de faire son devoir, ce n'est pas le livrer à l'arbitraire : « Les justes garanties individuelles résultent seulement de cette universelle réciprocité d'obligations, qui reproduit l'équivalent moral des droits antérieurs, sans offrir leurs graves dangers politiques » (*DP*, p. 385-86) ; et c'est pour prendre en compte l'existence individuelle qu'il faudra, en 1852, ajouter à la sociologie une septième science, la morale.

ces positions s'appuient sur des analyses qu'on ne peut écarter d'un revers de main et qui, bien souvent, en atténuent la portée polémique.

La souveraineté populaire.

Historiquement, Comte marque un point. Les deux grands principes de la politique des peuples, la souveraineté populaire et la liberté de conscience, nous dit-il dès 1822, sont apparus comme des moyens de combattre les deux principes théologiques hérités du Moyen Âge : la monarchie de droit divin d'un côté, l'autorité spirituelle du clergé de l'autre. Cela signifie pour Comte, et c'est un point qu'on continue à lui refuser, qu'avec la révolution et la destruction de l'ancien régime, ils ont atteint leur but. Mais des armes de guerre ne sauraient se transformer en instrument de construction et il faut développer de nouvelles conceptions[26]. Cela veut dire aussi que la question de la souveraineté populaire relève de ce qu'il appelle la politique métaphysique, par où il faut entendre qu'elle nous engage dans des débats sans fin sur ce que serait le véritable fondement du pouvoir, sur son origine. Or il n'y a pas d'enseignement plus constant chez Comte, en cela très pragmatique, que ce qui importe, ce n'est pas tant l'origine du pouvoir, que la façon dont il est exercé.

> Ce qui importe n'est pas tant l'origine du pouvoir que la façon dont il est exercé

Cette critique de la souveraineté populaire demande à être doublement relativisée. Tout d'abord, selon un procédé général bien décrit par Lévy-Bruhl[27], il est possible de dégager comme un noyau positif de cette doctrine métaphysique. « Sans admettre le dogme métaphysique de la souveraineté populaire, le positivisme s'approprie tout ce qu'il renferme de vraiment salutaire », que ce soit le fait de « proclamer au nom de la masse sociale, les décisions spéciales dont tous les citoyens peuvent ordinairement apprécier assez les motifs essentiels, et qui intéressent directement l'existence pratique de toute la communauté » ou encore « l'obligation fondamentale de diriger toute l'existence sociale vers le bien commun, doublement relatif, d'ordinaire, à la masse prolétaire, soit en vertu de son immense supériorité numérique, soit surtout d'après les difficultés propres à sa destinée naturelle, qui exige une sollicitude artificielle, peu nécessaire ailleurs »[28].

De plus, la critique de la souveraineté populaire vise avant tout l'idée de souveraineté ; elle ne procède en aucune façon d'une indifférence à ce qui touche au peuple. Bien au contraire, « un pouvoir spirituel quelconque doit être, par sa nature, essentiellement populaire, puisque [...] son devoir le plus étendu se rapporte à la constante protection des classes les plus nombreuses, habituellement plus exposées à l'oppression »[29]. Le pouvoir appartient aux

---

26. Bergson allait dans le même sens quand il constatait : « Chacune des phrases de la Déclaration des droits de l'homme est un défi jeté à un abus [...] Les formules démocratiques, énoncées d'abord dans une pensée de protestation, se sont ressenties de leur origine. On les trouve commodes pour empêcher, pour rejeter, pour renverser ; il est moins facile d'en tirer une indication positive de ce qu'il faut faire » (*Les deux sources de la morale et de la religion*, Paris, P.U.F., 2008, p. 301).

27. L. Lévy-Bruhl, *La philosophie d'Auguste Comte*, Paris, Alcan, 1901, p. 408-409.

28. *DP*, p. 169-171.

29. *C*, 57e l., p. 680.

puissants ; mais cette tautologie ne vaut que du pouvoir temporel, alors que la politique positive est avant tout un plaidoyer pour le rétablissement d'un pouvoir spirituel, autre marque de son caractère profondément antimoderne.

Un rôle de premier plan est ainsi accordé au peuple dans la politique positive. Celle-ci vise en effet à instaurer « l'empire de l'opinion publique »[30] : en tant que publique, l'opinion émane du peuple ; en tant qu'opinion, elle relève du pouvoir spirituel. Pour remplir la fonction qui lui est assignée, encore faut-il que l'opinion publique soit une opinion éclairée, ce qui est garanti par l'étroite association existant entre peuple et pouvoir spirituel. La principale attribution de celui-ci est l'éducation, laquelle a pour fin première non la formation professionnelle mais la formation d'une opinion publique éclairée.

L'égalité

Sur la question de l'égalité, en revanche, aucune conciliation n'est possible. La notion, c'est bien connu, se décline de multiples façons. Il ne s'agit pas de nier que chacun porte en lui la forme de l'humaine condition et la théorie positive de la nature humaine reconnaît à chacun une égale dignité ; mais, pour le reste, dans la nature comme dans la société, c'est l'inégalité qui est la règle. La critique des niveleurs est donc sans appel. Comme pour la théorie du gouvernement, il faut partir de la division du travail. Dans le monde du travail, il y a différentes fonctions : le manœuvre, le contremaître, le chef de chantier, le commanditaire ou donneur d'ordre. Il y a des supérieurs et des subordonnés et, sauf à abolir la division du travail, on voit mal comment il pourrait en être autrement. Ce n'est pas le monde de l'égalité. L'analyse de la société dans son ensemble se faisant chez Comte à partir de la division du travail, la critique de l'égalité occupe donc une place centrale dans la statique sociale ou théorie de l'ordre, et s'appuie sur une théorie de la classification.

Les nombres sont dits ordinaux quand ils servent à établir un ordre : il y a un premier, un deuxième ; pour ce faire, on compare les deux éléments : l'un est-il plus grand, plus petit que l'autre ? x est-il supérieur, égal ou inférieur à y ? De plus, bien souvent, classer ne consiste pas seulement à former des classes, mais aussi à les ordonner, – que l'on pense au classement d'un paquet de copies, ou d'une bibliothèque. La classification sociale comporte ces deux aspects et, signe de l'importance qu'il lui accorde, Comte y est revenu à plusieurs reprises[31]. Ce travail de classement résume en effet à ses yeux l'ensemble des attributions du pouvoir spirituel[32], ce qui en fait une des pièces maîtresses de la politique positive. C'en est sans doute aussi l'un des aspects les plus antimodernes, puisqu'elle réduit à néant le programme des niveleurs. La classification produit une hiérarchie, avec des supérieurs et des inférieurs, ou mieux des subordonnés.

S'il est donc vrai que la statique consacre les inégalités sociales, il est absolument essentiel de voir qu'elle ne s'en tient pas là et qu'elle offre non

---

■ 30. *Cf.* D. Reynié, « L'opinion publique organique, Auguste Comte et la vraie théorie de l'opinion publique », *Archives de philosophie* 70, 1 (printemps 2007), p. 95-114.

■ 31. La 57e leçon contient un long exposé (*C*, p. 571-598), annoncé dans la 56e (*C*, p. 485), et qui demande à être comparé à celui de *S* II, p. 310-335 ; il en est encore brièvement question dans le *DP*, p. 194 et 358-60.

■ 32. *S* II, p. 310-311 et 332 ; *cf.* la lettre à Madame Veuve Robinet du 5 février 1852, *CG* VI, p. 232.

pas un seul classement mais deux : la classification concrète des offices, et la classification abstraite des individus ou mieux des mérites, la seconde étant destinée à corriger, ou plutôt à tenter de corriger, les imperfections de la première.

À proprement parler le classement concret est le seul qui appartienne à la sociologie, l'autre relevant, lui, de la politique. Il n'est en quelque sorte que l'organigramme de la division du travail. Ce qu'on classe, ce sont les « offices », autrement dit les fonctions, et plus précisément les seules fonctions spéciales, celles qui assignent à chacun une place dans la société. La classification se conforme au principe universel de la classification, qui nous enjoint de procéder du plus général au moins général, étant entendu que la dignité décroissante ainsi obtenue varie en raison inverse de l'indépendance. Bien plus, cette classification sociale prolonge la classification naturelle : de sorte qu'il n'y a, en fin de compte, qu'une seule série allant depuis les plus élémentaires des êtres vivants jusqu'au sommet de la hiérarchie sociale. Il n'y a pas de sens à prétendre abolir les liens de subordination ainsi établis, sauf à détruire la société. Et contre ceux qui le dénonceraient comme injuste, Comte prend soin d'indiquer que tout le monde y est traité de la même façon, en ce sens que chaque office commande au suivant en vertu du principe qui lui demande d'obéir au précédent.

Si, considéré comme une détermination des différentes fonctions de l'organisme social, il n'y a rien à objecter au classement concret, l'absence possible d'harmonie entre fonction et fonctionnaire n'en pose pas moins un grave problème. Un « sage nivellement »[33] est donc indispensable. La meilleure solution consisterait à faire en sorte que chaque fonction soit exercée par celui qui en est le plus capable et que chacun soit à sa place. Telle est une des fonctions de l'éducation. Mais l'entreprise se heurte à des difficultés insurmontables, à commencer par le fait que « la plupart des hommes ne sauraient avoir, en réalité, de vocations déterminées, et que, en même temps, la plupart des fonctions sociales n'en exigent pas »[34]. Comte en vient donc à adopter sur ce point une position pragmatique, qui s'accommode assez bien d'un certain conservatisme : dans bien des cas, le mieux est de ne pas intervenir, notre intervention risquant non d'améliorer mais au contraire d'empirer la situation. D'où la nécessité d'un second classement, dit abstrait, portant sur les individus et leur mérite, indépendamment des fonctions qu'ils occupent dans la société : Saint Bernard y est supérieur au Pape, alors qu'il lui est subordonné dans la hiérarchie ecclésiastique. C'est ce dernier classement, – fort différent du premier, mérite et puissance étant souvent en raison inverse l'une de l'autre –, qui est donné comme la tâche la plus caractéristique, mais aussi la plus difficile du pouvoir spirituel, juger ainsi des hommes exigeant de percer une « triple écorce ».

Une comparaison avec Tocqueville aidera à préciser le jugement porté par Comte sur l'égalité. Chez ceux qu'il appelle révolutionnaires, il distingue, lui aussi, deux tendances, privilégiant l'une la liberté, l'autre l'égalité. Elles sont

33. *S* II p. 329 ; expression remarquable, qui corrige la critique répétée des niveleurs.
34. *C*, 57e l., p. 680 ; cf. *S* II, p. 329.

incompatibles puisque « le nivellement exige la compression permanente des supériorités quelconques, tandis que le libre essor développe l'inégalité »[35]. Tant qu'il ne s'agissait que de détruire, cette incompatibilité pouvait passer inaperçue ; mais tel n'est plus le cas quand il s'agit de construire. Aussi, « la saine politique doit aujourd'hui manifester et développer cette distinction, en accueillant les vrais libéraux et en repoussant les purs niveleurs »[36]. La différence n'en est que plus significative. La théorie du classement social qui accompagne ici la critique de l'égalité s'achève par une réflexion sur la nature des relations de subordination dont on ne voit pas d'équivalent chez l'aristocrate normand. Le positivisme « ennoblit l'obéissance et consolide le commandement »[37] ; Comte va même jusqu'à décrire la soumission comme « moralement supérieure à la révolte » et comme « la principale source de notre vraie grandeur »[38].

Au vu de cette attention accordée aux rapports de commandement et d'obéissance, il est facile de faire de Comte un partisan de l'autoritarisme. Il ne se faisait pourtant pas d'illusion sur « les instincts de commandement, que la plupart des ambitieux voudraient ériger en dévouement au bien public »[39], et regrettait « notre involontaire tendance à commander quand il faudrait persuader ou convaincre »[40]. Surtout, ce serait une grave erreur que d'y voir une invitation à la passivité. Le noyau positif de la souveraineté populaire inclut un droit à l'insurrection[41]. Plus encore, c'est toute la philosophie de Comte qui est un appel à une intervention active sur les phénomènes. Après Vauvenargues, il estimait que « le monde est ce qu'il doit être pour un être actif, c'est-à-dire fertile en obstacles »[42]. Mais notre pouvoir repose sur la dialectique du commandement et de l'obéissance bien décrite par Bacon : on ne commande à la nature qu'en lui obéissant. Si la valeur positive ainsi donnée à la soumission a des accents stoïciens, elle est aussi présentée comme la meilleure garantie contre l'arbitraire : « On peut regretter que l'ordre universel ne soit pas davantage accessible à l'intervention humaine. Mais la vraie sagesse interdit de souhaiter qu'il devînt, sous aucun aspect, indéfiniment modifiable »[43].

Conclusion

Ces explications n'enlèvent pas grand-chose au caractère antimoderne de la politique positive, mais il est permis de se demander s'il n'est pas regrettable qu'une réflexion sur ce type de rapports sociaux ait été évacuée. Refuser de considérer les rapports de subordination, alors pourtant qu'ils sont constitutifs de la vie sociale, ne peut mener qu'au désastre. Quelle que

■ 35. *Appel*, p. 97.
■ 36. *Appel*, p. 98. Comte rattache cette recherche de l'égalité à une tendance vers la domination : « Radicalement insurgés contre les riches, les pauvres veulent, à leur tour, dominer » (*S* IV, p. 326).
■ 37. *Cat.*, p. 246 ; cf. *S* II, p. 194 : « consacrer et régler le commandement et l'obéissance ».
■ 38. Respectivement *S* II, p. 400 et IV, p. 38.
■ 39. *S* II, p. 296-297)
■ 40. *S* II, p. 420.
■ 41. *DP*, p. 169.
■ 42. *C*, 22ᵉ l., p. 361.
■ 43. *S* IV, p. 39.

soit leur importance, ce serait toutefois une erreur que de chercher dans cette incessante quête de l'égalité la cause principale de nos actuels embarras. Il y a toute raison de penser que cette crise de la démocratie dont on nous parle tant est le reflet d'une crise qui touche d'abord la société ; avec la question : comment se fait-il que ce qui est avant tout un problème social soit décrit comme une crise de la démocratie ? Ce qui a été dit de la politique positive peut aider à répondre à cette question. Ainsi, poser en axiome qu'il n'y a pas de société sans gouvernement, c'est rappeler la responsabilité de ceux qui nous gouvernent. Ils sont là pour gouverner, c'est-à-dire guider, la société, pour résoudre les problèmes auxquels elle se trouve confrontée et, en l'absence de solution, il est normal qu'ils soient les premiers mis en cause. Si maintenant on cherche à expliquer cette incapacité, la politique positive nous fournit encore un élément de réponse : la crise de la démocratie a son origine dans le monde des idées, en l'occurrence dans la doctrine libérale dont la plupart de nos gouvernants se réclament depuis plusieurs dizaines d'années et pour qui le gouvernement, loin de nous apporter des solutions, constitue au contraire le problème. Comment un gouvernement qui a ainsi abdiqué devant le marché pourrait-il résoudre les problèmes posés par le marché ?

Reconnaître dans Comte un penseur politique à part entière, ce qui n'est toujours pas le cas, ce n'est pas lui demander des recettes, mais des idées. Il nous invite à voir la réalité sociale sous un jour autre que celui auquel nous sommes habitués ; d'où ce caractère si antimoderne qui choque tant d'entre nous mais qui inversement peut constituer cet antidote dont nous avons besoin pour contrer un libéralisme dont les insuffisances deviennent de plus en plus patentes. Ainsi, Comte nous invite à penser en termes de concours cet alpha et oméga du libéralisme actuel qu'est la concurrence. Les deux notions ont un noyau commun : il s'agit d'une course à laquelle participent plusieurs coureurs. Mais dans la concurrence, les coureurs sont des rivaux et la règle est *chacun pour soi*, alors que dans le concours, les efforts convergent vers un but commun. De même pour l'égalité. Il ne s'agit bien sûr pas de renoncer à lutter contre ce que certaines inégalités peuvent avoir de scandaleux et d'inadmissible, mais de porter un autre regard sur l'inégalité, de cesser de la penser comme systématiquement injuste et d'apprendre à la place à distinguer les inégalités qui sont injustes et qu'il faut combattre, et celles qui sont nécessaires au bon fonctionnement de la société.

Michel Bourdeau
Institut d'Histoire et de Philosophie des Sciences et des Techniques

DOSSIER

Embarras de la démocratie

HABERMAS : LA DÉMOCRATIE AU POINT DE VUE COSMOPOLITIQUE
Pour une théorie radicale de la démocratie.

Valéry Pratt

Habermas élabore une théorie radicale de la démocratie qui entend répondre aux défis posés tant par la mondialisation économique que par la tentation de repli des « peuples » qui cherchent à retrouver une souveraineté perdue. Une telle théorie, qui prend une forme délibérative, projette la démocratie dans la constitutionnalisation du droit international, et implique une perspective cosmopolitique. Dans ce cadre, la réflexion sur la politique européenne et ses institutions est centrale, et permet de montrer que la théorie critique n'a rien perdu de sa lucidité quand il s'agit de mettre en garde notamment contre un « fédéralisme postdémocratique de l'exécutif » dans lequel l'Europe risque de se perdre.

> « Consciente de son patrimoine spirituel et moral, l'Union se fonde sur les valeurs indivisibles et universelles de dignité humaine, de liberté, d'égalité et de solidarité ; elle repose sur le principe de la démocratie et le principe de l'État de droit ».
>
> Charte européenne des droits fondamentaux,
> Nice, 7 déc. 2000, Préambule.

Si la démocratie semble assiégée aujourd'hui, « *under siege* »[1], en « récession »[2] – comme le disent dès l'ouverture les auteurs de la présentation du numéro de l'été 2017 de la revue *Daedalus* qui porte sur « les perspectives et les limites de la démocratie délibérative » –, faut-il pour autant en déduire, « dans la perspective

■ 1. J. S. Fishkin, J. Mansbridge, Introduction à *Daedalus – Journal of the American Academy of Arts & Sciences*, vol. 146, n° 3 : *The Prospects & Limits of Deliberative Democracy*, 2017, p. 7 : « Based on greater deliberation among the public and its representatives, deliberative democracy has the potential, at least in theory, to respond to today's current challenges ».
■ 2. L. Diamond, « Facing Up to Democratic Recession », *Journal of Democracy*, vol. 26, n°1, 2015, p. 141-155.

de la théorie de la discussion »[3] qui est celle, *démocratique*, de Habermas, que nous sommes entrés dans l'ère de la postdémocratie ? La question ne se pose ainsi chez Habermas que dans la mesure où il pense, dans un sous-titre de *La Constitution de l'Europe*, une alternative qui place « l'Union européenne à l'épreuve du choix entre une démocratie transnationale et un fédéralisme postdémocratique de l'exécutif »[4]. Pour comprendre cet enjeu ici on voudrait montrer en quoi une définition contemporaine de la démocratie implique de l'aborder dans la « constellation postnationale »[5], ce qui suppose une philosophie postmétaphysique qui prenne en compte le faillibilisme de tout discours et une politique postsouverainiste qui prenne en compte les limites de la souveraineté étatique[6]. Penser la transnationalisation de la démocratie c'est la penser hors-les-murs, hors des murs de l'État-Nation, hors des frontières du seul pouvoir du peuple nation replié sur son identité qu'il croit spécifique. Dans sa défense du projet de la modernité, et des Lumières, contre toutes formes de réenracinement et de déracinement, Habermas ne peut que renvoyer dos à dos la postmodernité et la postdémocratie pour chercher à achever ce que nous appellerons le projet toujours inachevé de la démocratie[7].

S'il peut paraître vain ou prétentieux de porter philosophiquement à bout de bras ce projet, sous prétexte que la démocratie a été définie, et redéfinie, il semble au contraire nécessaire de le reprendre dans ses fondements mêmes tant l'idéal-type de la démocratie est devenu indéfini dès lors qu'on banalise le mot, et qu'on abandonne le projet démocratique aux forces globales du marché, de la finance et de ladite libre-concurrence, notamment en Europe aujourd'hui. En proie à ces contraintes systémiques, nos sociétés ont tendance à se repaître d'illusions souverainistes où le peuple, cherchant à se retrouver, confie son pouvoir à ceux-là mêmes qui ne cherchent qu'à le lui confisquer[8]. Or,

---

■ 3. J. Habermas, « Zur Prinzipienkonkurrenz von Bürgergleichheit und Staatengleichheit im supranationalen Gemeinwesen. Eine Notiz aus Anlass der Frage nach der Legitimität der ungleichen Repräsentation der Bürger im Europäischen Parlament », *Der Staat*, vol. 53, n° 2, 2014, p. 185 ; « Sur la concurrence entre le principe d'égalité des citoyens et le principe d'égalité entre États dans une entité politique commune supranationale. Une note destinée à répondre à la question de la légitimité de l'inégale représentation des citoyens au Parlement européen » dans J. Habermas, *Parcours*, t. II, trad. fr. F. Joly, Paris, Gallimard, 2018, chap. XVIII, p. 496.

■ 4. J. Habermas, *La Constitution de l'Europe*, trad. C. Bouchindhomme, Paris, Gallimard, 2012, p. 76.

■ 5. J. Habermas, *Die postnationale Konstellation. Politische Essays*, Frankfurt-am-Main, Suhrkamp, 1998 ; *Après l'État-nation, une nouvelle constellation politique*, trad. fr. R. Rochlitz, Paris, Fayard, 2000.

■ 6. L'usage du préfixe post n'est pas à comprendre en parallèle de la perspective postmoderne, qui n'est résolument pas celle de Habermas, qui défend la modernité et critique la postdémocratie. Il faut comprendre le préfixe post en parallèle des stades de la conscience morale chez Lawrence Kohlberg, où le stade post-conventionnel est celui qui ouvre à des principes, soit à une dimension formelle et universelle. Habermas a discuté ces stades notamment dans « Conscience morale et activité communicationnelle » dans *Morale et Communication*, trad. fr. C. Bouchindhomme, Paris, Le Cerf, 1986, p. 131-204.

■ 7. Pour paraphraser le titre de son célèbre article : J. Habermas, « Die Moderne – ein unvollendetes Projekt », *Die Zeit*, 19 septembre 1980 ; « La modernité, un projet inachevé », trad. fr. G. Raulet, *Critique*, t. 37, n°413, 1981, p. 950- 969.

■ 8. D'où la thématique de la postdémocratie, voir C. Crouch, *Post-démocratie*, trad. fr. Y. Coleman, Zürich, Diaphanes, 2013. Voir également A. Insel, « La postdémocratie – Entre gouvernance et caudillisme », *Revue du MAUSS*, Paris, La Découverte, 2005, vol. 2 n° 26, p. 121 à 136 ; L.-A. Serrut, « Une nouvelle catégorie politique dans les États de l'est de l'Union européenne », *Cités*, Paris, P.U.F., 2017, vol. 2, n° 70, p. 135-160. Ce dernier citant (p. 153) ce passage de l'article d'A. Insel qui permet d'esquisser les dangers et les deux variantes de ladite postdémocratie : « À côté de la post-démocratie technocratique a émergé une post-démocratie autoritariste comme celle de Chavez au Venezuela, d'Orbán en Hongrie ou d'Erdogan en Turquie : ce sont des dirigeants élus et bien élus, mais une fois l'élection passée, ils considèrent que le peuple ne fait qu'un avec eux, qu'il les habite. L'ennemi pour eux, c'est la séparation des pouvoirs. À l'autoritarisme soft des technocrates répond l'autoritarisme plus sanglant d'un Erdogan ».

il semble important de mettre à nu les tentations populistes[9] pour les dénoncer dans ce qu'elles font, à savoir raisonner en termes de pouvoir à conquérir (*le* politique, en tant que capacité à la prise de décision) pour le confisquer aux élites dénoncées comme libérales, bourgeoises, cosmopolitiques, et de peuple fantasmé ; là où il faudrait réfléchir, avec Habermas, à la « formation de la volonté politique »[10] des citoyens car elle est constitutive de l'ordre démocratique (*la* politique, en tant qu'elle est à faire).

Pour comprendre ce cheminement intellectuel, cet engagement citoyen et cet effort conceptuel constant, on peut partir du titre même de son intervention à Paris en octobre 2014 : « Pourquoi le développement de l'Union européenne en une démocratie supranationale est nécessaire et à quelles conditions il est possible »[11]. Ce titre introduit un troisième préfixe : la démocratie dont il s'agit de penser la nécessité dans la constellation *post*nationale, qu'il s'agit de *trans*nationaliser, implique des institutions *supra*nationales. Au-delà de l'État de droit démocratique, dont Habermas élabore la norme dans *Droit et démocratie*[12], ce qui est requis c'est un ensemble d'institutions qui permettent d'étager, de partager la souveraineté du peuple telle qu'elle s'exprime à travers les acteurs politiques, soit les citoyens dont on verra qu'ils doivent se penser tant comme citoyens d'un peuple étatique que comme citoyens européens, et du monde ! En effet, il faudra se demander ce qu'il en est de cette citoyenneté mondiale, puisque la perspective de Habermas est résolument *cosmopolitique*, dans un horizon kantien assumé et renouvelé comme tel car seule la transnationalisation de la démocratie permettra de résorber ses déficits de légitimité et de rendre aux citoyens leur autonomie. On peut alors donner raison à Catherine Colliot-Thélène lorsqu'elle affirme que « le plus grand défi auquel elle [la philosophie politique] est aujourd'hui confrontée est de repenser la démocratie, dans la double dimension de l'institution et de la contestation de l'institution, en l'articulant avec l'idée d'une citoyenneté mondiale qui ne peut être la simple reproduction à échelle élargie de la citoyenneté nationale »[13]. Comment critiquer les institutions existantes au regard de la démocratie comme norme ?

> L'idéal-type de la démocratie est devenu indéfini dès lors qu'on banalise le mot

■ 9. J. Habermas, « Für eine demokratische Polarisierung – Wie man dem Rechtspopulismus den Boden entzieht », *Blätter für deutsche und internationale Politik*, novembre 2016, p. 35-42.

■ 10. Voir l'article 21 de la Loi fondamentale allemande : les partis doivent « contribuer à la formation de la volonté politique du peuple ». Habermas accorde une importance capitale à cette question de « la formation de la volonté politique » qui est au cœur de la définition de la démocratie, et il se réfère à cet article pour dénoncer également l'idée de la postvérité, écrivant contre la *post-truth democracy* en rappelant que « *l'opinion* des gens reflétée par les sondages est autre chose que la volonté des citoyens formée dans la délibération démocratique. » (J. Habermas, *La constitution de l'Europe, op. cit.*, p. 49 et 59).

■ 11. J. Habermas, « Warum der Ausbau der Europäischen Union zu einer supranationalen Demokratie nötig, und, wie er möglich ist. », *Leviathan*, vol. 42, n°4, 2014, p. 524-538, en français dans *Dialogues avec Jürgen Habermas*, I. Aubert et J.-F. Kervégan (dir.), Paris, CNRS Éditions, 2018, p. 29-44..

■ 12. Habermas J., *Droit et démocratie. Entre faits et normes*, trad. fr. C. Bouchindhomme et R. Rochlitz, Paris, Gallimard, 1997.

■ 13. C. Colliot-Thélène, « Philosophie politique : pouvoir et démocratie » dans J.-F. Pradeau (dir.), *Histoire de la philosophie*, Paris, Seuil, 2009, p. 662. Elle repose le défi, autrement, dans son livre plus récent : C. Colliot-Thélène, *La démocratie sans « demos »*, Paris, P.U.F., 2012, p. 14 : « Il faut repenser la citoyenneté car les destinataires des revendications de droits ne sont plus seulement les États. Est-il possible d'inventer une

Comment penser le citoyen, le sujet de droits, l'individu politique au fondement de la démocratie comme entité politique commune ?

Afin de répondre à ces deux questions nous présenterons d'abord les présupposés pragmatiques de la théorie de la démocratie (1) pour aborder le modèle délibératif de la démocratie chez Habermas (2) afin de la transnationaliser effectivement sur le plan européen (3) puis mondial (4).

Pour bien comprendre que la démocratie est par nature transnationale et non limitée à un peuple institué politiquement, il convient d'abord de rappeler en quoi et pourquoi l'élaboration d'une théorie de l'activité communicationnelle est constitutive d'une conception précise de la démocratie – contre la rationalité stratégique des communicants et du marketing électoral qui colonisent de façon systémique le monde vécu jusqu'à vider la démocratie de sa forme. Car la démocratie est entendue par Habermas comme un régime politique structuré par l'*a priori* de l'entente entre des individus qui se font citoyens par la reconnaissance réciproque de droits inhérents au fait qu'ils se parlent les uns les autres, les uns aux autres, et qu'ils peuvent discuter. La théorie de la démocratie se fonde sur la théorie de la discussion. S'adresser à l'autre dans une procédure argumentative c'est impliquer des prétentions à la validité qui sont des présupposés de toute communication possible, des *a priori* de la communication. Du point de vue de la pragmatique des actes de langage, le contrat social est quelque chose comme un contrat par la parole : parler à autrui c'est faire acte de reconnaissance de ce qu'il peut me parler au même titre que je lui parle. Il a le droit à la parole tout de même que je l'ai. Cette structuration rationnelle de la communication ainsi comprise, et explicitée d'un point de vue normatif, fait que nos droits à la liberté et à l'égalité se déduisent de la nature même de notre relation langagière. Dès lors, je ne peux penser mes relations aux autres citoyens que selon une solidarité civique *abstraite*, celle qui nous fédère alors même que nous sommes étrangers les uns aux autres, au sens où sont contingents des liens de sang, de lieu, de traditions ou de nation qui nous lieraient comme tels ; seuls des liens assumés par la pensée d'une visée commune rendent possible l'entente dans un collectif toujours à projeter en avant de nous-mêmes et par nous-mêmes en tant que citoyens d'un corps politique toujours à reconstruire.

Cette conception de la solidarité va de pair avec une nouvelle conception, *abstraite*, de la souveraineté : cette dernière n'est plus substantielle, ni naturelle, ou portée comme telle par un peuple qui s'y identifierait, elle doit être pensée comme une « procédure ». Dans sa conférence de 1988, et parue en 1989, écrite à l'occasion d'une réflexion sur les idées de 1789 qui ont inspiré l'État de droit démocratique, Habermas dit bien que « la critique conduit non pas à limiter mais à réinterpréter le principe de la souveraineté du peuple, ce qui ne peut se faire que dans les conditions de discussion fixées par un processus qui différencie en lui-même la formation de l'opinion et la formation de la volonté »[14]. En lieu et place d'une conception nationale de la souveraineté s'impose désormais la souveraineté communicationnelle des individus qui se

citoyenneté non nationale sans sacrifier pour autant cette forme spécifique de subjectivité politique dont le noyau est le sujet de droit ? ».

14. J. Habermas, « Volkssouveränität als Verfahren ». Conférence prononcée dans le cadre du colloque de décembre 1988 organisé par le Forum de philosophie de Bad Homburg et consacré aux « idées de 1789 »,

dotet réciproquement d'une volonté politique et qui pensent leur articulation à un tout qu'ils co-constituent démocratiquement à plusieurs niveaux, celui de l'État, du groupement d'États, voire du monde selon une perspective cosmopolitique. Habermas abandonne le cadre jusnaturaliste ou éthique (au sens d'un *ethos* qui déterminerait une identité communautaire), pour ne pas dire ethnique et identitaire, et analyse les processus démocratiques car il cherche à savoir « de quelle manière une république démocratique radicale devrait de manière générale être pensée »[15]. Il en découle une conception spécifique de l'espace public dans lequel cette souveraineté ne peut s'exprimer que si les destinataires des lois peuvent en même temps en être les auteurs, ce qui est le cœur de la démocratie comme il le rappelle par une des rares définitions explicites qu'il donne de la démocratie dans *La constitution de l'Europe* lorsqu'il ouvre une sous-partie intitulée « contre une réification de la souveraineté du peuple » :

> Encore faut-il, pour pouvoir clairement envisager la possibilité de *découpler* processus démocratique et État national, que nous définissions ce que nous entendons par démocratie. L'autodétermination démocratique implique que ceux à qui s'adressent des lois contraignantes en soient en même temps les auteurs. Dans une démocratie, les citoyens sont uniquement soumis aux lois qu'ils se sont eux-mêmes données au moyen d'un *processus* démocratique[16].

On ne peut comprendre cet enjeu que par la « pragmatique universelle » qui vise à reconstruire la base de validité de toute discussion en mettant en évidence que toute « communauté intersubjective » (non limitée à un quelconque *demos*) se structure autour de quatre prétentions universelles auxquelles correspondent quatre prétentions à la validité. Celui qui engage un acte de parole prétend :
– *s'exprimer* de façon intelligible : prétention à l'intelligibilité ;
– donner *quelque chose* à entendre : prétention à la vérité, sphère de l'objet ;
– *se* faire comprendre : prétention à la sincérité, sphère du sujet ;
– s'entendre *l'un l'autre* : prétention à la justesse, sphère de la communauté sociale[17].

L'ensemble est tendu vers une recherche de l'entente (*Einverständnis*) comme horizon de la discussion, qui structure au fur et à mesure, et de façon performative, une certaine compréhension de soi (*Selbstverständigung*). Ce qui nous lie les uns aux autres est cette visée commune, ce ne sont pas des racines ou une nature commune, c'est un monde vécu commun, celui que nous partageons tous et dans lequel nous prenons la parole, qui permet de résister aux impératifs systémiques du marché et de l'administration. D'où l'idée d'un patriotisme fondé sur des principes abstraits de la discussion et mis en forme

---

trad. fr. C. Bouchindhomme dans J. Habermas, « La souveraineté du peuple comme procédure », *Parcours*, t. I, Paris, Gallimard, 2018, p. 479.
■ 15. *Ibid.*, p. 475.
■ 16. J. Habermas, *La Constitution de l'Europe, op. cit.*, p. 78, je souligne.
■ 17. J. Habermas, « Signification de la pragmatique universelle » [1976] dans *Logique des sciences sociales et autres essais*, trad. fr. R. Rochlitz, Paris, P.U.F., 1987, p. 331. Voir également J. Habermas, *Morale et communication* [1983], trad. fr. C. Bouchindhomme, Paris, Le Cerf, 1986, 3, II, p. 79.

par des droits, soit un patriotisme constitutionnel car « c'est dans la mesure où le principe de discussion prend une forme juridique qu'il se transforme en principe de démocratie »[18]. Et la constitution d'une société démocratisée ne se limite pas à une constitution nationale, mais permet d'envisager une constitution fédérant un groupe d'États (comme aurait pu l'être et devrait l'être la constitution de l'Europe) voire même tous les citoyens du monde (l'horizon de la constitutionnalisation du droit international).

En somme, la démocratie c'est toujours et d'abord la formation de la volonté politique des citoyens : les procédures démocratiques de l'État de droit ont la tâche d'institutionnaliser les formes de communication nécessaires à une formation rationnelle de la volonté. Et ce afin de se donner les moyens de critiquer la situation postdémocratique ainsi décrite par Colin Crouch : « nous sommes arrivés au terme d'un processus auquel nous nous sommes tellement habitués que nous ne remarquons même plus à quel point le processus électoral démocratique, expression la plus haute des droits des citoyens, est devenu une campagne de marketing fondée ouvertement sur les techniques de manipulation employées pour vendre les produits »[19].

Le modèle délibératif de la démocratie comme condition de possibilité de sa transnationalisation

La démocratie ne peut être fondée que sur des individus dont les droits sont égaux et qui élaborent ensemble les lois auxquelles ils se soumettent, générant en vertu même de cette procédure leur souveraineté. Reste à savoir comment articuler ces individus (et leurs droits singuliers) au corps collectif et politique (la souveraineté et la volonté générale) qu'ils construisent pour agir en toute autonomie : tel est le paradoxe souveraineté-droits de l'homme qu'il s'agit de surmonter.

Habermas élabore[20] des idéaux-types de la démocratie pour rendre compte de la pertinence du modèle délibératif qui fonde la co-originarité de la souveraineté et des droits de l'homme, alors que le modèle républicain inféode les droits à la souveraineté là où le modèle libéral inféode la souveraineté aux droits. En effet, l'analyse de Habermas soutient et montre que dans la tradition républicaine, le principe de la souveraineté populaire prime, et s'impose notamment contre la souveraineté monarchique lors de la Révolution Française. Le collectif l'emporte sur l'individuel et permet d'asseoir l'État-nation comme expression collective du peuple en vertu du modèle rousseauiste par lequel on retrouve une valorisation de la liberté des anciens. Dans la tradition libérale, le principe de la liberté individuelle prime et institue l'État de droit, garant de la liberté des modernes. Habermas les renvoie dos à dos : « Au pathos républicain de la nation de citoyens qui s'autodétermine se substitue ici le pathos de la réalisation de soi de l'individu qui poursuit son projet de vie sans obstacle »[21]. La troisième tradition insiste, à partir de Kant notamment,

---

■ 18. J. Habermas, *Droit et démocratie. Entre faits et normes*, *op. cit.*, p. 485.
■ 19. C. Crouch, *Post-démocratie*, *op. cit.*, p. 106.
■ 20. À plusieurs reprises, mais notamment dans cet article synthétique : J. Habermas, « Trois versions de la démocratie libérale », trad. fr. C. Bouchindhomme, *Le Débat*, 2003/3, n° 125, p. 122-131.
■ 21. *Ibid.*, p. 125.

sur le droit à la liberté d'expression dans un « espace public délibératif »[22] et met en évidence qu'« on préfère à la recherche collective d'un accord du peuple avec lui-même, ou à l'addition des préférences individuelles exprimées par chacun des membres de la société, apporter des solutions communes élaborées en coopération aux problèmes qui se posent »[23]. À tel point que « sous la désignation de politique délibérative, l'attente de la raison se porte sur les propriétés formelles du processus démocratique » : la constitution prend alors un « sens procédural »[24]. Et « les principes de la constitution sont inhérents au concept même de l'autodétermination démocratique »[25].

Habermas prétend dépasser dialectiquement le paradoxe qui oppose la souveraineté populaire et les droits de l'homme libéraux dans ce paradigme délibératif qui rend compte du processus démocratique lui-même. Comme il le disait déjà dans son article sur « la souveraineté du peuple comme procédure » : « L'ingéniosité de cette réflexion tient au fait qu'elle réunit la raison pratique et la volonté souveraine, les droits de l'homme et la démocratie »[26]. C'est un processus réciproque d'octroi de droits qui rend un peuple souverain, processus qui met au jour la co-originarité de la souveraineté et des droits de l'homme : ils se présupposent et s'impliquent réciproquement. L'individu n'est pas souverain (comme chez Mill par exemple) en tant que tel et par lui-même, ce sont les autres qui permettent ma liberté et moi la leur. L'expérience de pensée, fictive, de l'assemblée constituante permet en outre à Habermas de mettre en évidence la nécessité de la transnationalisation de la démocratie.

L'Union européenne comme entité politique commune transnationale : le réquisit de la souveraineté partagée et l'effort d'abstraction de la solidarité civique

Transnationaliser la démocratie demande du courage, le courage de projeter l'Europe sur le plan cosmopolitique, soit penser l'intrication des citoyennetés nationales, européennes et mondiales, comme Habermas l'exigeait déjà en 1998 dans « La constellation postnationale et l'avenir de la démocratie » : « Les partis politiques qui se croient capables de quelque action créatrice doivent faire preuve du courage de regarder l'avenir en face sous d'autres aspects encore. Il leur faut, en effet, anticiper les marges d'action de l'Europe, et ce dans le cadre national, le seul dans lequel ils puissent aujourd'hui agir. Il leur faut créer cet espace européen de façon programmatique, en poursuivant un double but : créer une Europe sociale, et faire en sorte qu'elle jette tout son poids dans la balance du cosmopolitisme »[27]. Et quand il se demandait, en réponse à Dieter Grimm, à la même époque, si l'Europe a besoin, et pourquoi, d'une constitution, il répondait que « la conception éthico-politique que les citoyens d'une communauté démocratique ont d'eux-mêmes n'apparaît pas comme une priorité historico-culturelle permettant la formation de la volonté

■ 22. *Ibid.*
■ 23. *Ibid.*, p. 126.
■ 24. *Ibid.*, p. 128.
■ 25. *Ibid.*, p. 129.
■ 26. J. Habermas, « La souveraineté du peuple comme procédure », *op. cit.*, p. 477.
■ 27. J. Habermas, *Après l'État-nation, op. cit.*, p. 124.

démocratique, mais comme une grandeur mouvante dans un processus circulaire qui ne se met réellement en mouvement que grâce à l'institutionnalisation juridique d'une communication entre citoyens. Dans l'Europe moderne, c'est de cette manière précisément que se sont formées les identités nationales. On peut donc s'attendre à ce que les institutions politiques qui seraient créées par une Constitution européenne aient un effet d'induction »[28]. Se basant sur cet effet d'induction il a soutenu, pour des raisons *démocratiques*, le projet de Constitution pour l'Europe en 2005, en dépit de toutes les faiblesses et de tous les problèmes posés alors par ce texte. C'est en intervenant depuis l'Allemagne, dans une geste européenne, qu'il a donné chair au patriotisme constitutionnel en exposant les raisons de son soutien à un « oui » français et en rappelant les conditions « pour que les citoyens puissent accroître la solidarité civique par-delà les frontières des États en poursuivant un but d'inclusion mutuelle »[29].

La solidarité entre citoyens – condition de la démocratie au même titre que la liberté et l'égalité – s'est d'abord construite dans l'État-nation mais elle n'y est pas enfermée ; la conscience postnationale doit permettre une solidarité à l'échelle européenne, puis mondiale :

Lors du processus de formation de la conscience postnationale, l'accent s'est déplacé de façon significative : on observe un changement spécifique dans la façon dont l'État et la Constitution sont investis affectivement. [...] Comme l'identification avec l'État laisse place à une orientation en fonction de la constitution, les principes constitutionnels universalistes priment pour ainsi dire sur les contextes propres à l'histoire nationale de chaque État[30].

À tel point qu'il soutenait en 1995 explicitement l'idée que « le premier exemple de démocratie au-delà de l'État-nation qui s'offre à nous est naturellement celui de l'Union européenne. Certes, la création d'unités politiques plus grandes ne change toujours rien au mode de concurrence entre les lieux de production, autrement dit, n'empêche pas en tant que tel le primat de l'intégration par le marché. La politique ne pourra, de fait, complètement "rattraper" son retard par rapport aux marchés mondialisés que si l'on parvient, à plus long terme, à créer l'infrastructure viable d'une politique intérieure mondiale [que je préciserai plus bas avec Habermas] qui ne soit pas, pour autant, dissociée des processus de légitimation démocratique »[31]. En appeler à une « politique intérieure mondiale » c'était déjà alors pour Habermas poser les bases de ce qui allait devenir son cosmopolitisme démocratique à l'échelle de la cité-monde.

À ce stade de notre réflexion, en Europe, cela passe d'abord par un élargissement des bases de la solidarité, qui doit être partagée entre les citoyens européens : « pour que puisse exister, à l'échelle européenne, une formation démocratique de la volonté capable de porter et de légitimer des politiques de redistribution positives et coordonnées, il faut sans conteste

■ 28. « L'Europe a-t-elle besoin d'une constitution ? À propos de Dieter Grimm » [1995] dans *L'Intégration républicaine. Essais de théorie politique*, trad. fr. R. Rochlitz, Paris, Fayard, 1998, p. 157.
■ 29. « Européens, encore un effort » (25 mai 2005) dans *Sur l'Europe*, trad. fr. C. Bouchindhomme, Paris, Bayard, 2006, p. 33.
■ 30. *Ibid.*, p. 37-38.
■ 31. « Euroscepticisme, Europe du marché ou Europe (cosmo)politique ? » [1999] dans *Une Époque de transitions. Écrits politiques 1998-2003*, trad. fr. C. Bouchindhomme, Paris, Fayard, 2005, p. 140-141.

que soit aussi élargie la base de solidarité. La solidarité civique, jusqu'ici limitée à l'État-nation, devrait s'étendre à tous les citoyens de l'Union, de telle sorte que Suédois et Portugais, par exemple, se sentent responsables *les uns des autres* »[32]. Cette idée qui a donc plus de vingt ans sous sa plume, qui n'a pas attendu la solidarité exigée par lui entre les Allemands et les Grecs ces dernières années, est au cœur de l'autre idée constitutive de la transnationalisation de la démocratie, à savoir le partage de la souveraineté.

En effet, tout citoyen en Europe doit psychologiquement, moralement et politiquement pouvoir, selon une expérience de pensée digne de la position originelle de Rawls, se penser comme citoyen de son État, membre d'un peuple étatique constitué par un contrat social effectif, et comme citoyen d'une entité politique supranationale nouvelle et commune, en phase de constitution, ici l'Union européenne. Tel est le cœur de sa réflexion dans *La constitution de l'Europe* où il montre « pourquoi l'Europe est aujourd'hui plus que jamais un projet constitutionnel »[33]. Pour soutenir un tel projet il ouvre sa réflexion par une observation : « Observons l'Union européenne telle qu'elle est et imaginons qu'elle ait été créée pour de bonnes raisons par deux sujets constituants à égalité de droits – les citoyens et les peuples politiques d'Europe –, nous y discernons alors l'architectonique d'une entité politique commune, supra-étatique et en même temps démocratique »[34]. L'exigence démocratique de légitimité permet d'en appeler aux deux âmes du citoyen tant contre une Europe vouée aux seules règles du marché libre garanties par un pouvoir exécutif fort à Bruxelles (la Commission et le Conseil), que contre la tentation du repli souverainiste. Habermas défend l'idée d'Europe comme seule possibilité pour les citoyens d'exprimer démocratiquement leur volonté là où la structure étatique ne peut plus y suffir dans un monde où le règne de la communication et des échanges marchands ne connaît plus de frontières – l'optimisation fiscale pratiquée notamment par les multinationales en est le dernier et criant rappel. Renforcer le Parlement européen, élaborer un espace public européen, rendre possible des débats politiques de nature européenne assortis de véritables élections européennes (par exemple avec des listes européennes, les citoyens votant tous le même jour en Europe et étant informés par des organes de presse communs), telles sont quelques-unes des idées-forces de la transnationalisation de la démocratie.

Cela implique de réfléchir au fait que s'« il existe bien un lien conceptuel entre souveraineté du peuple et souveraineté étatique », il reste que « face à une complexification croissante et politiquement non régulée de la société mondiale – complexification qui impose des restrictions systémiques à la latitude d'action des États nationaux –, *il y va du sens normatif de la démocratie elle-même* que les capacités politiques d'action puissent être étendues au-delà des frontières nationales »[35].

C'est l'aiguillon démocratique qui a permis à Habermas d'en prendre petit à petit conscience et d'en prendre la responsabilité, d'abord face à l'échec

---

■ 32. *Ibid.*, p. 147.
■ 33. J. Habermas, *La Constitution de l'Europe, op. cit.*, p. 67.
■ 34. *Ibid.*, p. 16.
■ 35. *Ibid.*, p. 79.

d'une réunification démocratique de l'Allemagne au début des années 1990, ensuite face à l'« érosion lente mais progressive de l'État-providence »[36], et enfin face à la crise de 2008 signant l'échec de l'intégration politique d'une Europe qu'il faut pourtant sauver. Car la sauver c'est la démocratiser et c'est l'européiser en même temps. À tel point que pour « européiser » l'Europe reste à la démocratiser, soit faire droit au droit à la démocratie là où la structure institutionnelle de l'État de droit ne suffit plus, là où le régime normatif de l'État de droit en appelle à son propre dépassement. L'Europe n'étant ni une fédération, ni une confédération, il s'agit d'inventer autre chose, et ce contre le fédéralisme postdémocratique de l'exécutif que le Conseil incarne jusqu'à la catastrophe juridique. Habermas cherche ce qu'il appelle un *Gemeinwesen* démocratique : non pas une communauté mais une entité politique-publique commune.

Lançant dans la presse un appel le 18 juin 2011, il répétait qu'il fallait que la politique européenne « intègre plus fortement les citoyens » car « en se référant à Kant on peut concevoir l'Union européenne comme un pas sur le chemin qui mène à une société mondiale politiquement constituée »[37]. Il ne suffit pas simplement, disait-il en substance, de transférer des compétences de l'État à des instances supranationales, mais de le faire démocratiquement pour qu'elles puissent combler les déficits politiques de l'État de manière légitime et ainsi civiliser l'exercice du pouvoir politique en lui faisant faire un pas de plus dans l'intégration européenne. L'Union européenne se construit alors comme un système à plusieurs niveaux qui prend appui sur la souveraineté des États, laquelle se subordonne à un ordre juridique communautaire qui prend le pas dans certains domaines où les politiques doivent être coordonnées, notamment la politique économique. Il s'agit bel et bien d'un « partage de la souveraineté ».

Reste que l'optique finale, on l'aura compris, va au-delà de l'Europe :

> J'aimerais, dans ce qui va suivre, me placer dans l'optique kantienne d'une constitutionnalisation du droit international – préfigurant pour l'avenir, et bien au-delà du statu quo actuel, un état de droit cosmopolitique ; pour ce faire, je voudrais, partir de l'hypothèse selon laquelle l'Europe représente un pas décisif sur la voie d'une société mondiale politiquement constituée[38].

Il faut en effet, pour le dire autrement et pour citer un texte plus récent de Habermas, savoir « comment le principe de démocratie, qui n'a été incarné jusqu'à présent que dans les États-nations, pourrait également se voir donner expression dans la forme institutionnelle d'une collectivité supranationale et fédérale »[39].

■ 36. Thème cher à Habermas que l'on retrouve ainsi formulé dans une étude récente et stimulante sur l'état politique de l'Union européenne : M. Aglietta et N. Leron, *La double démocratie. Une Europe politique pour la croissance*, Paris, Seuil, 2017, p. 54.
■ 37. J. Habermas, « Europa am Scheideweg », *Handelsblatt*, 18 juin 2011.
■ 38. *La Constitution de l'Europe, op. cit.*
■ 39. « Zur Prinzipienkonkurrenz… », *op. cit.*, p. 175. En français : « Sur la concurrence entre le principe d'égalité… », *op. cit.*, p. 472.

« La constitutionnalisation du droit international a-t-elle encore une chance ? »
Démocratie et cosmopolitisme

L'exemple de l'Europe a assez mis en évidence que la transnationalisation de la démocratie n'est pas la transposition d'institutions démocratiques étatiques à un niveau supranational. C'est en reprenant et réactualisant le projet cosmopolitique kantien que Habermas le montre le mieux, notamment depuis ses prises de position au lendemain de l'intervention contre-démocratique des États-Unis en Irak en 2003. Transnationaliser la démocratie ce n'est pas l'exporter, la parachuter et vouloir l'imposer hors-sol dans le monde entier !

Aussi, Habermas peut-il souligner en 2007 dans « Constitutionnalisation du droit international et problèmes de légitimation dans une société mondiale dotée d'une constitution » que « les défenseurs d'une constitutionnalisation du droit international doivent à tout le moins, s'ils ne veulent pas se passer complètement de la démocratie, développer des modèles pour un arrangement institutionnel qui garantissent une légitimation démocratique à de nouvelles manières de gouverner dans des espaces sans frontières »[40]. Quels modèles développer pour ne « pas se passer complètement de la démocratie » au-delà de l'État-nation ?

Comment penser le citoyen du monde ? Que peut être une « politique mondiale sans gouvernement mondial » ? Est-il possible de parler de constitution relativement au droit international lui-même ? Autant de questions qui assument pleinement l'enjeu de la transnationalisation de la démocratie et que l'on retrouve dans le problème posé par Habermas de savoir si « la constitutionnalisation du droit international a encore une chance » – titre du principal essai composant le recueil *L'occident divisé*[41]. Il y propose de sortir du droit international classique, qui est un droit de la guerre puisqu'il garantit toujours la souveraineté étatique et ses prérogatives, et ce en dépit des réformes liées aux droits de l'homme, imposées par l'histoire du premier XXe siècle. Contre un droit de la puissance étatique, réglementé par des accords, ou désaccords, entre États, il s'agit de penser un droit des citoyens *via* des institutions supranationales dont les prérogatives concernent uniquement la paix et les droits de l'homme. L'architecture ainsi proposée revient à penser une démocratisation du droit international sous la forme de sa constitutionnalisation, le projet étant pensé ainsi en ouverture du texte :

> Avec son projet d'« état cosmopolitique », Kant franchit en effet une étape décisive en dépassant un droit international centré jusque-là uniquement sur les États. Depuis, le droit international [...] s'est [...] progressivement constitutionnalisé suivant la voie initiée par Kant qui mène au droit cosmopolitique ; cette constitutionnalisation a pris une forme institutionnelle à travers des constitutions, des organisations et des procédures internationales. Depuis la fin de l'ordre mondial bipolaire et l'accession

■ 40. J. Habermas, *Parcours*, t. II, *op. cit.*, p. 145.
■ 41. J. Habermas, « Hat die Konstitutionalisierung des Völkerrechts noch eine Chance ? » [2004] in *Der gespaltene Westen*, Kl. Pol. Schriften X, Frankfurt-am-Main, Suhrkamp, 2004, IV, chap. 8, p. 113-193 ; « La constitutionnalisation du droit international a-t-elle encore une chance ? » dans J. Habermas, *Parcours*, t. II, *op. cit.*, chap. II, trad. fr. V. Pratt, p. 31-116.

des États-Unis au rang de première puissance, une alternative se dessine lorsque l'on entrevoit les perspectives d'évolution d'une constitution cosmopolitique. Le monde encore dominé par les États-nations se trouve bien dans une situation de transition vers une constellation postnationale propre à une société mondialisée[42].

Pour penser cette transition, Habermas va d'abord libérer « l'idée d'état cosmopolitique du carcan conceptuel que représente la figure concrète d'une république mondiale »[43] ; c'est-à-dire que « le passage d'un droit des peuples à un droit des citoyens du monde ne pourra se poursuivre, comme Kant le pensait dans un premier temps, selon un développement linéaire »[44] et, comme Kant l'avait compris, tout en se fourvoyant, « l'État démocratique fédéral en grand format – la République mondiale – est le mauvais modèle »[45]. Pour autant il s'agit bien de maintenir la formation démocratique de la volonté par-delà l'État-nation, et entre les États : « De la même façon, les lois régissant la communauté internationale ne répondront aux intérêts des États *de manière équitable* – indépendamment de leur taille, de leur nombre d'habitants, de leur niveau de richesse, de leur puissance politique et économique – que si elles sont l'expression d'une volonté formée au terme de processus inclusifs et par conséquent d'un "accord des volontés" (Kant, *Idée d'une histoire universelle au point de vue cosmopolitique*) »[46].

La communauté internationale, pour se démocratiser, n'est plus simplement la communauté des États souverains, mais la communauté cosmopolitique des États et des citoyens du monde, en tant que sujets à part entière du droit international[47]. Si Kant avait davantage eu sous les yeux le modèle américain (fédéral) que le modèle français (centralisé) il aurait « pu saisir cette conception d'une souveraineté populaire « partagée » et bien comprendre que les « peuples » d'États indépendants qui limitent leur souveraineté en faveur d'un gouvernement fédéral ne doivent pas forcément renoncer à leur spécificité culturelle ni à leur identité »[48]. C'est ainsi que Habermas injecte déjà l'idée de « souveraineté partagée », avant même de la faire fonctionner à plein, comme on l'a vu, pour penser l'Europe démocratique. Il disait donc en 2004, comme il le dira plus profondément encore de l'Europe ensuite : « il serait conséquent dès aujourd'hui de déclarer que l'organisation mondiale est une communauté d'"États et de citoyens" »[49].

Reste à savoir quelle forme va prendre cette structuration démocratique de la politique mondiale, et quels en seront les fondements. La structure est à plusieurs niveaux. Le fondement est une redéfinition de la notion de constitution. Et les deux fondements que sont la constitution supranationale et la légitimation démocratique sont co-originaires au même titre que le sont la souveraineté et les droits de l'homme. En effet, lorsque Habermas traite

■ 42. J. Habermas, « La constitutionnalisation du droit international a-t-elle encore une chance ? », *op. cit.*, p. 31-32.
■ 43. *Ibid.*, p. 34.
■ 44. *Ibid.*, p. 49.
■ 45. *Ibid.*, p. 51-52.
■ 46. *Ibid.*, p. 39.
■ 47. Pour comprendre les processus qui ont fait de l'individu un sujet du droit international, je me permets de renvoyer à V. Pratt, *Nuremberg, les droits de l'homme, le cosmopolitisme. Pour une philosophie du droit international*, Lormont, Le Bord de l'eau, 2018.
■ 48. *Ibid.*, p. 45.
■ 49. *Ibid.*, p. 52.

dans la huitième section de son essai de « *Constitution supranationale et légitimation démocratique* », il présente les choses ainsi :

À la lumière de Kant, on peut se représenter une constitution politique de la société mondiale à partir des structures existant aujourd'hui comme un système décentré à plusieurs niveaux, dépourvu *en tant que tout*, mais à juste titre, des caractères d'un État. Dans cet ordre d'idée, une réforme appropriée de l'organisation mondiale pourrait permettre, au *niveau supranational*, que les fonctions vitales [...] du maintien de la paix et de la mise en œuvre d'une politique des droits de l'homme, s'accomplissent de manière efficace et non sélective sans avoir à recourir à la forme étatique d'une république mondiale. Les acteurs globaux les plus importants pourraient à un niveau intermédiaire, au *niveau transnational*, travailler, dans le cadre de conférences permanentes et de systèmes de négociation, sur les problèmes difficiles d'une politique intérieure mondiale [50].

La question de la paix et des droits de l'homme relevant du strict niveau supranational, les politiques commerciales ou écologiques mondiales relèvent du niveau transnational. C'est ainsi que la démocratie internationale hiérarchiserait les problèmes pour les structurer et les traiter au niveau adéquat.

Si bien que le niveau national étatique y est intégré lui aussi puisque « la constitutionnalisation du droit international, désétatisée et pourtant capable de contraindre l'autorité des États, ne satisfera les conditions de légitimation d'un "état cosmopolitique" que si elle est, tant au niveau de l'ONU qu'au niveau des systèmes de négociations transnationaux, indirectement couverte par des *procédures de formation démocratique de l'opinion et de la volonté*, procédures qui ne peuvent être pleinement institutionnalisées que dans des États constitutionnels – quelle que soit d'ailleurs la complexité de ces États fédéralement établis à la dimension d'un continent. La faible constitutionnalisation désétatisée demeure redevable de l'apport de légitimation venant des ordres constitutionnels centralisés des États » [51]. Il ne s'agit nullement de transnationaliser la démocratie pour vider les États de leur réalité politique, au contraire, comme il le dit dans l'autre texte cité, celui de 2007 : « Dans ce contexte, il importe avant tout que ces États-nations, par-delà leurs différences multiples, demeurent la source la plus importante de légitimation démocratique d'une société mondiale constitutionnalisée » [52].

Ce qui va permettre selon Habermas de rendre possible une telle société démocratique mondiale, soit cette « société cosmopolitique », c'est la formation globale de l'opinion. Cette dernière est possible car, dans cette perspective idéal-normative,

heureusement, le seuil qu'il faut franchir pour remplir ces exigences fonctionnelles, n'est pas inatteignable. Si la communauté internationale s'en tient aux fonctions de garantie de la paix et de protection des droits de l'homme, alors la solidarité des citoyens du monde n'a pas besoin, contrairement à la solidarité des citoyens dans un État, de s'appuyer sur les fortes évaluations éthiques et sur les pratiques d'une culture politique et d'une forme de vie commune. Il suffit que l'indignation

■ 50. *Ibid.*, p. 53-54.
■ 51. *Ibid.*, p. 59.
■ 52. J. Habermas, « Constitutionnalisation du droit international... » dans *Parcours*, t. II, *op. cit.*, p. 150.

morale soit éprouvée de la même façon quand il s'agit de violations massives des droits de l'homme et d'atteintes évidentes à l'interdit de l'agression militaire. Pour produire l'intégration dans une communauté de citoyens du monde, il suffit que la perception d'actes qui relèvent de la criminalité de masse produise au niveau des sentiments des réactions négatives communes.

C'est ainsi en effet que :

Les devoirs négatifs univoques d'une morale déontologique universaliste – le devoir de renoncer aux guerres d'agression et aux crimes contre l'humanité – constituent au bout du compte aussi le critère pour énoncer le droit dans les tribunaux internationaux et pour prendre des décisions politiques dans l'organisation mondiale. Cette base à partir de laquelle juger, ancrée dans des dispositions culturelles communes, est mince mais suffisamment solide. Elle suffit fondamentalement pour relier entre elles les prises de position normatives du programme de la communauté des États et elle confère une force de légitimation aux réactions médiatiquement renforcées d'une opinion publique mondiale sans cesse sollicitée ponctuellement [53].

À partir de là on peut conclure avec lui que « la possibilité conceptuelle d'un système politique à plusieurs niveaux, qui au total ne prendrait pas la forme d'un État mais qui, au niveau supranational, garantirait la paix et les droits de l'homme sans disposer d'un gouvernement mondial monopolisant l'autorité, et au niveau transnational pourrait traiter les problèmes d'une politique intérieure mondiale, n'est pas pure spéculation » [54]. Sans oublier que « compte tenu du déficit démocratique qui subsiste même dans le cas exemplaire de l'Union européenne, cette prolongation de la chaîne de légitimation des procédures démocratiques au-delà des frontières nationales est déjà un défi dont l'exigence paraît immense » [55].

L'exigence étant celle d'une solidarité cosmopolitique qu'il appelait déjà de ses vœux dans *Après l'État-nation* : « La solidarité civique née dans le cadre national plonge ses racines dans une identité collective chaque fois particulière, tandis que la solidarité cosmopolitique doit s'appuyer sur le seul universalisme moral traduit par les droits de l'homme » [56]. Tel est bien, à notre sens, l'horizon de la thèse radicale-démocratique. Horizon formulé ainsi en 1993 dans la Déclaration et le programme d'action de la Conférence mondiale de Vienne sur les droits de l'homme en son article 8 : « La communauté internationale devrait s'employer à renforcer et promouvoir la démocratie, le développement et le respect des droits de l'homme et des libertés fondamentales dans le monde entier ».

Valéry Pratt
Centre Simmel, EHESS

■ 53. J. Habermas, « La constitutionnalisation du droit international a-t-elle encore une chance ? », *op. cit.*, p. 61-62.
■ 54. *Ibid.*, p. 63.
■ 55. J. Habermas, « Constitutionnalisation du droit international… » dans *Parcours*, t. II, *op. cit.*, p. 161.
■ 56. J. Habermas, *Après l'État-nation, op. cit.*, p. 118.

DOSSIER

Embarras de la démocratie

LE VOL DE L'AVENIR
Crise écologique, responsabilités démocratiques

Balthazar Clamoux

Il n'est pas étonnant que des régimes politiques très violents, cherchant à tirer le meilleur parti d'une croissance économique maximale, parviennent à imposer l'exploitation sans ménagement des ressources naturelles et humaines – les peuples opprimés peinent en effet à leur résister. Il est plus étonnant que des représentants ou des gouvernements puissent être régulièrement élus, et parfois reconduits, qui remettent sans cesse au lendemain les décisions et les mesures qui permettraient de réorienter en profondeur des manières de produire et de consommer dont on sait qu'elles compromettent l'habitabilité durable et équitablement partageable de la Terre. Où se tient la démocratie, si les puissances collectives d'agir et de penser, d'instituer et de défendre les biens communs, ne parviennent pas à infléchir les tendances lourdes de cette histoire destructive ?

à Didier Motchane (1931-2017)

Le plus grand mal est déjà fait, quand on a des pauvres
à secourir et des riches à contenir[1]

Janvier 2020, en France, si loin (et si près) de l'Australie dévastée par d'immaîtrisables incendies[2]. Depuis plusieurs semaines, comme en 1995, comme en 2010, des centaines de milliers de grévistes manifestent contre un projet gouvernemental de réforme des retraites. Moins spectaculaire, au point peut-être de passer inaperçu du plus grand nombre : le ministère français de l'agriculture et de l'alimentation rend

■ 1. Rousseau, *Discours sur l'économie politique*, dans *Œuvres Complètes*, III, « Bibliothèque de la Pléiade », Paris, Gallimard, 1964, p. 258.
■ 2. Cherchant à caractériser la nature des incendies d'Australie, Clive Hamilton nous invite à réfléchir à ce qu'il appelle le « deuil de l'avenir ». Voir ici https://www.lemonde.fr/idees/article/2020/01/10/clive-hamilton-en-

public un « Plan de réduction des produits phytosanitaires et de sortie du glyphosate ». Le site ministériel porte (en date du 7 janvier) ce commentaire : « le Gouvernement renforce la transparence des données et la mobilisation de l'expertise scientifique »[3]. On comprend à l'examen de ces données, et surtout grâce à la vigilance des organes de presse et des citoyens éclairés, ce qui se joue en réalité : la consommation des pesticides a augmenté en France de 24 % en 2018 par rapport à 2017, et de 25 % en une décennie[4] ; et cette double augmentation signe l'échec patent des plans « éco-phyto » qui avaient été initiés lors du Grenelle Environnement de 2007[5]. Il y va au moins de l'inefficacité des décisions et des mesures prises pour la contenir ; mais peut-être aussi – on sait que les princes doivent en jouer habilement – de la fausseté des promesses successives de gouvernements qui par ailleurs bénéficient d'un haut niveau d'expertise scientifique et technique, et dont la légitimité institutionnelle, formellement parlant, ne fait pas de doute. La question est dès lors celle de la transparence des décisions gouvernementales et du contrôle collectif de leur rationalité : que serait un espace public démocratique aux données faussées, ou aux présentations biaisées ? Quels sont les protocoles de contrôle et de vérifications susceptibles de faire consensus ? Quels sont les moyens déployés pour instituer et pour populariser de véritables savoirs ? Une nouvelle occasion aura été perdue de tempérer l'usage agricole de la chimie lourde (dont on n'a pas oublié l'origine militaire) et d'adoucir le travail de la terre, au rebours des excès désormais bien connus de la « révolution verte ». Les abeilles continueront de mourir – on sait que la chute de la biodiversité touche de plein fouet les insectes, les oiseaux, ainsi que toutes les fonctions et les « éco-services » associés[6].

Dira-t-on qu'ici la démocratie dysfonctionne, au regard de ce qui constitue un intérêt général – celui de la Terre et des terriens, humains et non humains réunis ? Cet intérêt serait-il mal compris ou mal pris en compte par des hommes de pouvoir qui usent de la démocratie pour obtenir une simple caution électorale ? Dira-t-on que les vieux États-nations montrent ici leurs limites, au regard d'une solidarité écologique des peuples, jointe à des formes nouvelles – transfrontalières et transculturelles – de citoyenneté[7] ? On irait

australie-nous-devrons-faire-le-deuil-de-l-avenir_6025370_3232.html. Voir aussi, de Clive Hamilton, *Requiem pour l'espèce humaine. Faire face à la réalité du changement climatique*, Paris, Presses de Sciences Po, 2013.

3. Rappelons que la France est constituée comme une « république indivisible, laïque, démocratique et sociale », et que la « Charte de l'environnement » qui fait depuis 2005 partie de son bloc constitutionnel stipule dans son article 7 que « toute personne a le droit, dans les conditions et les limites définies par la loi, d'accéder aux informations relatives à l'environnement détenues par les autorités publiques et de participer à l'élaboration des décisions publiques ayant une incidence sur l'environnement ».

4. Voir ici : https://agriculture.gouv.fr/ecophyto-et-sortie-du-glyphosate-le-gouvernement-renforce-la-trans-parence-et-mobilise-lexpertise.

5. Rappelons que les « accords de Grenelle » du 27 mai 1968 – mieux vaudrait d'ailleurs parler de « négociations » que d'« accords », aucun accord formel n'ayant été alors conclu entre gouvernement, patronat, et syndicats – ont servi de base politique pour des décisions gouvernementales suivies d'effets significatifs : augmentation importante des salaires et création des « sections syndicales d'entreprise ».

6. Ainsi par exemple du coût de la « non-pollinisation » par les abeilles, alors que dans le même temps il est désormais scientifiquement établi que leurs « services » sont plus efficaces que ceux des produits phyto-sanitaires. Voir notamment les travaux de l'INRA à ce sujet : https://www.inrae.fr/actualites/pollinisation-abeilles-accroit-rentabilite-cultures-colza.

7. Plus généralement, ce sont les territorialisations administratives – en France : cantons, départements, régions – dont les contours même apparaissent mal ajustés à la prise en compte des ressources naturelles

alors trop vite en besogne, et l'on supposerait le problème résolu. Car on peut dire au contraire, non pas que les institutions de la démocratie représentative fonctionnent *bien* – conformément à une norme théorique ou pratique qui permettrait d'en juger – mais tout simplement qu'elles *fonctionnent*, effectivement, et cela dans le cadre étatico-national qui reste aujourd'hui le leur. Il est des présidents de la République régulièrement élus, nommant des gouvernements dont la compétence technico-politique et l'habileté communicationnelle sont largement reconnues, associés, tant dans les décisions prises

Dira-t-on que la démocratie dysfonctionne ?

que dans leur mise en œuvre, à des organisations professionnelles représentatives. Par exemple : on sait la part prise dans la politique agricole française et même européenne par la FNSEA, l'ancrage et les relais dont cette organisation dispose tant dans le monde agricole que dans les hautes instances de l'Union Européenne[8].

La même question pourrait être posée au niveau international[9]. Les pays les plus puissants, mais aussi les pays émergents et les groupes sociaux qui en leur sein aspirent à bénéficier à leur tour des modes de vie des pays les plus développés, refusent d'entrer dans des protocoles contraignants de protection des ressources naturelles. Or il s'agit d'États-nations souverains, dont un grand nombre intègre – au plan politique comme au plan social – des institutions et des pratiques démocratiques[10]. Ainsi des États-Unis, ou du Brésil, ou de l'Australie : leurs présidents ou leurs gouvernements « climato-négateurs » n'ont pas pris le pouvoir par la force. Ils ont fait campagne, de manière somme toute assez régulière, dans un contexte multi-partisan garanti par une constitution. Ils n'ont pas été portés au pouvoir par des électeurs stupides ou ignorants. Bien que nous subissions tous les effets de la désinformation ou de la simplification médiatiques, personne n'a été pris dans les rets d'une propagande totalitaire. On sait depuis l'antiquité grecque que l'*agora* est aussi la place du marché et que le discours démagogique (« enrichissez-vous avec moi ! ») y fait bonne recette : c'est cela aussi qui s'appelle « démocratie ». À leur manière, les forces gouvernantes expriment et portent un certain nombre d'aspirations éminemment populaires : accéder aux standards de confort et de consommation – plus généralement aux modes de vie – des pays les plus riches et les plus développés ; conserver la marge de liberté la plus importante

et des milieux et formes de vie qui en découlent. Et l'on devrait pouvoir définir tout à la fois de nouvelles entités administratives et de nouveaux droits, en tenant précisément compte de ces « communautés de vie » jusqu'alors négligées. De nouveaux « pays » pourraient alors émerger, doublement articulés aux besoins des territoires et des populations. Voir sur ce point, notamment : A. Bertrand, « La démocratie locale à l'épreuve de l'écologie politique », dans *Cahiers philosophiques* 119, 2009.

■ 8. Voir notamment : https://www.lemonde.fr/planete/article/2017/09/26/la-fnsea-en-tete-de-la-lutte-pour-la-reautorisation-du-glyphosate_5191553_3244.html ; et aussi : https://www.lemonde.fr/planete/article/2020/01/28/pesticides-interdits-le-lobbying-des-industriels-pour-continuer-a-produire-en-france-et-exporter_6027530_3244.html.

■ 9. Voir notamment à propos des grands cycles de négociations internationales : P. Lauret, « L'atmosphère, un bien commun très politique » dans *Vacarme* 51, 2010 – en ligne : https://vacarme.org/article1880.html

■ 10. Il faudrait analyser plus précisément l'usage politique qui en est fait. En France par exemple : lorsque le vote parlementaire permet de contourner les résultats d'un référendum (sur le « Traité établissant une constitution pour l'Europe ») recueillant 54,68% des suffrages (29 mai 2005).

possible pour soi et pour les sociétés particulières auxquelles on appartient ; et, ce faisant, ne pas se laisser contrarier – ou le moins possible – par des inquiétudes catastrophistes que l'on juge excessives ou auxquelles on sait se rendre comme aveugle et sourd. On peut faire l'hypothèse que ce *populaire*-là n'est pas *démocratique* ; mais il faut alors expliquer ce qu'il en est de cette distinction : ce qui la justifie, et quel est l'horizon de principe comme de pratique d'une « vraie démocratie »[11] au rendez-vous des urgences du temps.

Il reste qu'en attendant l'avènement bien incertain d'une « vraie démocratie », la révolution industrielle, jointe à l'expansion illimitée du capitalisme et à l'ajustement constant des appareils de domination, continue de battre son plein, au sein d'un marché mondial dont l'ampleur sans cesse augmentée constitue, pour les économistes associés aux instances de pouvoir, la bonne nouvelle de notre temps. Ceux qui s'en réjouissent avec eux ne manquent pas de cohérence : notre époque serait toujours celle des inventeurs, des ingénieurs et des bâtisseurs, qui donnent à la Terre son apparence proprement humaine, désormais numérisée et computable. Aucun peuple, aucune culture, ne semble en mesure d'échapper à ce destin technologique et mercantile, auquel participent activement tant les régimes autoritaires que ceux qui se réclament de la démocratie. Les uns et les autres sont unis et rivaux dans un système d'intérêts solidement imbriqués : d'un côté, des avantages comparatifs réputés permettre à ceux qui le souhaitent de prendre place dans la division internationale du travail et d'en retirer de grands profits ; d'un autre côté, une concurrence de grande intensité et parfois de grande violence pour s'approprier une part substantielle des richesses produites. Aux frontières des anciens et des nouveaux empires, des flux et des conflits spéculatifs assignent et dessinent le territoire mouvant des ressources valorisables : sols, sous-sols, zones maritimes, fonds marins – si vite investis, si vite exploités, si vite délaissés, comme autant de ressources[12] appropriables et jetables aussi dès que leur valeur marchande décroît ; et ce qui vaut pour les éléments naturels vaut aussi pour les « ressources humaines » et pour l'ensemble des dispositifs qui contribuent à la formation des hommes et à leur si précaire employabilité[13].

Cet horizon unifié est l'une des caractéristiques de cette histoire que l'on dit désormais globale. S'y joue la persistance – moins dans des idées abstraites

---

11. On doit notamment à Marx – *Critique du droit politique hégélien* (1843) – l'usage de ce terme : « Dans la démocratie l'État politique tel qu'il se pose à côté de ce contenu et s'en distingue, n'est lui-même qu'un contenu *particulier*, comme il n'est qu'une *forme d'existence* particulière du peuple [...] Les Français de l'époque moderne ont compris cela au sens où dans la vraie démocratie *l'État politique disparaîtrait*. Cela est juste dans la mesure où, en ce qu'il est État politique, en tant que constitution, il ne vaut plus pour le tout. Dans tous les États qui se distinguent de la démocratie l'*État*, la *loi*, la *constitution* est le dominant, sans que l'État domine réellement, c'est-à-dire sans qu'il pénètre matériellement le contenu des autres sphères non politiques. Dans la démocratie, la constitution, la loi, l'État lui-même n'est qu'une autodétermination du peuple et un contenu déterminé de celui-ci pour autant que ce contenu est constitution politique ».

12. « Ressources naturelles » : on utilise cette expression par commodité, qui demanderait à elle seule un examen généalogique et critique. Car cette désignation même fait partie du problème, par l'espèce de violence qu'elle contient. Soit par exemple l'extraction minière – dont l'Australie est l'un des champions mondiaux : on « réduit-détruit » en ressources, autrement dit en matières premières ou en potentiel énergétique, une multitude de lieux et de réalités, vivantes ou non vivantes, qui ne manquent pas de « personnalité », en un sens que nos modes de catégorisation et de considération peinent à reconnaître.

13. Ainsi par exemple : les nouvelles routes maritimes de l'Arctique, associées au transport du pétrole et du gaz, aux nouvelles perspectives de forage sous-marin, et aux tentatives d'appropriation de ces nouveaux territoires (le Groenland par exemple, objet de convoitises de plus en plus vives).

que dans la puissance et l'efficacité des pratiques – d'une interprétation progressiste de l'histoire, dont Leibniz et ses contemporains[14] avaient en leur temps jeté les bases : « il faut reconnaître un certain progrès et absolument illimité de tout l'univers, de sorte qu'il marche toujours vers une plus grande civilisation. C'est ainsi que notre terre, dont maintenant une grande partie est cultivée, le sera de plus en plus »[15]. Destructions créatrices. Substituabilité technologique de la nature et du naturel. Optimisme maintenu, *globalement* parlant, et dont la récente invention du développement durable vient assurer la relance[16]. Reste évidemment à savoir – la question n'est pas nouvelle – ce qu'on appelle « civilisation », « progrès », et même « rationalité », à partir du moment où l'on considère que celle-ci ne se réduit pas à ses fonctions exclusivement instrumentales, et où l'on se laisse instruire tant par la pluralité des cultures que par celle des usages du monde. Car partout où il se produit, ce « certain progrès » – on pense en particulier à l'augmentation des niveaux de vie moyens que mesure la statistique officielle[17], et dont on tient pour acquis qu'elle répond à un désir généralement partagé d'amélioration matérielle des conditions d'existence – se paye d'un prix social et écologique très lourd. C'était déjà le cas lors des premiers temps de la révolution industrielle, qui n'a pu se déployer qu'en dégradant un très grand nombre d'habitats et de conditions de vie et en consommant une part très importante des ressources terrestres non renouvelables (sols et sous-sols), arrachées aux pays colonisés et plus généralement à l'ensemble des territoires progressivement enclos et mis en exploitation. Et nous vivons aujourd'hui encore ce temps heurté, marqué par la destruction d'un très grand nombre de milieux habitables, de formes de vie et de cultures articulés à des pratiques et à des biens communs progressivement anéantis. Cela à l'échelle de la Terre entière : misères persistantes, quand ce n'est pas grandissantes, pour une grande partie de l'humanité, y compris dans les pays très riches et très développés ; exodes contraints tant par la guerre que par les impasses technico-économiques[18] et se heurtant à des frontières fermées et gardées avec violence (et notamment, celles de l'Union Européenne)[19] ; chute vertigineuse de la biodiversité ; milieux de vie pollués et désertifiés à un degré très difficilement réversible ; endettement croissant à l'égard des générations futures, dont les perspectives de survie – *a fortiori* de vie heureuse – sont d'ores et déjà fragilisées. Inutiles souffrances. Introuvable dialectique.

---

14. On peut penser aussi à Mandeville – et notamment aux appendices de *La fable des abeilles* – qui contiennent une théorisation très précise du « moindre mal », adossé à l'exemple de la pollution « créatrice » de la ville de Londres.

15. Leibniz, *De l'origine radicale des choses*, § 16, dans *Opuscules philosophiques choisis*, Paris, Vrin, 1978, p. 92.

16. Voir sur ce point F. Burbage, *Philosophie du développement durable*, Paris, P.U.F., 2013.

17. On peut aussi penser à la diminution de la très grande pauvreté (ou à la celle de la mortalité infantile), auxquelles contribuent des programmes d'action spécifiques (santé, éducation, programmes sociaux). Voir sur ce point notamment : https ://www.inegalites.fr/L-extreme-pauvrete-dans-le-monde-recule

18. Par exemple : la systématisation d'une agriculture dite « intensive » destinée aux monocultures d'exportation – création des temps coloniaux, sans cesse réactivée depuis les indépendances, au nom de la « révolution verte » ; mais c'est le même type de développement qui aura été – et qui continue d'être – imposé aux « vieux » pays industriels. Voir notamment Y. Ogor, *Le paysan impossible*, Les éditions du bout de la ville, 2017.

19. L'Organisation mondiale du travail estime à 40 millions le nombre des personnes aujourd'hui réduites en esclavage : 25 millions pour le travail forcé ; 15 millions pour l'esclavage sexuel. Voir ici pour les éléments statistiques : http://www.ilo.org/global/topics/forced-labour/statistics/lang-fr/index.htm

Et si l'on parle désormais volontiers de « développement durable », de « transition écologique » ou d'« économie circulaire », et si l'on repeint de ces mots le fronton de certains ministères, les changements observables du côté des modes de production, de circulation ou de consommation restent très limités. Les tendances lourdes demeurent, dont certaines se renforcent[20], globalisation aidant, qui conduisent à une sur-consommation structurelle des ressources planétaires. Les pratiques dominantes, à commencer par celles de la grande industrie – des productions, des transports et des consommations associées – reconduisent toujours au principe d'une croissance maximale comme à celui d'une appropriation-exploitation privée des ressources « valorisables », au sens marchand de ce terme[21]. En France notamment : on sait que les gouvernements – droite et gauche confondues –, et même les présidents de la République, s'autorisent de ceux qui entendent « libérer la croissance »[22].

Ce faisant, et à force de remettre toujours au lendemain certaines réorientations raisonnables, collectivement élaborées et susceptibles de faire partie le moment venus de programmes électoraux examinés, débattus et collectivement validés – on prend le double risque d'une aggravation des crises et d'un durcissement autoritaire des mesures permettant d'y faire face. Tout ce dont on ne veut pas entendre parler aujourd'hui s'agissant du caractère par trop destructeur des modes de production, de consommation, d'alimentation ou de transport, pourra faire retour demain sous forme d'une hyper-contrainte, imposée d'une manière sinon militaire, en tout cas policière, pour des motifs de salut public. Et c'est alors la liberté même des sujets, qu'on peut avec Hobbes placer au cœur de l'exigence comme de l'expérience libérales[23], en matière de circulation, d'habitation, d'alimentation ou même d'habillement, qui se trouvera mise à mal[24]. Si le capitalisme le plus agressif, dopé par ses taux de croissance à deux chiffres, fait bon ménage avec les régimes aujourd'hui les plus autoritaires, la dégradation de l'environnement pourrait à terme relativement bref entraîner une restriction importante des libertés individuelles ou collectives. Castoriadis réfléchissant à l'« idée de révolution » avait précisément repéré et analysé le risque d'une telle bascule : « […] le totalitarisme qui nous pend au nez n'est pas celui qui surgirait d'une révolution, c'est celui d'un gouvernement qui, après une catastrophe écologique, dirait : vous vous êtes assez amusés, la fête est finie, voici vos

20. On pense en particulier à la course aux terres et aux métaux rares induisant ce que Guillaume Pitron désigne comme l'« extension des limites de la mine ». Voir G. Pitron, *La guerre des métaux rares. La face cachée de la transition écologique et numérique*, Paris, Les liens qui libèrent, 2018.
21. Un bon exemple contemporain est donné par la question du « bétonnage ». Voir https://www.lemonde.fr/economie/article/2019/11/03/le-batiment-a-l-epreuve-du-bilan-carbone_6017884_3234.html. Le texte même de la charte de l'environnement reprenant (article 6) la définition commune du « développement durable », invite les politiques publiques à « [concilier] la protection et la mise en valeur de l'environnement, le développement économique et le progrès social ». Peut-on effectuer cette « mise en valeur » sans reproduire le schéma habituel de la valorisation marchande ?
22. La « commission pour la libération de la croissance française » a été instituée par le décret n° 2010-223 du 4 mars 2010; voir https://www.legifrance.gouv.fr/affichTexte.do ? cidTexte=JORFTEXT000021906441).
23. « Libéral » est pris ici dans son sens classique, à bien distinguer de ce qui caractérise le néo-libéralisme contemporain.
24. Voir Hobbes, *Léviathan*, chap. XXI.

deux litres d'essence et vos dix litres d'air pour le mois de décembre, et ceux qui protestent mettent en danger la survie de l'humanité »[25].

Une alternative semble ainsi se dessiner entre une perspective démocratique de transformation collectivement réfléchie et assumée des conditions d'existence et, à l'opposé, une perspective autoritaire et inégalitaire à la fois, réservant à une élite la jouissance des temps, des lieux et des conditions d'une vie heureuse, et imposant au reste de l'humanité une violente mise au pas. D'un côté :

On prend le risque d'une aggravation des crises et d'un durcissement autoritaire des mesures

la brutalité, mais aussi le risque d'arbitraire ou d'irrationalité d'un régime autoritaire ou totalitaire ; d'un autre côté, l'élaboration collective d'une organisation qui serait à la fois plus égalitaire, moins dispendieuse et moins destructive des ressources planétaires, tant humaines que naturelles. Or si l'on entrevoit assez aisément ce que la perspective autoritaire peut concrètement signifier – l'expérience des rationnements en temps de guerre, l'imaginaire aussi des romans ou des films de science-fiction, pouvant nous y aider[26] –, il est beaucoup plus difficile de se faire une idée précise de ce que signifierait un cheminement davantage pacifié, et quels changements il impliquerait dans la définition comme dans la pratique de la démocratie.

Comment comprendre que les questions liées à la dégradation des habitats terrestres, à la destruction des usages et des savoirs permettant de les cultiver sans les anéantir, passent *régulièrement* au second plan, comme si elles ne constituaient jamais, ni pour les gouvernements ni pour les majorités qui leur accordent une puissance d'agir, de véritables priorités ? Ou comme si elles n'étaient pas étroitement liées à cela qu'on identifie comme de véritables priorités : les questions politiques, économiques, sanitaires, éducatives ou plus largement culturelles. Si cette gigantesque procrastination ne se laisse pas aisément expliquer, c'est notamment parce que les messages d'alerte se sont multipliés depuis plusieurs dizaines d'années, à destination d'une humanité dont on pouvait escompter qu'elle se montrât tout à la fois rationnelle et raisonnable – capable par-delà les pulsions et les jouissances possessives de se saisir *son intérêt bien compris*. Ces alertes sont en effet suffisamment variées, instruites et convergentes pour étayer des analyses crédibles, s'agissant notamment des limites planétaires, autrement dit, de l'impossibilité pour la Terre de soutenir – et cela même à court terme – l'intensité des pressions « productives-destructives » qui s'exercent désormais sur elle. Analyses pas toujours catastrophistes, mais suffisamment inquiétantes pour inviter à des changements substantiels tant dans les régulations collectives que dans les

■ 25. Castoriadis, « L'idée de révolution » dans *Le monde morcelé. Les carrefours du labyrinthe*, III, Paris, Seuil, 1990, p. 170. Voir aussi sur cette question A. Gorz, *Ecologica*, Paris, Galilée, 2008, p. 28 : « La décroissance est un impératif de survie. Mais elle suppose une autre économie, une autre civilisation, d'autres rapports sociaux. En leur absence, l'effondrement ne pourrait être évité qu'à force de restrictions, rationnements, allocations autoritaires de ressources caractéristiques d'une économie de guerre ».
■ 26. Voir par exemple le film *Time out*, de Andrew Niccol (2011). Gorz pour sa part se réfère volontiers à la série des *Mad Max*.

modes de vie des sociétés écologiquement les plus dispendieuses, ou en passe de le devenir[27].

Sans doute la détermination d'un intérêt bien compris, *a fortiori* d'un intérêt général, est-elle l'une des tâches politiques les plus exigeantes, et des moins assurées. Mais si la procrastination surprend, c'est tout de même parce qu'un grand nombre de savoirs, de savoir-faire, d'expériences sont déjà à l'œuvre, qui associent les anciens usages du monde aux technologies les plus contemporaines, et qui ouvrent très concrètement les perspectives de réorganisation de la vie collective ; des mœurs aussi – valeurs et pratiques mêlées – qui en assurent l'appropriation subjective. Il est sans doute difficile, mais il n'est pas impossible, de contenir les productions les plus destructives, de réorienter les modes de consommation et de déplacement, de restaurer ou d'instaurer des biens communs protégés de la privatisation exclusive, et cela sans porter atteinte aux libertés les plus essentielles. De telles pratiques et de telles perspectives, où s'étaye ce qu'on pourrait nommer avec Deleuze un « devenir minoritaire », sont loin d'être archaïsantes, ou rétrogrades, tant sur le plan technique que sur le plan scientifique. Rien ne garantit évidemment que de nouvelles générations, plus savantes et plus entreprenantes, leur donnent une ampleur grandissante. Mais elles sont d'autant plus significatives sur le plan politique qu'elles vont de pair, s'agissant de la démocratie, avec une inquiétude et un souci de perfectionnement régulièrement reconduits. Ni l'idée de démocratie en effet, ni les institutions ou les pratiques qu'on rassemble sous ce terme, ne font l'objet d'une définition précisément arrêtée : qui vit en démocratie ? et quelle idée nous faisons-nous de la démocratie lorsque nous posons cette question ? Ce qu'on peut questionner en considérant l'historicité même de la démocratie, de sa fondation antique jusqu'à ses déplacements contemporains. Mais aussi en tenant compte des hésitations et des controverses auxquelles s'articule pratiquement la démocratie : démocratie directe ou indirecte ? centralisation ou au contraire différenciation des pouvoirs ? égalité des seuls droits ou, avec davantage d'ampleur, égalisation des conditions sociales ? citoyenneté transfrontalière et pluriculturelle, ou primat des appartenances étatiques et nationales ?

C'est la possibilité même d'une action politique, le statut de ses agents et de leur responsabilité, la réalité de leur pouvoir, qui apparaissent ici incertains. Car à supposer même – ce qui est loin d'aller de soi – que l'on s'inquiète des menaces qui pèsent sur l'habitabilité soutenable, durable et équitablement partagée de la Terre, et des formes de violence et d'injustice qui leur sont associées, celles-ci sont prises dans un système tellement intégré que la possibilité même d'une action, associée à une dynamique de l'engagement et de la responsabilité, est difficile à envisager. Où, et quand, sur qui et sur quoi faire levier ? Qui (ou quoi) porte la responsabilité (ou la simple cause) des pressions excessives qui pèsent sur les écosystèmes terrestres ? On hésite entre des modélisations permettant de circonscrire précisément les acteurs et

---

27. Ainsi par exemple en 2017 : https ://www.lemonde.fr/planete/article/2017/11/13/le-cri-d-alarme-de-quinze-mille-scientifiques-sur-l-etat-de-la-planete_5214185_3244.html ; ou cet appel à signatures : https://www.lemonde.fr/idees/article/2020/02/20/l-appel-de-1-000-scientifiques-face-a-la-crise-ecologique-la-rebel-lion-est-necessaire_6030145_3232.html

les responsables – ce sont les plus puissants et les plus riches (classes sociales, États ou groupements d'État) qui mangent (et même dévorent) la planète – et d'autres, pas moins pertinentes, qui mettent en avant les déterminations structurelles qui influent sur l'organisation d'ensemble du monde (évolutions démographiques, paradigmes techniques, contraintes systémiques). Entre les deux : le rôle indistinct du grand nombre, et la responsabilité que tout un chacun porte dans la bascule destructive des modes de production, de circulation, de consommation. Les mœurs entrent alors en jeu. Pas seulement celles des classes les plus riches. Celles aussi des classes moyennes qui, d'un bout à l'autre du monde, font le choix de l'urbanisation, de l'alimentation industrialisée (carnée, sucrée, congelée), de cette vie constamment connectée et toujours circulante, très coûteuse en énergie[28]. La question est alors non seulement celle des règles, auxquelles on peut éventuellement refuser d'obéir : c'est aussi celle des normes et des valeurs auxquelles les gestes les plus quotidiens donnent une consistance pratique. De quel pouvoir effectif dispose-t-on, qui soit en mesure d'impulser un changement substantiel dans le mode de vie des sociétés contemporaines ? Qui est ou serait en capacité d'intervenir effectivement et efficacement ? Est-ce l'affaire des États, dans le cadre national ou international qui est traditionnellement le leur, ou d'autres types d'organisations – celles qu'on dit parfois « non gouvernementales » et dont on sait qu'elles sont souvent instrumentées (et notamment pour contenir les déplacements ou des déportations de population) ? Est-ce l'affaire des entreprises, qui profitent abondamment de l'appropriation des ressources tant humaines que naturelles et auxquelles on prête désormais une responsabilité sociale et environnementale[29] ? L'hypothèse classiquement démocratique consistera à dire : c'est l'affaire de tous, et cela le reste même lorsque tous transmettent à quelques-uns les rênes du gouvernement. Mais la question sera alors posée, d'une part, des modalités concrètes de cette participation à la magistrature sans laquelle l'idée même de citoyenneté reste lettre morte et, d'autre part, des institutions qui permettent sa mise en œuvre.

L'inertie générale s'explique sans doute en partie par les mécanismes de capture de la décision politique : des intérêts particuliers, suffisamment puissants et suffisamment bien organisés, sachant jouer des institutions politiques pour infléchir non seulement l'application, mais la production même des lois. Y compris celles qui sont destinées à la protection de l'environnement[30]. Cette considération est d'autant plus éclairante qu'on l'associe à l'observation précise des régimes et des sociétés dites « démocratiques », comprises non pas dans le principe idéal du peuple souverain ou de l'autonomie constituante, mais dans la réalité des institutions et des pratiques qui s'y trouvent mises en œuvre : celles de la démocratie représentative et des processus électifs auxquels elle tend généralement à se réduire, au sein de sociétés très inégalitaires, dans

■ 28. S'agissant de l'aviation (supposément) « durable », voir Paul Peters, http://www.air-climat.org/publications/dossiers/aviation-et-changement-climatique/l%e2%80%99aviation-le-climat-et-la-science-une-interview-de-paul-peeters/
■ 29. Voir par exemple : https ://www.lemonde.fr/pixels/article/2020/01/27/amazon-mis-en-cause-publiquement-par-ses-propres-employes_6027316_4408996.html
■ 30. C'est la fonction même du « droit de l'environnement » et des instances de pouvoir qui lui sont associées qui doivent être questionnées. Cf. supra, n. 21.

lesquelles l'accès au pouvoir est, de fait, réservé à une partie très restreinte du corps politique, et très dépendante des intérêts socialement les plus puissants. On entrevoit dans de tels contextes la puissance des groupes industriels et financiers, les zones et les réseaux d'influence qu'ils parviennent à constituer, en toute légalité, au cœur même de l'appareil d'État. Des convergences d'idées et d'intérêts associent les milieux d'affaires aux milieux gouvernementaux, au sein des administrations et des organismes où se décident les politiques industrielles, énergétiques ou agricoles, les schémas d'aménagement du territoire, les politiques de transport, etc. Le rôle des institutions savantes peut sembler ici d'autant plus décisif que la politique moderne se veut rationnelle. Mais c'est la production même des savoirs, le choix des objets, des méthodes et des normes qui président à leur validation, qu'on peut alors questionner : de quel type de connaissance ou d'objectivité pouvons-nous bénéficier, lorsque les sciences et les techniques sont elles-mêmes instrumentées, et mises au service des instances de pouvoir [31] ? Et si la rationalité – y compris la scientifique – ne se dit pas en un seul sens, comment ménager et même développer un authentique pluralisme, permettant d'accueillir des expériences et des savoir-faire de nature différente, allant aussi puiser dans les plis sensibles du monde vécu ? Quelles institutions pour les élaborer, pour les réfléchir, pour accompagner et pour imaginer des manières renouvelées de produire et de vivre ?

> L'autonomie affichée prend le pli des forces dominantes

Quels spécialistes pour les développer et les enseigner ? À supposer que la décision publique puisse être réellement instruite, articulée à un espace public de délibération et de réflexion – *positive* au sens qu'Auguste Comte entendait donner à ce terme –, il n'est pas assuré qu'elle échappe à l'influence des groupes industriels et financiers, de leurs relais politiques nationaux ou internationaux. Gouvernance par les nombres – ou plutôt par la quantité et la bataille des profits.

Mais pour éclairante qu'elle soit, cette hypothèse pourrait ne pas suffire. Soit par exemple le gouvernement de la Polynésie Française [32] – dont l'autonomie s'est trouvée renforcée en 1984 – décidant de la création d'une « aire marine gérée » englobant les 5 millions de km² d'une zone économique exclusive (soit la totalité de la zone maritime se trouvant sous son autorité). Ce faisant et sur la base, justement, de son autonomie interne, ce gouvernement a repoussé les hypothèses d'« aire marine protégée » tant autour des Îles Marquises que de l'Archipel des Australes. On sait la très grande richesse, en termes de biodiversité, et aussi la très grande fragilité de ces écosystèmes marins, appelant des projets de protection et même de sanctuarisation, dans la continuité de la Convention sur la diversité biologique de 1992 [33]. Or par

31. Voir par exemple : https : //www.lemonde.fr/planete/article/2019/01/31/glyphosate-comment-monsanto-mene-sa-guerre-mediatique_5417218_3244.html

32. Rappelons que la Polynésie Française est actuellement une « Collectivité d'outre-mer » de la République Française. L'autonomie de gestion a été mise en place en 1977. L'autonomie dite « interne » en 1984. Les fonctions régaliennes (défense, police, justice, trésor) sont assurées directement par l'État central.

33. La mise en place d'une « aire marine protégée » a en revanche été instituée en Nouvelle-Calédonie en 2014.

cette décision du gouvernement de Polynésie – l'enjeu est d'importance, et le terme de « gestion » prend ici son sens économique habituel – l'ensemble de l'espace maritime polynésien, loin d'être protégé, est désormais ouvert à la pêche industrielle[34]. Au nom du développement, et de la modernisation, de l'emploi et de la formation même des pêcheurs, les thoniers industriels (japonais, chinois, sud-coréens) qui étaient jusqu'alors interdits de pêche dans les eaux de la Polynésie française, très fréquentées par une espèce particulière de thon, y sont désormais autorisés. Une entreprise d'armement naval, des compagnies aériennes en charge de l'acheminement du poisson vers les marchés où il est très prisé, ont porté ce projet de valorisation et l'ont emporté sans difficulté sur des projets alternatifs, davantage locaux et artisanaux. Une fois encore, car l'histoire semble ici se répéter, on en appelle à une performance accrue, technique et financière à la fois, gage d'une fructueuse croissance au sein de l'économie globalisée. S'agissant de la pêche, les pratiques de l'Union européenne sont de nature analogue : on délimite parfois des zones de protection et on définit des quotas ; mais on ajuste aussi les normes techniques, ce qui permet de contourner ou de fléchir ces dispositifs de protection. À l'évidence, et s'agissant du fond intellectuel auquel elle s'adosse, la « post-colonie » – ou plutôt son gouvernement autonome – se loge sans solution de continuité dans les pratiques de la colonie, qui sut si bien renvoyer les peuples conquis à leur arriération supposée, et leur imposer un modèle unique de développement. On doit comprendre-la-nécessité-de-la-pêche-industrielle – autrement dit : consentir à ce destin. Et si la question sociale vient au premier plan – comment pourra-t-on garantir des conditions d'emploi et de salaire décentes pour les travailleurs de cette nouvelle pêche industrielle ? –, la question écologique lui est très étroitement associée. Car s'agissant des ressources halieutiques et plus généralement de la gestion des aires maritimes, on sait d'expérience où la quête de valorisation marchande peut conduire : à la mise en place d'un secteur d'hyper-rentabilité très rapidement profitable à une petite minorité ; à terme, à l'épuisement progressif de ce qu'on tient pour des stocks et aux formes très difficilement réversibles de la désertification marine. Il sera difficile de contenir ici une destructivité qui n'a pu l'être nulle part ailleurs, et qui s'autorise d'un usage subtil des règles ou même des normes. Sauf à supposer qu'ici aussi, certains soient prêts à prendre des risques pour composer des forces et constituer des « zones à défendre », et qu'une articulation proprement politique des intérêts, des principes et des valeurs puisse, rapidement, émerger.

L'autonomie affichée prend le pli des forces dominantes, des processus et des valeurs économiques aujourd'hui imposées à la Terre entière. Et cela – mais les interprétations divergent ici – pourrait jouer à l'exact rebours de la capacité d'auto-gouvernement, constitutive dans son principe même d'une démocratie. Au rebours aussi d'une conception endogène du développement, bien en phase avec les formes de vie héritées et cultivées par des peuples dont les principes d'organisation ne sauraient se réduire aux cours du marché

---

34. Voir : https : //www.lemonde.fr/planete/article/2017/09/27/une-flotte-de-thoniers-menace-les-eaux-preservees-des-marquises_5192385_3244.html

mondial[35]. Les États ou gouvernements souverains le sont-ils pleinement ? De quelle puissance d'agir disposent-ils effectivement ? Reste qu'ici des institutions représentatives sont bien en place, qui conduisent à la fabrique d'un exécutif légitime, désigné et conforté par le processus électoral. Les apparences d'affirmation souveraine et d'autonomie sont d'autant plus grandes que le projet d'une aire maritime protégée, finalement repoussé, était porté par des institutions internationales ou par des ONG qu'on sait parfois peu enclines à tenir compte des institutions et des volontés et des usages autochtones[36]. Et c'est d'une manière somme toute assez abstraite qu'on tiendrait cet ensemble pour étranger à la « vraie démocratie », ou n'en constituant que l'apparence trompeuse, soumise à une minorité aliénée à des intérêts mercantiles. Ceux qui donnent leurs voix sont peut-être aussi ceux qui se reconnaissent dans cet imaginaire de la production et de la consommation sans cesse augmentées, et que de tels projets de développement font rêver. Ils ne sont pas moins démocrates, ils n'ont pas moins droit de cité que ceux qui s'inquiètent des effets dévastateurs de la course aux profits et qui mettent en avant la finitude des ressources planétaires.

Mais on aura alors affaire à une compréhension restrictive de la démocratie, assez proche en réalité de la définition qu'en donne Schumpeter, elle-même bien ajustée aux modes de gouvernement les plus autoritaires. Adossée au scrutin majoritaire, la démocratie ne fait rien d'autre que produire efficacement, par la voie électorale, des gouvernements légitimes et durables. L'élection l'emporte sur tous les autres processus d'élaboration collective, en écrasant jusqu'aux institutions représentatives ou paritaires. Le délibératif s'y réduit à presque rien, remplacé le temps d'une élection par la concurrence des discours et par l'impact des stratégies de communication. Une fois les gouvernements élus – qui très souvent prennent des mesures ou enclenchent des réformes d'ordre général dont ils n'avaient pas même prévenu les électeurs –, la contribution des partis d'opposition, des syndicats, des associations ou des mouvements citoyens, plus ou moins organisés et participant d'un espace public riche de la pluralité des voix et de la friction des arguments les uns contre les autres, ne compte plus. C'est alors le principe même d'une composition d'ensemble des puissances et des vertus, tant intellectuelles que morales, qu'on peut tenir pour aussi essentiel à la démocratie que l'est la sanction des urnes, qui se trouve anéanti[37]. Corrélativement, l'appareil d'État subit aussi des transformations qui conduisent à une concentration croissante des pouvoirs et à une restriction considérable du pluralisme intellectuel et rationnel requis dans l'analyse et

---

■ 35. C'est aussi ce que la définition officielle et internationalement reconnue de *développement durable* est venue écraser. Voir sur ce point (et à propos des occasions perdues pour préserver d'autres formes de culture et même de développement), notamment : A. Césaire, *Discours sur le colonialisme*, Paris, Présence Africaine, 1955 : « C'était des sociétés communautaires, jamais de tous pour quelques-uns. C'était des sociétés pas seulement antécapitalistes, comme on l'a dit, mais aussi *anticapitalistes*. C'était des sociétés démocratiques, toujours. C'était des sociétés coopératives, des sociétés fraternelles. Elles étaient le fait, elles n'avaient aucune prétention à être l'idée, elles n'étaient, malgré leurs défauts, ni haïssables, ni condamnables. Elles se contentaient d'être. Devant elles n'avaient de sens, ni le mot échec, ni le mot avatar. Elles réservaient, intact, l'espoir ».

■ 36. La Convention sur la diversité biologique (Traité international pour un avenir durable) a été ouverte à la signature lors du Sommet de la Terre à Rio de Janeiro, le 5 juin 1992, et entrée en vigueur le 29 décembre 1993.

■ 37. Voir sur ce point ; Aristote, *Politiques*, III, 11 ; Spinoza, *Traité politique*, II, 16 ; III, 5 et 7, moments dans lesquels Spinoza examine ce qu'il en est d'un corps multiple conduit comme « par une seule pensée » [*una veluti mente*].

l'appréhension des situations complexes. Et, de fait, le peuple – ou parfois même ses représentants – se trouve identifié à une populace par un pouvoir qui se rend sourd à ses doléances, à ses propositions et, plus généralement, à ses vertus constituantes. Y compris dans des moments de crise majeure, on se tient à l'énoncé selon lequel « la rue ne gouverne pas », et l'on assimile la contestation vive à une série de violences illégitimes. Au mieux les équipes gouvernementales consentent-elles à infantiliser l'ensemble de ces partenaires minorés, en ressassant pédagogiquement le bien-fondé et la nécessité des mesures imposées : « *there is no alternative* ». Kant ne disait-il pas du gouvernement paternel qu'il est « le pire des despotismes »[38]? Comme si des citoyens capables de juger et même de choisir leurs gouvernants, n'étaient pas aussi capables, le moment venu et par des voies bien ajustées, de contribuer aux réflexions ou aux décisions qui les concernent, individuellement ou collectivement. Notamment héritée de Montesquieu, la question n'est pas alors seulement celle des moyens – représentation, participation, gestion paritaire d'un certain nombre d'instances ou d'organismes[39]. C'est la définition même du pouvoir exécutif qui est en jeu, jointe à celle des modalités d'élaboration et de contrôle de la décision gouvernementale.

Ce ne sont pas les commandements supposés de Dieu, de la Nature ou de l'Histoire, qui sont aujourd'hui convoqués pour justifier le rétrécissement de la vie démocratique – plutôt ceux d'un marché mondial aux exigences duquel il faudrait sans cesse se plier. L'autonomisation relative de l'économie, son « désencastrement » au sens que Polanyi donne à ce terme, et, plus généralement, l'existence de sphères de réalités distinctes (administrative, judiciaire, économique, politique, scientifique), transforme à l'évidence la définition du pouvoir politique, en l'éloignant des illusions planificatrices. Mais rien ne justifie pour autant qu'on cède à une nouvelle espèce de fatalisme, où le principe même de l'action politique vient se dissoudre. On oublie alors la série et la concaténation des décisions prises et reconduites au fil des ans : décisions institutionnelles, monétaires ou financières, choix d'ordonnancement et d'aménagement des territoires, alliances internationales. Et notamment celles qui ont contribué et contribuent encore à l'extension progressive du secteur marchand et d'où résultent les contraintes ou les impasses du temps. On sait d'expérience – la mémoire des peuples et les savoirs historiens sont ici convergents – qu'il existe *toujours* des marges de manœuvre et des alternatives. Et, complémentairement, qu'il n'existe pas de grand savoir, *a fortiori* de grand savant –, qui nous donnerait à tout coup l'indication de ce que nous devons faire ou être. Les savoirs scientifiques, par définition spécialisés et irréductibles à une théorisation unique, sont d'autant plus instructifs qu'on n'attend pas d'eux ce qu'ils ne sont pas en mesure de fournir. Pas davantage

---

38. Kant, *Théorie et pratique*, dans *Œuvres Philosophiques* III, « Bibliothèque de la Pléiade », Paris, Gallimard, p. 271.

39. Voir Montesquieu, *De l'esprit des lois*, Première partie, livre II, chap. ɪɪ : « comme la plupart des citoyens, qui ont assez de suffisance pour élire, n'en ont pas assez pour être élus; de même le peuple, qui a assez de capacités pour se faire rendre compte de la gestion des autres, n'est pas propre à gérer par lui-même ». En conséquence de quoi ceux qui sont guidés par l'esprit de la démocratie (Solon par exemple en tant que législateur d'Athènes) n'hésitent pas, dit Montesquieu, à instituer des classes, pour réserver aux meilleurs l'accès à certaines places et fonctions.

une écologie que l'on fantasmerait comme une espèce de science désormais englobante, et d'où pourraient se tirer, presque immédiatement, les règles et les valeurs d'une action protectrice ou transformatrice. L'écologie qui est une science, ou plutôt un ensemble des sciences, toujours en mouvement, gagne à ne pas être prise immédiatement pour une cause. L'une des conditions de possibilité de la place publique se trouve dans cette articulation, mais aussi dans cet écart assumé, entre l'ordre des savoirs spécialisés et celui des intérêts, des valeurs et des justifications pratiques[40]. Et si l'on différencie les éléments et les déterminations d'ordre factuel – ceux qui requièrent l'observation, la mesure et l'anticipation raisonnée – d'avec les décisions et les justifications pratiques, qui impliquent en dernière instance des principes et des choix débordant le champ de la seule connaissance objective, la signification proprement savante, et partant réflexive, de l'écologie se trouve

Le regard savant transforme la conscience elle-même

en quelque façon rehaussée : pour contenir la domination unilatérale d'une science économique éprise de la seule maximisation des valeurs ajoutées[41] ; pour contribuer à articuler des savoirs issus des sciences exactes avec ceux qui sont issus des sciences sociales ou des sciences humaines ; et finalement, pour que les délibérations et les décisions d'ordre pratique, sans s'assujettir à une aucune dogmatique, puissent bénéficier de connaissances venant utilement nourrir la réflexion. Comme le montrait déjà Aldo Leopold – qui pensait aussi à son propre trajet d'ingénieur forestier – le regard savant transforme la conscience elle-même, et l'ouvre sur de nouvelles modalités pratiques et même sensibles[42]. La définition même de l'économie, des pratiques et des valeurs qui lui sont associées, l'idée de *gestion* ou de *management* s'en trouvent profondément modifiées. Mais c'est aussi l'*alerte* qui peut alors se dire et se comprendre en deux sens : une simple hypothèse, relative à ce qui se passerait si l'on agissait de telle ou telle manière ; une position normative, relative aux fins ou aux moyens d'une action qu'on estime préférable, pour des raisons qu'on se trouve en capacité d'exposer, et de soumettre à la critique.

On doit au demeurant tenir compte aussi des ressorts proprement subjectifs de la capacité politique, comme à ceux de son possible rétrécissement. On se souvient que Rousseau réfléchissant au travail du « législateur » y repérait une partie plus délicate encore que les autres : celle qui tient à l'amour des lois, à l'émergence, autrement dit à la consolidation des modalités affectives de la chose publique : « [...] ni sur le marbre ni sur l'airain, mais dans le cœur des citoyens »[43]. La question vive est alors non seulement celle du corps politique et de sa « tendance à dégénérer », c'est aussi celle des capacités, des intérêts et même des désirs donnant réalité à la liberté civile. L'inertie des citoyens et la fabrique de leur « impouvoir » ne résultent pas seulement

40. Voir sur ce point A. Gorz : « L'écologie politique entre expertocratie et autolimitation », dans *Écologica, op. cit.*
41. Voir notamment A. Pottier, *Comment les économistes réchauffent la planète*, Paris, Seuil, 2016 ; E. Laurent, *Sortir de la croissance*, Paris, Les liens qui libèrent, 2019.
42. Voir notamment dans *Almanach d'un comté des sables*, Paris, Seuil, 2000, p. 278-282 : « Santé de la terre et ligne de partage A-B ».
43. Rousseau, *Du contrat social*, II, XII, dans *Œuvres complètes*, III, *op. cit.*, p. 394.

d'un empêchement ou d'une entrave despotique, induite par l'autoritarisme d'un gouvernement débordant. Elle procède aussi d'un délitement progressif et difficilement réversible de l'agir collectif, auquel contribuent sans doute, paradoxalement, certaines institutions de la démocratie. Si en effet la modernité démocratique repose en partie sur les systèmes de représentation, de délégation de responsabilité et de pouvoir, c'est aussi parce qu'elle s'entretient d'une certaine forme d'apathie, individuelle et collective, où l'ignorance et l'indifférence de ceux qui pourraient être activement des citoyens laissent le champ libre au pouvoir de l'administration d'État, au rôle des politiciens professionnels et à la légitimité de leur compétence supposée. Une telle apathie, plus ou moins développée par les circonstances et par un exercice affaibli de la politique, joue un rôle en quelque façon *implosif.* Et cela d'autant plus qu'on laisse la démocratie se réduire à la sélection électorale d'un gouvernement légitime, sans considération autre que rhétorique de ce qui pourrait constituer un intérêt général ou commun, sans instances et moments délibératifs permettant de la réfléchir et de l'élaborer. On retrouve ici aussi l'une des inquiétudes thématisées mais aussi d'une certaine manière durcie par Castoriadis. Comment comprendre que le potentiel de liberté et d'autonomie présent au sein de chaque société puisse être en quelque façon annulé, sans tenir compte aussi d'une donnée proprement anthropologique : « le type d'homme au jugement indépendant et concerné par les questions de portée générale, par les *res publicae*, est aujourd'hui remis en cause. Je ne dis pas qu'il a complètement disparu. Mais il est graduellement, et rapidement, remplacé par un autre type d'individu, centré sur la consommation et la jouissance, apathique devant les affaires générales, cynique dans son rapport à la politique, le plus souvent bêtement approbateur et conformiste [...] La démocratie est le régime de la réflexivité politique : où est la réflexivité de l'individu contemporain ? »[44]. L'expérience démocratique ne va pas sans cette constante bascule des contraires : privatisation et replis résignés, désarticulation des mœurs et des lois, moments plus dynamiques d'invention ou de réinvention des principes comme des pratiques, où de grandes continuités historiques – à commencer par le principe d'égalité et l'ouverture d'un espace public de délibération et de décision – s'articulent à des entraves persistantes : résurgence constante ou aggravations des inégalités, maintien ou reconstitution des élites gouvernantes, difficulté à partager élargir les cercles de la connaissance, de la délibération et de la décision. La démocratie ainsi considérée est incertaine, improbable même, et tout particulièrement le pouvoir du grand nombre, sa capacité d'organisation, de réflexion – *a fortiori* sa sagesse : comment concilier la lenteur de la délibération et l'urgence de la décision ?

Or justement : l'ampleur des destructions et des dangers écologiques, parce qu'elle manifeste assez nettement la défaillance de gouvernements électoralement légitimes – et plus généralement celle des États et des administrations théoriquement en charge de la sécurité publique – vient relancer au rebours d'une réduction électoraliste de la démocratie l'hypothèse d'une élaboration mieux partagée des politiques publiques, utilisant toutes les ressources d'un

■ 44. Castoriadis, « L'idée de révolution » dans *Le monde morcelé, op. cit.*, p. 168.

état de droit[45]. Et, avec elle, l'hypothèse du savoir-faire politique collectif, de son articulation à des pratiques et à des croyances porteuses d'une autre manière de vivre, dans l'horizon de ce qui pourrait constituer un intérêt proprement général. Comment et pourquoi se soumettre à une instance gouvernante qui n'est pas en capacité de garantir la sécurité, *a fortiori* la prospérité des générations présentes ou à venir – où l'on fait l'expérience d'une certaine forme de trahison fonctionnelle ? Comment se reconnaître dans des partis ou des mouvements politiques qui trahissent leurs promesses de changement et se font complices d'une alternance gouvernementale factice, sans véritable alternative ? C'est cette trahison même qui offre – et c'est sa face positive – une occasion de reprise et de réappropriation de la chose publique, de la part de ceux qui s'étaient peut-être résignés à l'habitude d'être gouvernés. Et cela, jusqu'aux frontières *d'une désobéissance civile d'intérêt public*, répondant aux défaillances comme aux violences gouvernementales ou étatiques. L'enjeu est bien alors celui de l'assujettissement, ou plutôt du « désasujettissement » de ceux qui ont longtemps et fidèlement joué le jeu légitimiste des institutions civiles et de leurs promesses de liberté, d'égalité et de prospérité.

La constitution ou la reconstitution d'un pouvoir collectif, à l'occasion de l'accentuation des crises écologiques réactualise assez précisément cette série d'interrogations et de difficultés. S'il n'y a pas en politique de sauveur suprême et si la démocratie est irréductible à ce moment électif dans lequel on demande aux citoyens de se convertir en simples votants et, ce faisant, de renoncer à la continuité de leur fonction gouvernante, c'est notamment du fait d'une capacité à délibérer, à décider, à évaluer, en commun. C'est cette capacité qui vient compenser l'absence d'un savoir et d'une décision de surplomb. Or celle-ci n'existe pas comme une donnée immédiate : c'est son exercice régulier qui permet de résister aussi bien à la confusion des opinions qu'à la tendance des gouvernements à imposer les décisions de manière autoritaire.

Mais l'hypothèse d'un élargissement délibératif se heurte frontalement à l'expérience de l'inégalité. Une politique exigeante, ou même contraignante, écologiquement parlant, court à l'échec si elle ne dispose pas d'une solide assise et même d'un élan populaires. Et comment en disposerait-elle si elle ne tient pas précisément compte de la situation et des effets produits par des inégalités sociales et territoriales de grande ampleur : les plus défavorisés et les plus dominés, y compris au sein de sociétés par ailleurs très riches, subissent la double peine de la pauvreté et des milieux de vie les plus dégradés. On rejoint ici l'idée qu'un régime politique n'est pas dissociable d'un régime social qui lui correspond, des institutions et des mœurs qui le caractérisent. Et cela jusque dans les représentations et même les rêves où se forge l'image que nous avons de nous-mêmes et de notre inscription dans le monde. Serait-on en démocratie, même partiellement, sans une égalité

45. Soit par exemple : l'ester en justice d'un maire, déposant plainte devant le Conseil d'État pour « non-respect [par l'État] de ses engagements climatiques » ; ou l'arrêté pris par un autre, interdisant l'usage de pesticides près des habitations – plainte ou arrêté non validées par la justice administrative, mais politiquement significatifs. On pense aussi à l'ensemble des actions en justice conduites par des associations telles France Nature Environnement – voir ici : https ://www.fne.asso.fr/, « Actions en justice ».

au moins entrevue des conditions et des manières de vivre : l'accès de tous, garanti par la loi, aux biens, aux fonctions et aux libertés que l'on tient pour essentiels ; l'effacement de certains niveaux ou barrières tant symboliques que réels ; la communauté d'une appartenance qui permet à tout un chacun de se faire connaître et reconnaître comme un semblable, et que l'ampleur des différences individuelles et l'écart des positions sociales ne suffisent pas à dissoudre. Or justement : lorsque ces éléments viennent à manquer, ou lorsque l'écart se fait trop important entre le droit supposément égal et des conditions de vie par trop inégales, le ressort se brise de ce qui pourrait faire contrat social et contribuer à la constitution d'une cause proprement commune. Les conditions tant objectives que subjectives d'un engagement collectif font alors défaut : « lorsqu'on a des pauvres à secourir, il est déjà trop tard ».

À l'entrave de l'inégalité vient s'ajouter cette question qu'on disait plus haut, avec Rousseau, être aussi celle du cœur. Les dangers écologiques ne sont sans doute pas exactement de même nature que les dangers guerriers. Lors même qu'on n'a pas souffert de ces derniers dans son propre corps, on sait, par transmission collective, que d'autres y ont laissé leur peau ou, quand ils ont survécu, une part décisive de leur santé et de leur joie de vivre. La dégradation ou la destruction des habitats paraissent-elles encore réversibles, trop éloignées ou trop circonscrites, ou au contraire trop diffuses, insuffisamment visibles ou sensibles, ou inscrites dans des causalités trop complexes pour être précisément perceptibles et pour susciter l'inquiétude ou même l'effroi de la responsabilité ? Les couches les plus favorisées de l'humanité continuent de bénéficier des protections de la vie urbaine : l'alimentation abondante, les services de santé, les institutions d'éducation et de culture – sans oublier les climatiseurs – les tiennent aujourd'hui encore à l'abri du besoin et de la souffrance. S'il faut se tenir au bord de la catastrophe pour consentir enfin aux conventions et aux régulations « pathologiquement extorquées »[46] et se donner les moyens institutionnels et légaux de contenir la part la plus destructive de l'humanité : quand cela adviendra-t-il ? Faudra-t-il que chacun d'entre nous soit touché dans son propre corps par la série des pollutions, des sécheresses, des tempêtes, des inondations pluviales ou marines, des incendies ?

Rien non plus ne semble acquis à ce niveau, où la possibilité incertaine des prises de conscience se mêle à celle des prises de responsabilité. Qui veut ou voudra vraiment – avec les conséquences pratiques qu'une telle volonté implique – un changement substantiel des politiques publiques en matière d'écologie, associé à des règles ou des normes mieux ajustées ? Qui est ou sera prêt à s'y engager avec détermination, c'est-à-dire aussi à en payer le prix – s'agissant par exemple de la réduction ou de la réorientation des consommations et des usages, ou de la reconstitution de véritables biens communs ? Quelle idée se fait-on de la communauté politique, des relations qu'elle entretient avec les milieux et les formes de vie d'où elle tire sa propre possibilité ?

■ 46. Cette formule est empruntée à Kant : *Idée d'une histoire universelle d'un point de vue cosmopolitique*, « Proposition IV », dans *Œuvres Philosophiques*, II, *op. cit.*, p. 192.

Et s'il est une question qui appelle ou appellerait réflexivité, et réflexivité proprement démocratique, c'est bien celle de la détermination même du peuple et des règles de sa constitution : qui appartient, ou n'appartient pas, au « nous » démocratique ? À qui ou à quoi reconnaît-on des droits, et lesquels ? À l'égard de qui ou de quoi se reconnaît-on des obligations, et de quelle nature ? Ces questions concernent à l'évidence les étrangers, que l'on accueille si difficilement et que le durcissement des frontières conduit bien souvent à la mort. À l'évidence aussi, le grand nombre de ceux que les formes instituées de la citoyenneté ne parviennent pas à intégrer, qui sont et qui restent comme des apatrides ou des exilés de l'intérieur. Mais elles concernent aussi ce « non peuple » des autres-que-les-hommes : les choses et les êtres qui ne sont pas des sujets, qui n'ont pas « droit de cité » et dont nous faisons si volontiers nos « ressources ».

Que des milieux certes habités, utilisés et d'une certaine manière usés par les hommes mais irréductibles à leurs seuls artifices – les pays et les paysages, au sens très large de ce terme – puissent tout à la fois nous intéresser et nous obliger, c'est loin d'aller de soi pour ceux qui sont habitués, et très légitimement, à la considération et à la revendication d'égalité juridique et morale des personnes – lorsque leur vie, leur liberté et leurs biens, sont rapportés aux seuls droits naturels et imprescriptibles de « l'homme et du citoyen ». La difficulté ne résulte pas seulement de l'imperfection ou, comme on dit parfois, du « déficit démocratique ». Elle procède de la poussée démocratique elle-même, et cela pour des raisons historiquement bien compréhensibles : la résistance à l'oppression et à la domination hors de son ordre, la conquête progressive des droits de l'homme et du citoyen – sans oublier celui des femmes –, l'affirmation du droit des peuples à disposer d'eux-mêmes, ne se sont pas immédiatement joints au souci d'une préservation des écosystèmes, pas davantage à la considération et au respect pour ce qu'on aura repoussé du côté de la nature, ou des « états de nature ». La question écologique et la question démocratique ne vont pas si bien ensemble, dans ce qui constituerait une espèce d'harmonie préétablie.

De qui ou de quoi sommes-nous, ensemble, les gardiens ? Cette question est d'intérêt et de principe ; de valeurs aussi si l'on considère les choix et les engagements pratiques où celles-ci se réalisent. Elle implique chacun en son âme et conscience relativement à l'idée plus ou moins réfléchie et assumée qu'il se fait du bien. Elle se tient aussi dans la définition même ou dans la contestation collective des règles de justice, et dans la série des expériences et des pratiques par lesquelles nous nous rendons sensibles – ou indifférents – à ce qu'elles signifient concrètement. Les ressorts d'une certaine indifférence démocratique aux questions écologiques, autrement dit d'une réflexivité et d'une sensibilité restreintes, se tiennent eux aussi à ce niveau.

Balthazar Clamoux

LES INTROUVABLES
DES CAHIERS

JACK GOODY, LE COMPARATISME ET LE VOL DE LA DÉMOCRATIE

Frédéric Fruteau de Laclos

Les penseurs occidentaux du politique affirment volontiers que la démocratie a été inventée par la Grèce antique et redécouverte par l'Europe moderne. Mais cette conception ne participe-t-elle pas d'un vol de l'histoire dont l'Occident se serait rendu coupable en imposant le récit de son passé au reste du monde ? Telle est la thèse forte défendue par l'anthropologue britannique Jack Goody. Il y a insisté dans des développements consacrés à l'individualisme, dont la démocratie représente « l'aspect politique » : l'individualisme n'est pas une invention exclusivement européenne ; en d'autres lieux et à d'autres époques, les hommes se sont pensés comme des individus.

O n peut distinguer quatre séquences dans le parcours du grand anthropologue britannique Jack Goody (1919-2015) : il s'est intéressé à l'écriture et à l'oralité ; mais aussi à la famille et à la parenté ; ensuite à la cuisine et aux fleurs ; enfin, il s'est attaché à dénoncer l'eurocentrisme et le « vol de l'histoire » dont les Occidentaux se sont rendus coupables à l'égard du reste du monde[1].

Au premier moment appartient notamment *The Domestication of the Savage Mind*, traduit en français en 1979 sous le titre *La raison graphique* dans la collection « Le sens commun » de Pierre Bourdieu[2]. Le titre original avait le mérite de souligner que Goody n'avait rien d'un laudateur des prouesses rendues possibles dans la rationalité occidentale par le développement de l'écriture. Au contraire, il se posait d'emblée en comparatiste sensible à la pensée des autres, rétif aux tentatives ou aux tentations de domestiquer celle-ci en la fixant par l'écrit. Il avait lui-même rapporté comment, prisonnier en Italie pendant la Seconde Guerre mondiale, il était parvenu à s'évader et avait

---

1. Nous suivrons ici la périodisation proposée par Martine Segalen dans le très bel hommage qu'elle a rendu à son collègue (M. Segalen, « Hommage à Jack Goody. Une anthropologie totale. De l'Afrique à l'histoire-monde », *Ethnologie française* 161, 2016/1, p. 5-12).

2. Cambridge, Cambridge University Press, 1977, trad. fr. J. Bazin et A. Benza, Paris, Minuit, 1979.

été recueilli par des paysans analphabètes des Abruzzes. Le contact du jeune « cambridgien » avec des sociétés sans écriture devait durablement le marquer[3].

En s'engageant dans l'étude de la parenté, avec *L'évolution de la famille et du mariage en Europe*[4], Goody marquait ses distances à l'égard d'un structuralisme de surplomb par son souci constant de rapporter les systèmes de parenté à la sphère matérielle de la production. L'attention au contexte socio-historique qui se manifestait à cette occasion témoignait d'un « hyperempirisme » méthodologique et, si l'on osait un mot de philosophe pour caractériser l'approche d'un penseur amoureux du concret, d'un parti pris nominaliste[5]. Goody distinguait clairement les situations en Afrique, en Europe et en Asie, vers laquelle il orientait alors ses recherches.

Les ouvrages sur la cuisine et sur les fleurs se présentent explicitement comme des études de « sociologie comparative » : tel est le sous-titre de *Cuisines, cuisine et classes*[6]. Pourquoi, se demande Goody, la cuisine du quotidien et la grande gastronomie ne diffèrent-elles pas entre elles en Afrique comme c'est le cas sur d'autres continents ? Pourquoi, en Afrique, n'a-t-on pas cultivé les fleurs comme on l'a fait ailleurs ?

Mais c'est dans le quatrième et dernier moment de son œuvre que Goody donne à ses tendances comparatistes leur plein épanouissement anthropologique et politique – on serait tenté de dire « cosmopolitique » –, en une contestation à la fois frontale et de grande ampleur de la thèse du « grand partage » entre Nous et les Autres. *Le vol de l'histoire. Comment l'Europe a imposé le récit de son passé au reste du monde*[7] eut un retentissement particulier. Il avait été précédé et préparé par *L'Orient en Occident*[8], il fut suivi et prolongé par une série d'ouvrages dont certains seulement ont été traduits en français. *The Eurasian Miracle*[9] est de ceux-là, avec *Renaissances. The One or the Many?* et *Metals, Culture and Capitalism. An Essay on the Origins of the Modern World*[10].

Dès qu'on entre dans le détail socio-historique des pratiques et des représentations, on se rend compte que la « civilisation », le « capitalisme » ou la « démocratie » ne sont pas l'apanage de l'Ouest. C'est pourtant ce que l'Europe s'est employée à faire accroire aux peuples qu'elle s'est soumis par les armes, au terme d'une histoire courte de quelques centaines d'années qui lui a permis de conquérir sur les Autres une légère avance technologique. Il

---

3. J. Goody, *Au-delà des murs*, traduit du manuscrit anglais par M. Kennedy, avec la collab. de G. Seimandi ; postface et entretien D. Albera, Marseille, MMSH, Éditions Parenthèses, 2004. Jean-Marie Privat a commenté cet événement et son retentissement intellectuel chez le jeune Goody (J.-M. Privat, « In memoriam. Pr. Jack Goody (1919-2015) », *Revue française de pédagogie* 190, 2015, p. 115-119).

4. Cambridge, Cambridge University Press, 1983, trad. fr. M. Blinoff, Paris, Armand Colin, 1985, 2ᵉ éd. 2012.

5. Au même moment, Bourdieu allait chercher dans l'« hyperempirisme » de l'ethnologue français Marcel Maget les moyens d'échapper à l'abstraction lévi-straussienne (P. Bourdieu, *Le bal des célibataires. Crise de la société paysanne en Béarn*, Paris Seuil, 2002, p. 10). Maget soutint son doctorat sous la direction du philosophe nominaliste Maxime Chastaing (M. Maget, *Le pain anniversaire à Villard d'Arène en Oisans*, Paris, Éd. des Archives contemporaines, 1989).

6. Cambridge, Cambridge University Press, 1982, trad. fr. J. Bouniort, Paris, Centre Georges Pompidou, 1984 ; voir également *La culture des fleurs*, Cambridge, Cambridge University Press, 1993, trad. fr. P.-A. Fabre, Paris, Seuil, 1994.

7. Cambridge, Cambridge University Press, 2006, trad. fr. F. Durand-Bogaert, Paris, Gallimard, 2010.

8. Cambridge, Cambridge University Press, 1996, trad. fr. P.-A. Fabre, Paris, Minuit, 1999.

9. Cambridge, Polity Press, 2010.

10. Cambridge, Cambridge University Press, respectivement 2010 et 2012.

faut déconstruire la téléologie implicite du discours occidental, qui conduit à prétendre que, si l'Occident l'a emporté, c'est qu'il *devait* l'emporter ; et que, s'il devait l'emporter, c'est que les *germes* de sa supériorité historique l'animaient dès le départ. Il est trop facile d'affirmer que l'esprit du capitalisme découle de l'éthique protestante seulement ; que la civilisation et la démocratie singularisent en droit et par essence l'Athènes classique par rapport à la barbarie des non-Grecs et au despotisme prévalant dans d'autres civilisations. L'anthropologue doit tout remettre à plat, en recontextualisant aussi bien nos « inventions » que le supposé retard des autres. Les Grecs eurent, par moments, leurs tyrans, et la « Renaissance » qui relança en Europe le « miracle grec » mérite d'être à la fois complexifiée et pluralisée : il y eut sans doute *des* Renaissances et, si l'on tient à parler de miracle, il faudra l'étendre à toute l'Eurasie et parler de « miracle eurasien ».

L'individualisme a fait, tout autant que la démocratie, l'objet d'un vol. La démocratie représente l'« aspect politique » de l'individualisme. Or les Européens pensent avoir été démocrates parce qu'ils auraient eu seuls une claire conscience de leur individualité. Mais confronté à toutes les réalisations et à toutes les idéations dont se prévaut l'Europe, le comparatiste aura à cœur de déployer le double mouvement d'une « symétrisation »[11]. D'une part, il montrera qu'il n'y a pas d'évidence à l'avènement européen de l'individualisme et de son expression politique, la démocratie. D'autre part, il soulignera qu'il n'existe pas d'impossibilité de principe à ce que se déploient ailleurs des formes psycho-sociales de l'individualité et, corrélativement, des formes démocratiques du politique. De fait, au Japon, dont on prétend souvent qu'il ne fait aucune place à l'individu – qu'il s'agisse des personnes vivantes et agissantes ou du concept même d'individualité – se sont manifestées des formes singulières d'individualisme, par exemple dans l'éthique de l'honneur des samouraïs[12].

Goody ne soutient pas à proprement parler de thèse sur l'individualisme, pas plus que sur la démocratie. Il n'est pas philosophe mais anthropologue, et il s'emploie à montrer qu'on rencontre des individus partout, en Europe comme dans le reste du monde, et qu'à bien y regarder il y a des moments en Europe où l'on n'a pas vraiment su promouvoir le concept d'individualité. Il en va de même de la démocratie, régime politique qui offre la possibilité aux individus de s'exprimer librement. Ce n'est pas là une définition de Goody lui-même, d'un Goody philosophe qui nous livrerait sa conception de la démocratie. C'est l'idée que les gens en Europe se font de la démocratie. On dira qu'une telle définition est banale et très répandue, philosophiquement peu originale. Mais c'est précisément la raison pour laquelle l'anthropologue Goody la reprend : partant de la conception de la démocratie communément partagée en Occident, il souligne que le reste du monde a toujours dû tenir

■ 11. C'est le terme employé par des sociologues des sciences inspirés de l'anthropologie sociale britannique. Voir D. Bloor, *Socio-logie de logique. Les limites de l'épistémologie*, trad. fr. D. Ebnöther, Paris, Pandore, 1983. Bloor se réclame d'E. E. Evans-Pritchard et de M. Douglas.
■ 12. Pour une récente mise au point, initiée en France par un spécialiste du Japon, voir E. Lozerand (éd.), *Drôles d'individus. De la singularité individuelle dans le Reste-du-monde*, Paris, Klincksieck, 2014. Pour une déconstruction sociologique des motifs non-scientifiques de l'identification par Louis Dumont de l'« individualisme » occidental et du « holisme » indien, voir R. Lardinois, *L'invention de l'Inde. Entre ésotérisme et science*, Paris, CNRS éditions, 2007.

compte du point de vue des individus, démocratie ou pas, qu'aussi bien le reste du monde a eu accès au concept de démocratie et a expérimenté des formes de vie politique démocratiques, enfin, symétriquement, que nous-mêmes n'avons pas toujours été démocrates, ou que si nous l'avons été ou si nous le sommes, c'est sous une forme très particulière, dont on peut se demander parfois si elle correspond bien, pratiquement, à ce que devrait être à nos propres yeux la démocratie. Dans la section sobrement titrée « La démocratie » du *Vol de l'histoire*, Goody, moyennant force détails puisés dans des contextes (pays et époques) très divers, en vient ainsi à se demander si nous, Occidentaux, défendons toujours sous le nom de « démocratie » les meilleures procédures de consultation et de représentation du peuple qui soient[13].

Dans un article publié en français en même temps que la version anglaise du *Vol de l'histoire* et qui reprend certains de ses développements, il répond à des critiques qui ont « contesté » sa « description » de la démocratie : on lui reproche de faire de la démocratie une « forme de culture » lorsqu'il en parle comme d'une « forme de représentation » du peuple. La critique est habile, et pour tout dire retorse : au fond, qu'attendre de l'anthropologue confronté au politique, sinon qu'il culturalise, c'est-à-dire anthropologise à outrance, le problème de la forme du gouvernement politique ? Mais un tel reproche n'atteint pas Goody : il n'est pas question pour lui d'étendre hors du domaine du politique les caractéristiques propres à la démocratie occidentale pour en faire un ingrédient de la culture européenne. Comme il le souligne en répondant à ses critiques, « même là où les pratiques électorales sont utilisées dans la sphère politique, elles ont rarement cours dans d'autres domaines, par exemple dans celui de l'emploi ou de la famille »[14]. Autrement dit, quand Goody décrit la démocratie comme la pratique européenne qui consiste à donner son opinion politique par le biais d'élections régulières, dont les échéances sont arbitrairement fixées, il a beau décrire une conception typiquement *occidentale* du politique, il n'entend pas en faire un trait politique de la *culture* occidentale en général. Il lui est en revanche possible de relever – et de déplorer – que cette définition occidentale du politique soit projetée dans d'autres contextes que le contexte européen, comme si elle pouvait valoir absolument, au mépris des pratiques et des conceptions du politique promues dans d'autres cultures.

On cherchera donc en vain une théorie « goodienne » de la démocratie. Goody procède à l'analyse d'une multiplicité de cas qui fait irrésistiblement penser à une mise en balance pyrrhonienne. La symétrisation est au fond une opération sceptique : tantôt, du côté oriental, l'anthropologue exhibe des cas de démocratie, tantôt, du côté occidental, il souligne la difficulté à parler de démocratie dans de nombreux cas. Les Autres sont plus démocrates qu'on ne le pense et qu'on ne le dit ; nous-mêmes, nous ne le sommes jamais autant que nous nous le figurons. Un coup à droite (à l'est), un coup à gauche (à l'ouest), et l'équilibre est rétabli, le vol de l'histoire est réparé, au moins théoriquement.

■ 13. J. Goody, *Le vol de l'histoire*, op. cit., p. 449-465.
■ 14. *Id.*, « Démocratie, valeurs et modes de représentation », *Diogène* 206, 2004/2, n. 3, p. 12.

Une parenté troublante, un parallélisme dans l'évolution intellectuelle, se révèle avec le parcours de l'helléniste Marcel Detienne. Parti d'une contestation, inspirée de Goody, du logocentrisme de la science occidentale des mythes, Detienne en est venu à s'interroger avec des chercheurs venus de tous les horizons sur la portée de la transcription écrite des mythologies, avant de relativiser l'exceptionnalité du rapport européen à la démocratie et d'en appeler à un comparatisme expérimental fondé sur l'entre-fécondation des disciplines[15]. On pourra juger que l'érudition de Goody est d'une autre solidité, et son argumentation autrement plus sérieuse, que ne le sont les derniers développements, polémiques, de Detienne[16]. Il n'empêche que, jusqu'au cœur de la controverse, Detienne parvient à mettre au jour les assises d'une anthropologie historique et comparée dont la réactivation pourrait apporter de l'eau méthodologique au moulin de la pratique comparatiste de Goody.

Frédéric Fruteau de Laclos
Université Paris 1 Panthéon-Sorbonne

■ 15. Voir M. Detienne, *L'invention de la mythologie*, Paris, Gallimard, 1981, en particulier p. 75-82, 232, 241-242 ; *id.* (éd.), *Transcrire les mythologies. Tradition, écriture, historicité*, Paris, A. Michel, 1994 ; *id.* (éd.), *Qui veut prendre la parole ?*, Paris, Seuil, 2003 ; id., *Comparer l'incomparable. Oser expérimenter et construire*, Paris, Seuil, 2009, p. 138 pour une allusion à Goody.
■ 16. E. Anheim et B. Grévin, « "Choc ces civilisations" ou choc des disciplines ? Les sciences sociales et le comparatisme », *Revue d'histoire moderne et contemporaine*, 2002/5, N°49-4bis, p. 122-146.

L'INDIVIDUALISME [17]

Jack Goody

L'autre thème majeur, fortement associé au premier [18], est l'avènement de l'individualisme. L'Ouest s'est approprié l'individualisme (essentiellement vu comme un attribut masculin) comme un concept censé expliquer l'esprit d'entreprise et la modernisation de l'Europe de l'Ouest et de l'Amérique, où il est une qualité typique de l'aventurier mâle qui s'en va vivre sur la frontière mouvante. L'argument a été accepté par de nombreux historiens et sociologues en relation avec l'émergence de cette qualité en Europe à l'époque de la Réforme. La thèse porte le sceau d'intellectuels tels que les sociologues du XIXe siècle Spencer et Durkheim, mais elle entre également en résonance avec des conceptions populaires du passé. Dans leurs livres sur l'Angleterre des Tudor, les historiens Thomas et Macfarlane ont tous deux vu un lien entre l'émergence de l'individualisme économique au XVIe siècle et les attitudes envers la magie et la sorcellerie [19]. Le problème avec cet argument n'est pas qu'il est complètement faux – nous avons bien raison de penser que [28] d'importants changements s'opérèrent à cette époque – mais que le concept est inadéquat pour traiter de ces changements. La résolution du problème par Macfarlane consiste à chercher les origines de l'individualisme dans une période antérieure de l'histoire anglaise. L'« individualisme » a été découvert à des périodes antérieures, non seulement en Angleterre mais dans l'Europe de l'Ouest considérée dans son ensemble. Une partie de l'intérêt de l'historien de la religion John Bossy est liée à sa vision selon laquelle la théorie du mariage comme sacrement promue par l'Église catholique apporta des « implications individualistes » qui ont été mises en valeur par le droit canon depuis environ 1300 [20]. L'historien Sheehan [21] insiste également sur les implications individualistes de la théorie consensuelle du mariage adoptée par Alexandre III et Innocent III, et développée par les spécialistes du droit canon et les théologiens entre le XIIe et le XIVe siècles. L'individualisme ne fut pas, par conséquent, une invention de la Réforme. Néanmoins, Weber a été d'avis qu'il a été encouragé par le protestantisme calviniste. Cette branche du protestantisme se caractérisa par un individualisme religieux découlant de la conviction selon laquelle un croyant n'a pas besoin d'intermédiaires spirituels

■ 17. Nous remercions Juliet Mitchell et Polity Press pour nous avoir autorisé à traduire et publier les pages qui suivent, tirées de l'introduction à *The Eurasian Miracle* (Cambridge, Polity Press, 2010, « L'individualisme », p. 27-32), ainsi que Martine Segalen pour nous avoir permis d'entrer en contact avec eux.

■ 18. [*Note de l'éditeur :* Il s'agit de la parenté, qui a fait l'objet des paragraphes précédents, au sein d'un chapitre (le chapitre 3) qui a pour titre « Aspects domestiques du "miracle" » (J. Goody, *The Eurasian Miracle*, Cambridge, Polity Press, 2010, p. 20-40). Nous indiquons la pagination originale entre crochets dans le texte même.]

■ 19. J. Bossy, « Blood and baptism : kinship, community and Christianity in Western Europ from the fourteenth to the seventeenth centuries », *in* D. Baker (ed.), *Sanctity and Secularity : The Church and the World*, Cambridge, Cambridge University Press, 1973, p. 130 ; K. Thomas, *Religion and the Decline of Magic*, London, Weidenfeld & Nicolson, 1971 ; A. Marfarlane, *The Origins of English Individualism*, Oxford, Blackwell, 1978.

■ 20. J. Bossy, « Blood and baptism… », art. cit., p. 131.

■ 21. M. N. Sheehan, « The formation and stability of marriage in fourteenth-century England : the evidence of an Ely Register », *Medieval Studies* 33, 1971, p. 229.

avec Dieu (comme c'est le cas dans le catholicisme), et c'est la raison pour laquelle de telles personnes étaient en possession d'un arrière-plan mental marqué par une accentuation de la confiance en soi et de l'autonomie. Leur confiance dans la conscience, estima Weber, favorisa les individus qui prenaient des risques.

Ce rapport de l'individualisme avec l'Europe tardive et l'Amérique a été défendu par de nombreux historiens occidentaux, à vrai dire par la plupart d'entre eux. Mais l'individualisme est, au mieux, très difficile à définir à des fins analytiques et son rôle diffère dans des contextes différents. Il a des facettes politico-légales, économiques, familiales et même religieuses. L'aspect politique est associé à la notion de démocratie par opposition au despotisme oriental, aux empires et à l'autoritarisme ; d'un point de vue chronologique, il remonte aux cités-États de la Grèce ancienne (bien qu'elles aient eu à l'occasion des tyrans et en permanence des esclaves). Autoriser les gens à voter ou à être consultés par d'autres voies put être considéré comme plus individualiste. Cela permit aux individus d'exprimer leurs opinions personnelles et pas simplement d'accepter des formes autoritaires de gouvernement. Mais il y eut des consultations ailleurs, la démocratie ne fleurit pas seulement en Europe, et là elle ne fleurit pas avant au moins le XVIIIᵉ [29] siècle. Aucune tradition de démocratie politique n'y fut établie de manière permanente après l'Antiquité, à part dans les esprits et les écrits des savants de l'Europe tardive (et peut-être parmi les pirates, les rebelles et les groupes marginaux du même ordre). Bien sûr, les opinions des gens furent prises en compte, mais il a bien fallu que ce soit le cas dans la plupart des régimes.

L'« individualisme » économique, l'entreprenariat, est une caractéristique propre aux marchands partout, pas seulement un héritage occidental incarné par Robinson Crusoé ; il caractérise la recherche des métaux qui a suivi l'Âge de Bronze, l'échange des biens avec des étrangers et de nombreuses autres transactions réalisées à une échelle mondiale. L'individualisme, spécialement quand il est appliqué à l'Europe, est souvent associé à la « rationalité » et à la capacité à élaborer le meilleur plan d'action (dont on pense que la collectivité lui est nuisible). En même temps que la capacité d'innovation et d'exploration, elles sont vues par les savants européens comme des attributs de leurs propres sociétés dans leur effort pour expliquer les origines du « capitalisme » à l'Ouest. Mais la rationalité est tout aussi difficile à définir systématiquement que l'individualité, et dans tous les cas se rencontre encore dans certains contextes de toutes les sociétés, comme c'est le cas pour l'individualisme.

Eu égard à la famille, la notion d'individualisme est rattachée à celle des foyers nucléaires ou petits par opposition aux « familles étendues » ou même aux clans et aux lignages. Elle est liée à la famille occidentale supposément unique et trouve son origine, selon certains, chez les Indo-Européens anciens. Elle est associée par Mann et d'autres avec l'agriculture pluviale (plutôt qu'avec l'agriculture d'irrigation), les forêts et le peuplement dispersé, à des facteurs géographiques au long cours qui menèrent à leur tour à l'élaboration de la propriété privée et du capitalisme.

Ces arguments concernant la relation de la famille, de l'individualisme et de la rationalité au développement, dans la sphère économique comme dans la sphère démographique, ont été développés dans le Grand Débat, mené par de nombreux historiens, savants de sciences sociales et démographes européens, poursuivi même par quelques-uns en Asie quand leur préoccupation a été de savoir pourquoi l'Ouest avait mené à bien la modernisation, le capitalisme, l'industrialisation, et pourquoi cela n'avait pas été le cas de l'Est (du moins, pas au même moment). Les [30] aspects démographiques de cette préoccupation et ses implications pour l'histoire de la famille sont souvent formulés en termes malthusiens, notamment en ce qui concerne le contraste entre l'Europe et la Chine. Bien sûr, l'idée que l'Europe a été plus individualiste n'a pas été propre à Malthus et aux démographes. Comme nous l'avons remarqué, en Amérique elle fut associée à « la frontière » (comme si là seulement la limite était attirante). À un niveau historique plus large, elle a été très tôt trouvée dans la Grèce « démocratique » et ses successeurs, par opposition à l'Orient arbitraire ou « despotique », ou en termes écologiques dans l'agriculture paysanne pluviale de l'Ouest par opposition au contrôle de l'irrigation requis par l'Est aride. Les systèmes occidentaux furent plus tard liés au féodalisme décentralisé dans lequel la propriété seigneuriale évoluait vers la propriété privée complète, en opposition à quoi, du point de vue de Weber et de beaucoup d'autres, en Orient le monarque conservait la propriété entre ses mains.

Tel est l'argument développé par Mann dans son livre *The Sources of Social Power* [*Les sources du pouvoir social*] [22], qui suit la trace de l'individualisme européen en repartant du paysan européen de l'Âge de Fer. Ces Indo-Européens avaient bénéficié de l'enseignement des civilisations du Proche-Orient et du monde classique, mais ne furent pas entravés par les mêmes obstacles. L'individualisme est aussi associé, comme chez l'anthropologue Louis Dumont, au christianisme ; cette religion, affirme-t-il (en suivant Weber), a promu une « conduite individuelle éthique ». Selon lui, ces facteurs encouragèrent particulièrement en Europe l'émergence du capitalisme. Le même thème est également central dans l'argument plus écologique d'Eric Jones, auteur de *The European Miracle* [*Le miracle européen*] [23], selon lequel l'agriculture extensive dans l'Europe ancienne, avec des exploitations dispersées (et des familles nucléaires), produisit « le style de vie hautement consommateur en énergie, clos sur lui-même, et les performances *individualistes* des tribus germaines et celtiques » [24]. Il en résulte que les Européens seuls savent comment conserver les dons de leur environnement et ne pas les gaspiller « dans un développement déraisonnable du style de vie commun », comme

22. M. Mann, *The Sources of Social Power*, vol. II : *A History of Power from the Beginning to A. D. 1760*, Cambridge, Cambridge University Press, 1986.

23. E. L. Jones, *The European Miracle : Environments, Economics, and Geopolitics*, Cambridge, Cambridge University Press, 1981.

24. *Ibid.*, p. 13, je souligne. Mais, bien sûr, ces formes extensives d'agriculture furent découvertes dans bien d'autres parties du monde et on peut grandement douter que les acteurs puissent raisonnablement être dits plus « individualistes », en quelque sens global que ce soit, que les gens soumis à une division du travail plus poussée (à la vérité, l'argument de Durkheim à propos de la solidarité mécanique et de la solidarité organique pourrait suggérer le contraire).

les Chinois de Malthus[25]. Cette capacité se développa avec leur pratique, non de l'irrigation, mais d'un type d'agriculture plus simple.

Ces dernières années, quelques savants non-Européens ont lourdement critiqué de telles idées sur le développement, en mettant [31] au jour des « germes de capitalisme », et par suite de l'individualisme et de l'esprit d'entreprise, dans leurs propres sociétés ; mais ils ont mis du temps à exercer leur influence sur les études sur la famille et la démographie en Europe. Dans le contexte européen, un des critiques les plus tranchants a été le géographe américain J. M. Blaut, qui affirme que la thèse selon laquelle l'individualisme, spécialement en ce qui concerne les droits de propriété, doit sa conception à Rome et à l'ancienne Germanie, et que de telles idées étaient absentes des cultures non-européennes, était erronée mais cohérente avec l'affirmation colonialiste d'une absence de droits de propriété chez les peuples conquis (le mythe colonial du vide) de telle façon que leurs terres pouvaient se voir imposer la loi de propriété occidentale, ouvrant la voie à la modernisation, à l'aliénation, au développement[26].

Même Marx a repris cette idée, qu'il voit liée à celle du despotisme oriental (marqué par l'absence de liberté qui accompagna l'occidentalisation). L'idée fut également centrale dans le travail de Weber. Cette thèse a été récemment critiquée par une historienne japonaise des samouraïs, qui déclare que, dans la période la plus tardive (Tokagawa),

> la présence d'un sens évident de l'individualité résistante a émergé dans les expressions de l'auto-affirmation combinée avec la dignité et la fierté. Un sens de l'individualité est profondément associé à la capacité d'être courageux et de délibérer, qui sont nécessaires pour initier le changement... Ce sens profond de l'identité pouvait, à condition d'être correctement associé à une visée sociale appropriée, être mobilisé afin de produire une initiative pour le changement social[27].

Comparant l'analyse weberienne de l'éthique protestante à sa propre étude de la culture samouraï, Ikegami conclut que « à partir d'une matrice culturelle complètement différente les samouraïs japonais ont *également* élaboré une société qui a été propice au contrôle de soi et à la concentration sur des fins à long terme, tout autant qu'une attitude individualiste qui encourage la prise de risque »[28]. L'Europe une fois de plus n'eut pas de monopole.

Une telle association de l'individualisme avec l'Est met à mal les vues des Occidentaux sur le caractère exceptionnel de leurs cultures, [32] lesquels Occidentaux considèrent souvent la conformité comme la caractéristique dominante des sociétés orientales. Il est généralement vrai que les gens voient dans la conformité aux normes la marque des « autres », tandis que nous sommes nous-mêmes mus par des critères rationnels, individualistes.

■ 25. *Ibid.*, p. 3.
■ 26. J. M. Blaut, *The Colonizer's Model of the World : Geographical Diffusionism and Eurocentric History*, London, Guildford Press, 1993, p. 25. [Note de l'éditeur : Cet ouvrage a été traduit en français sous le titre *Le modèle des colonisateurs du monde : diffusionnisme géographique et histoire eurocentrique*, trad. fr. P. Verdrager, Créteil, Les Presses de Calisto, 2018.]
■ 27. E. Ikegami, *The Taming of the Samurai : Honorific Individuals and the Making of Modern Japan*, Cambridge (Mass.), Harvard University Press, 1995, p. 330.
■ 28. *Ibid.*, p. 331, je souligne.

L'auteure de cette étude, Ikegami, quant à elle, insiste sur le fait que dans l'histoire japonaise une contre-culture « soutient des actions et des expressions individualistes »[29] ; ce qu'elle appelle l'« individualisme honorifique » se rencontre fréquemment chez des individus « qui osent prendre des initiatives en faveur du changement tout en prenant des risques personnels et sociaux significatifs ». Cet « individualisme honorifique » émerge « comme une forme d'"individualisme possessif", une conviction à propos du soi qui se développa au sein des élites foncières, qui requit un sens ferme de la possession de soi parallèlement à leur fierté dans la possession de la terre »[30], rappelant ainsi l'association des philosophies politiques de l'individualisme du XVIIe siècle avec la propriété foncière ; le mode de propriété des biens était lié au mode de compréhension de soi.

Jack Goody
Traduit de l'anglais par Frédéric Fruteau de Laclos

29. *Ibid.*, p. 350.
30. E. Ikegami, *The Taming of the Samurai, op. cit.*, p. 352.

SITUATIONS

LA DÉPRESSION DÉMOCRATIQUE
Entretien avec Hélé Béji[1]

Hélé Béji est écrivain. Agrégée de lettres modernes, elle a enseigné la littérature à l'Université de Tunis avant de travailler à l'Unesco en tant que fonctionnaire internationale. En 1998, elle fonde le Collège international de Tunis, société littéraire où des penseurs tunisiens et étrangers viennent s'exprimer sur la culture et la politique contemporaines. Elle est l'auteur d'essais et récits qui brossent un portrait critique de la décolonisation et de l'identité culturelle. Elle consacre également des ouvrages à la question féminine, en analysant les signes de sécularisation de la religion musulmane au sein des sociétés modernes. Parmi ses ouvrages publiés, on citera *Désenchantement national* (1982), *L'imposture culturelle* (1997), *Nous, Décolonisés* (2006), *Islam Pride* (2011). Nous l'avons rencontrée pour un entretien autour de son dernier ouvrage *Dommage Tunisie. La dépression démocratique*, Gallimard, 2019.

Cahiers Philosophiques : *Vous établissez une différence qu'on peut tenir pour radicale ou essentielle entre, d'une part, la « Révolution tunisienne » (que vous caractérisez comme un « événement à part, libre, souverain ») et, d'autre part, l'imposition par la force et l'ingérence militaire des puissances occidentales, de cette « nouvelle religion impériale, la démocratie ». Mais vous établissez aussi – dès votre première page – une relation entre ces deux événements. Quel lien envisagez-vous entre l'un et l'autre ?*

Hélé Béji : Le lien qui me paraît le plus évident est précisément celui du basculement qui a eu lieu le 14 janvier 2011, d'une révolution non religieuse, civile, que je définis aussi comme morale et philosophique autant que sociale, vers un glissement identitaire dans les mois suivants. La souveraineté nationale d'un pays reste poreuse au contexte international. La Tunisie appartenant à la région arabe, et sa population étant à majorité musulmane, le théâtre international de la guerre militaire et idéologique d'ingérence occidentale devait tôt ou tard la faire basculer plutôt vers l'Orient que vers l'Occident. Ainsi, la nature moderne de la Révolution tunisienne, fortement influencée par la philosophie universelle des droits de l'homme qui, même sans ingérence directe, se répand sur la conscience collective par la presse, les médias, l'instruction, ne pouvait être totalement hermétique à la puissance montante de l'islam et son corollaire islamiste dans la région arabe, avec sa variante des droits de l'homme « musulman ». Dès que la question de l'alternance démocratique au pouvoir s'est posée, il est apparu très vite que

CAHIERS PHILOSOPHIQUES ▶ n° 160 / 1er trimestre 2020

---

1. Après une rencontre à Paris, le 25 novembre 2019, permettant de déterminer les orientations de l'entretien, Hélé Béji, de retour en Tunisie, a répondu par voie électronique aux questions qui lui ont été adressées.

l'idéologie islamiste allait jouer un rôle majeur dans la refondation des institutions de l'État autocratique. La Révolution ne pouvait plus laisser de côté l'aspiration au pouvoir du courant islamiste, réprimé depuis plus d'un demi-siècle et interdit de toute activité politique. Ainsi la résurgence interne du courant islamiste dormant a trouvé dans le contexte de la guerre régionale, un champ illimité d'expansion.

C. P. : *Vous expliquez l'échec et la fragilisation des « démocrates tunisiens » par leur propre échec face à la misère, alors même que la Révolution s'ancre dans une aspiration partagée à la vie décente et à la dignité. Mais comment expliquer que l'aspiration démocratique, dans un premier temps largement partagée, n'ait pas débouché sur un gouvernement capable de prendre en charge la « question sociale », le partage effectif des richesses et de la culture ?*

H. B. : C'est une question majeure qui a entraîné après la Révolution la création de dizaines de « Think tanks », d'experts de toutes sortes et de toutes tendances politiques, d'études stratégiques et de prospective souvent financées par l'Europe, mais qui pour l'instant n'ont eu aucune incidence sur le redressement réel du pays. La révolution n'a pas entraîné la mise en œuvre de véritables réformes. Au contraire, elle a révélé l'échec d'une politique de réformes. Il semblerait que cette inflation d'études techniques, d'enquêtes, de sondages, de statistiques coure toujours après le secret de la prospérité que personne ne trouve. En réalité, je crois que la plupart des gens (souvent de gauche ou socialistes) qui ont accédé au pouvoir avec l'espérance qu'ils allaient accomplir ce qu'un État autoritaire n'avait pas pu réaliser, c'est-à-dire les conditions libres d'une économie d'abondance, ont été eux-mêmes écrasés dans leurs fonctions par la centralisation séculaire d'un État archaïque postcolonial, qui est resté davantage une administration de contrôle des citoyens, qu'un outil moderne adapté d'incitation à la création et à l'investissement individuel. En fait, les libertés gagnées à la Révolution ont essentiellement concerné la liberté de s'exprimer, de protester, de manifester mais n'ont pas desserré l'étau qui comprimait les initiatives professionnelles des uns et des autres dans le carcan paperassier paralysant. La volonté réelle d'agir est restée impuissante, freinée par la lutte politique qui s'est longtemps polarisée sur les questions identitaires en négligeant la vie sociale ; par une nouvelle anarchie des volontés tous azimuts dans des initiatives qui restent lettre morte la plupart du temps ; par la passivité grippée de la vieille machine étatique dont aucun gouvernement élu jusqu'ici n'a pu venir à bout. La réforme qui devait suivre la révolution n'a pas pu se concrétiser.

C. P. : *À propos du mal qui vient, vous parlez à plusieurs reprises d'une « dictature démocratique ». Vous expliquez alors que la religion est devenue inséparable de sa représentation démocratique et, réciproquement, que la démocratie, ou plutôt la « néo-démocratie » se nourrit de ce lien. Mais pourquoi alors utilisez-vous ce terme de « néo-démocratie » et quelle différence faites-vous entre « démocratie » et « néo-démocratie » ?*

H. B. : Disons que l'ancienne « dictature » politique interdisait les libertés publiques – absence d'espace libre d'expression, contrôle de la presse, de la radio, de la télévision, pas de pluripartisme, pas d'élections libres, pas de diversité d'opinions – mais laissait aux libertés privées une relative indépendance – droits de la femme, occidentalisation des mœurs, libertés familiales, etc – en les protégeant des assauts idéologiques de l'islamisme qui était alors interdit et réprimé. Paradoxalement, les libertés privées des femmes, sous le régime autoritaire, avaient été gardées des menées fanatiques et obscurantismes, par un État autoritaire engagé dans la sécularisation et la modernité, davantage que par la nouvelle « démocratie » qui certes livre les citoyens aux projets des courants modernistes, mais aussi à de nouvelles ligues de tendance archaïque, puritaine et oppressive liées aux interdits religieux, factions autrefois réprimées. Du coup, la société affronte en son sein des conflits de mœurs qui lui avaient été épargnés par un pouvoir à tendance « laïque ». La dictature n'est plus alors vécue comme venant d'en haut, mais d'en bas. Elle peut surgir de tous les coins de la société « civile », qui se montre aussi parfaitement « incivile » (violence, terrorisme, intimidations religieuses, lynchages sur les réseaux sociaux). Toutes sortes de forces occultes incontrôlables semblent avoir remplacé le pouvoir défini d'un seul.

La néo-démocratie est de ce fait le tournant que prend la démocratie classique républicaine qui fonctionnait en séparant la foi privée de toute forme de manifestation publique, quand elle se trouve contrainte de gérer la résurgence du droit religieux comme droit égalitaire dans la vie publique, dans les médias, dans la rue, dans les institutions. La néo-démocratie découple la démocratie de la république, et lui donne une nouvelle configuration morale qu'elle n'avait pas, à savoir l'expression de la religion non comme liberté de culte, mais comme affirmation identitaire et individuelle de soi dans tous les domaines de l'existence et de la vie politique. L'être religieux n'est plus privé, mais public, et il veut s'imposer à la société avec toute la force de son pouvoir de suggestion et de représentation sur la scène publique.

C. P. : *Vous parlez d'une nouvelle « religion démocratique ». Et vous dites qu'elle a son principe dans un véritable conformisme : la mise en œuvre d'une liberté d'expression sans liberté de pensée. Voulez-vous dire que cela constitue désormais le tout de la démocratie contemporaine ? Une démocratie qui ne se renfermerait pas sur un tel conformisme est-elle pensable ? Est-elle réalisable ? Ou est-elle devenue une véritable utopie, très loin de cet idéal des Lumières et de l'exigence d'instruction et de réflexion qui la caractérise ?*

H. B. : Je pense que la démocratie, lorsqu'elle veut se transformer en épopée salvatrice absolue, qu'elle veut ignorer le temps historique de chaque peuple, qu'elle oublie qu'elle-même n'existait pas dans la forme qu'elle a aujourd'hui après plusieurs siècles d'évolution, qu'elle néglige les processus inconscients des peuples qui n'ont pas la même perception des notions de liberté et d'égalité telles que les a forgées l'Occident dans la durée grâce à son patrimoine scientifique et philosophique, – cette démocratie abstraite, désincarnée, mythique, confuse peut fonctionner comme un dogmatisme religieux auquel on se soumet par obéissance et non par intelligence. Si la démocratie ignore le doute méthodique qui fait le fond humaniste de son existence et de son attrait, si elle s'enferme dans des clichés, des stéréotypes, dans l'incantation de valeurs vagues, elle devient aussi irrationnelle et nocive que l'illusion religieuse. Si la démocratie se transforme en une entreprise de domination idéologique, elle n'est plus démocratie.

Lorsqu'on voit par exemple aujourd'hui le peu d'influence qu'a la culture humaniste sur le fonctionnement des médias, qui prennent la posture de hérauts de la démocratie, reléguant doutes et questions à la marge de la communication, on comprend que les menées de la démocratie impériale hors de son territoire, soutenues par la propagande, ont provoqué des ripostes très graves sur leur fonctionnement interne. Elles polarisent l'opinion publique sur des phénomènes qu'on croit étrangers à la démocratie – l'islam par exemple –, mais qui en réalité sont le symptôme de son affaiblissement propre quant à la réalisation de l'égalité et du bien-être. Ainsi la société démocratique, bien que prospère et « développée », se rapproche de plus en plus pour certaines couches de la population, des sociétés « sous-développées ». Il se produit alors dans le discours dominant des phénomènes de censure et d'auto-censure qui annihilent toute charge critique qui tenterait de remettre en cause l'hégémonie de la démocratie, en parallèle avec sa faillite sociale. J'entends par censure ou autocensure l'incapacité de l'opinion de se libérer des stéréotypes véhiculés par les médias, et la tendance à s'enfermer dans un manichéisme réducteur où les dangers qui menacent la démocratie se situeraient à l'extérieur du périmètre occidental et non dans la société occidentale elle-même. D'où peut-être la montée d'extrémismes, religieux ou autres. La popularité des radicalismes aujourd'hui est bien l'échec de la pensée démocratique en tant que telle.

La crise des Gilets jaunes par exemple qui ne finit pas, montre à quel point le gouvernement démocratique en France n'est plus perçu comme tel, mais comme une nouvelle forme de tyrannie abusive qui trompe le peuple au bénéfice d'une caste, exactement comme le ferait une monarchie despotique. Le fait que la représentation démocratique soit devenue un système si peu efficient sur le plan du bonheur des gens, a créé une méfiance à son égard qui cherche dans la révolte de rue une façon plus directe de s'exprimer, donc apparemment « plus démocratique ». Mais cette action directe n'a pas pour autant trouvé encore les formes politiques que cette aspiration à une démocratie alternative pourrait prendre. La démocratie classique n'a pas encore trouvé sa façon de gouverner « autrement ».

C'est pourquoi la genèse d'une naissance démocratique hors Occident prend un sens aigu et singulier, car elle dessine l'éveil d'une forme de démocratie dans des pays qui n'en ont aucun référent historique intrinsèque, au moment même où le modèle démocratique « occidental » semble connaître ses limites et sa panne d'inspiration. Je dis toujours que les formations démocratiques actuelles ne seront certainement pas les dernières dans l'histoire. C'est pourquoi l'évolution démocratique des pays non-chrétiens sera décisive pour la démocratie des pays à majorité chrétienne.

C. P. : *La question du temps joue un rôle important dans votre analyse. Car exporter la démocratie par la guerre, c'est aussi, dites-vous, faire fi de ce qui pourrait (ou aurait pu) constituer une véritable maturation démocratique – comme une certaine forme d'impatience. Mais ne faites-vous pas alors trop confiance, soit à une espèce d'évolution ou même de progrès naturel ou spontané des sociétés humaines – cheminant petit à petit vers la démocratie –, soit même à certains*

régimes autoritaires – on pense à celui de Bourguiba auquel vous reconnaissez des mérites –, capables de faire barrage à l'obscurantisme ou au fanatisme ?
H. B. : C'est une objection pertinente. Effectivement rien ne dit que le déroulement du progrès tel que nous l'avons connu à l'époque moderne suivra la même orientation dans les autres régions où prévalent depuis des siècles des pesanteurs qui ont maintenu leur humanité au-dessous de la dignité matérielle et morale. Nous n'avons aucune preuve de la continuité de ce cycle dans le futur. Nous constatons même des signes d'involution et de régression. La modernité n'est peut-être pas l'issue incontournable de toute société.

Cependant, il est non moins évident que l'aspiration au bien-être, au bonheur, au confort, aux avantages matériels qu'apporte une société de consommation à la majorité de ses citoyens est générale et universelle. La société de consommation exerce son attrait sur n'importe quelle culture et n'importe quel type de société. Le fanatique le plus radical éprouve le même désir de posséder un téléphone portable qu'un jeune étudiant démocrate et tolérant. La quête d'un avenir matériellement meilleur est identique chez tous les êtres, quelle que soit leur origine. La société de consommation est déjà une démocratisation avancée des sociétés « non-démocratiques ». Donc, on peut supposer que ce phénomène ira croissant quel que soit le régime politique mis en place.

La recherche d'enrichissement est inévitable et va de pair avec l'attrait qu'exerce la publicité de l'abondance, qui traverse toutes les frontières. Il n'est pas encore prouvé qu'une dictature autochtone ne puisse pas créer autant de prospérité qu'une société libérale (voir l'évolution de la Chine par exemple). La question la plus difficile est de savoir si les démocraties ont été postérieures à la dynamique d'enrichissement du capitalisme ou si la fondation de la démocratie politique a précédé la création d'une économie de prospérité. La démocratie a-t-elle été le produit de la richesse, ou la richesse la résultante de la démocratie ?

Cependant l'intervention des puissances démocratiques dans les pays pauvres risque ici de bloquer le processus de croissance économique, et de provoquer, comme dans toute société en guerre, des circuits hors-normes, illégaux, clandestins de production et de consommation, trafic de drogues, d'armes, marché noir, etc. Nous sommes ici face à une désorganisation des codes sociaux qui ne peuvent plus garantir ni le fonctionnement de la tradition, ni celui de la modernité. La démocratie s'apparente alors à un chaos et à une guerre de tous contre tous.

En ce qui concerne les régimes autoritaires tels que celui de Bourguiba, il semblerait que leur vision ait été animée par un programme « socialiste » et étatiste, au sens où ils ont donné la préférence à la satisfaction des droits sociaux (scolarité, santé, transports, aménagements collectifs de sport) avant les droits individuels d'expression et d'opinion. Les droits sociaux leur ont paru les fondements d'une future société démocratique. Ils ont donc négligé les droits politiques. Mais il arrive un moment (et c'est ce qui s'est passé en Tunisie) où précisément les droits sociaux tels que l'instruction généralisée, ont créé les conditions de prise de conscience d'une population éclairée, qui aspirait à exprimer ses idées et ses opinions, conséquence logique de tout processus éducatif qui oriente l'individu vers plus d'autonomie. Les libertés politiques découlent naturellement d'une élévation des conditions de vie sociales. Mais effectivement l'autoritarisme ne garantit pas plus que le libéralisme la fin de l'obscurantisme et du fanatisme. C'est pourquoi je ne suis pas sûre que le fanatisme soit le seul effet d'un état de pauvreté. Il reste une difficulté majeure non résolue en démocratie comme en dictature : pourquoi l'instruction généralisée n'a pas été synonyme de victoire de la raison sur la religion, en tout cas dans les pays musulmans ?

C. P. : *Pourquoi dites-vous que « la destruction de Daesh n'y changera rien », comme si le temps d'un nouveau despotisme était en même temps celui d'une espèce de fatalité ? Serions-nous désormais condamnés, d'une manière ou d'une autre, à la théocratie et à cette nouvelle « administration du bien » ?*

H. B. : Je veux dire par là qu'une victoire militaire sur Daesh ne changera pas la perception de l'Occident comme puissance en quête perpétuelle de domination sur les sociétés arabes. L'entreprise militaire de démocratisation des sociétés sous régime despotique recrée les conditions d'un nationalisme encore plus virulent que l'anticolonialisme, qui lui s'exprimait au nom des valeurs des droits de l'homme empruntées à l'occupant. Cette nouvelle politique d'intervention par la démocratie, non par la colonisation directe des terres, mais par le contrôle des moyens de gouvernement et des ressources du pays, crée une réaction d'orgueil patriotique et de défense qui remet en question les valeurs même du monde moderne. L'assassinat de tel ou tel chef terroriste laisse entrevoir leur renouvellement indéfini. C'est la paix entre deux mondes qui est compromise. La puissance de feu de l'Occident, même si elle vient à bout matériellement de l'État islamique, ne guérit pas les causes à l'origine de cet État islamique. Il renaîtra sous d'autres formes à travers d'autres circuits et réseaux internationaux. C'est un mal protéiforme. Nous sommes sortis du temps de la réconciliation qui s'était noué après les indépendances et après la constitution d'États-nations souverains. La souveraineté est aujourd'hui remise en question.

Je ne crois pas pour autant que la théocratie soit une fatalité, en tout cas dans les pays arabes. Je crois au contraire que l'islamisme est précisément le signe que les sociétés sont en voie de sécularisation, et que l'idéologie religieuse est à la fois une réaction à cette sécularisation, et en même temps une appropriation singulière de cette sécularisation. L'islam politique est une forme de sécularisation de la religion musulmane comme parti politique au même rang que les autres, ne pouvant donc plus prétendre à aucune sacralité. Il y a une lutte interne au sein de l'islamisme : ceux qui veulent que le Coran légifère sur la vie politique et sociale, et ceux qui ont commencé à séparer la foi privée de la vie publique. Cette scission est très profonde, et la société tunisienne dans sa majorité a opté pour la voie politique constitutionnelle et non pas coranique. Le courant radical est devenu minoritaire et sombre dans l'extrémisme. Mais il ne faut pas que l'ingérence militaire des démocraties se poursuive, sous peine justement d'attiser les extrémismes et de ruiner tout le lent travail de sécularisation.

C. P. : *Vous écrivez des choses tout à la fois éclairantes et émouvantes à propos de vos « frères et sœurs juifs » et de la montée en puissance de l'antisémitisme dans le Nord méditerranéen : « nous les avons laissés quitter leur terre natale », dites-vous. Comment expliquez-vous cet abandon, après des siècles de proximité, de partage et de communauté de destin ? Peut-on imaginer sinon un retour en* *arrière, en tout cas la réinvention d'une communauté de vie apaisée ? Quelles en seraient les conditions ?*

H. B. : Je pense qu'à cause du facteur nationaliste triomphant, qui n'a pas pu se dissocier totalement de l'emprise religieuse, la notion d'une nation composite, non ethnique, fondée sur une société hétérogène où l'islam ne serait pas la religion dominante, n'a pas su s'imposer. L'échec du communisme dans ces sociétés en est un signe. Le communisme, comme vision humaniste athée du monde, rêvait dans la période anti-coloniale d'une société multiraciale ou multiculturelle, où les différences ethniques se seraient effacées. Mais le colonialisme avait recréé l'existence d'ethnies. Le fait qu'une majorité de juifs ait eu la nationalité française par exemple les a assimilés dans l'esprit de beaucoup aux colonisateurs, puisqu'après le décret Crémieux en Algérie (1870), le statut d'indigène fut réservé aux seuls musulmans. Peut-être que si tous les indigènes avaient eu droit sans distinction à la nationalité française, les choses auraient été autrement.

La deuxième rupture vient aussi de la création de l'État d'Israël, qui occultait la nationalité tunisienne par la nationalité israélienne pour les juifs tunisiens émigrés. Dans tous les cas, la minorité juive a été perçue comme ayant pris le parti de la puissance, même si de nombreux juifs furent d'ardents nationalistes et luttèrent contre le colonialisme.

Mais il faut aussi considérer le fait que l'idéologie nationaliste est restée empreinte d'un mysticisme arabo-islamique qui excluait d'office l'identité juive. Ce n'est pas tout à fait de l'antisémitisme. C'est la constitution d'une identité nationaliste qui reconstituait la langue arabe (langue du Coran) dans le roman national et dans la région arabe. C'était aussi un acte de repossession historique contre la France et contre ceux qu'elle assimilait à la France, en l'occurrence les juifs, au même titre que les Maltais et les Italiens, bref les « Européens », les non-musulmans d'une manière générale. On voulait se créer une identité « non-européenne ». Cela peut nourrir de nouvelles formes de xénophobie.

Mais d'une manière générale, les juifs sont restés en bons termes avec le pays et en ont gardé, pour beaucoup, un souvenir d'une nostalgie poignante, la mélodie d'un pays natal. Actuellement, et pour la deuxième fois depuis l'indépendance, il y a un ministre juif au gouvernement, ce qui est un signe important d'une volonté de fraternité. Mais tant que le problème israélo-palestinien ne sera pas résolu, je ne crois pas qu'il y aura de véritable communauté de destin, comme cela s'est produit entre la France et l'Allemagne après la guerre. Si un État palestinien voit le jour, alors peut-être de nouveau, une communauté juive se recréera en Tunisie. Mais c'est encore une utopie.

C. P. : *Contre un certain nombre d'idées reçues, qui associent la démocratie à un irréversible mouvement de désacralisation, vous expliquez qu'il faut au contraire envisager une articulation structurante : la démocratie va désormais avec la progression de la religion elle-même, dans l'espace social comme dans l'espace politique. Cela signe selon vous un « échec des Lumières ». En quel sens et pour quelle(s) raison(s) ? Ne peut-on pas imaginer au contraire que le droit donné au religieux, dans des formes de démocratie nouvelles, puisse participer de Lumières renouvelées, capables de mieux accueillir, au sein même de la rationalité, certains* *des enseignements issus des pratiques ou des interprétations religieuses de l'existence ?*

H. B. : Il est certain que la philosophie des Lumières, qui a participé à la genèse d'une vie politique libre peu à peu détachée du religieux, ne se présente pas de la même manière et n'agit plus du tout avec la même efficacité en dehors de la région occidentale. Il semble qu'elle reste la marque singulière d'une histoire européenne. Dans les régions où il y a eu par le passé confrontation avec le modèle européen, comme dans les anciennes possessions coloniales, le courant philosophique des Lumières ne s'est développé que par imitation, et par conséquent ne s'est pas généralisé à toutes les couches de la société, malgré les efforts d'une éducation scolaire progressiste. Cela signifie qu'on ne peut plus imaginer le même schéma de développement de sortie du religieux. La religion est la culture dans laquelle baignent toutes les couches sociales, même les plus instruites et les plus proches du modèle occidental. La démocratisation de ces sociétés signifie que l'extension des notions de liberté et d'égalité n'en fera pas nécessairement des armes irréligieuses ou anticléricales, mais qu'elles serviront aussi la valeur religieuse comme valeur inhérente au nouveau monde des libertés. L'islam se considère comme une religion démocratique, ayant des ressources humaines capables d'accomplissement humain et de solidarité. Certes l'islam est aussi une civilisation, mais politiquement cette civilisation n'a pas encore fait ses preuves, car elle ne s'est pas encore construite sur la critique du religieux, comme la philosophie des Lumières. Cette rupture, cette transgression restent le fait d'individus isolés, elles ne sont pas collectives.

C'est pourquoi il faudra tenter de penser la démocratie dans de nouvelles formations politiques dont la liberté religieuse sera partie prenante. La démocratie se fera non dans le déclin du religieux, mais dans sa progression singulière, à cause précisément du sentiment d'échec engendré par la modernité elle-même (aggravation des inégalités, de la violence, de la pauvreté, etc.). C'est le désenchantement lié au progressisme qui nourrit l'idée religieuse comme nouvelle force de résistance à la dégradation des conditions de vie. C'est comme si les choses se renversaient. Ce n'est plus la croyance qui est source de régression ou de frein au développement, mais le développement lui-même qui a épuisé sa philosophie rationaliste. Mais pour le moment, même si l'islam croit posséder les clés d'une alternative pour pallier les insuffisances d'une vision progressiste du monde, cet idéal n'a pas trouvé sa traduction politique efficiente. L'islam reprend le modèle démocratique occidental tel quel avec quelques variantes, il tente de se réapproprier l'humanisme occidental tout en oubliant que l'humanisme s'est construit par opposition au religieux. Il y a donc un paradoxe fondamental dans le projet islamiste, qui est de vouloir récupérer un humanisme anti-religieux en lui donnant une variante islamique. C'est cette expérience qui est actuellement tentée en Tunisie par les islamistes, mais qui reste encore confuse. Il se produit un déchirement intime entre le référent coranique et la nouvelle constitution civile qui institue la démocratie. La figure du « musulman démocrate » est encore à l'état embryonnaire.

C. P. : *Pourquoi associez-vous le religieux à une « modalité fasciste » de la politique, en particulier lorsque vous considérez la situation des plus jeunes ? N'est-ce pas alors renvoyer la religion elle-même du côté de l'obscurantisme ? S'y réduit-elle tout entière ?*

H. B. : Ce n'est pas la croyance religieuse elle-même qui est source de fascisme, mais c'est le fait de vouloir introduire en politique un désir d'absolu. La politique étant le règne de l'action imparfaite, parce que sans cesse soumise aux volontés contradictoires des uns et des autres et à l'art du compromis et de l'arbitrage, chercher à traquer le mal en tant que tel, vouloir rendre les gens à tout prix vertueux en fonction de la pureté de leur foi ou de leur pratique, équivaut aux mêmes délires que la pureté raciale. Tout ce qui est « impur » tend à être éliminé. Lorsqu'un parti politique se met à s'identifier à la Providence, à travers un chef ou à un texte sacré, l'adoration soumise du peuple est exigée et entretenue en tant que telle. Dès qu'on veut exercer le pouvoir au nom du sacré, il y a danger de fascisation, ou de domination sans discussion sur les consciences. Le fascisme commence quand le scepticisme ou l'esprit critique deviennent passibles de condamnation criminelle. La jeunesse étant la plupart du temps en quête d'absolu, c'est sur elle qu'agit le plus fortement le radicalisme de la vertu. Elle adhère facilement alors à des chasses aux sorcières, à des théories de complot contre le Bien, à des utopies identitaires, à des discours exaltés. On sait combien les nazis et les fascistes recrutaient d'éléments parmi la masse énergique de la jeunesse. La rébellion de la jeunesse contre l'ordre établi quel qu'il soit peut facilement sombrer dans le culte du sacrifice et du martyr, qui suppose toujours une passion de nature religieuse, une passion pour son propre salut que l'on identifie à celui de l'humanité. Ainsi quand un individu religieux œuvre pour son salut personnel sans l'imposer aux autres, cela relève de la liberté de conscience. Mais quand il le fait avec des méthodes de conversion violente pour amener les autres à chercher leur salut dans les mêmes termes que lui, il devient un inquisiteur et un oppresseur. Quand on se met à tuer les autres pour leur bien (par exemple à les entraîner avec soi dans des attentats-suicides), quand le mal qu'on fait devient négligeable par rapport au bien futur dont on croit être les pourvoyeurs, alors on est prêt pour servir toute forme d'organisation totalitaire. Dès que la croyance religieuse sort de la sphère privée, dès qu'elle devient une sommation publique, elle prépare la société à un embrigadement qui élimine la liberté personnelle. C'est ce que la laïcité a essayé de séparer, le public et le privé, pour préserver la liberté. La religion n'est pas obscurantiste tant que l'individu ne s'autorise pas de sa propre pratique ou de sa propre foi pour l'imposer à tous. Mais dès qu'une religion devient la charte d'un parti politique qui veut œuvrer pour le bien public, ses « partisans » se sentiront pleinement investis d'une mission qui leur dictera n'importe quels moyens pour justifier leurs fins. C'est là qu'elle devient obscurantiste et fasciste. L'exercice de sa foi n'est pas obscurantiste en soi, elle ne l'est que lorsqu'elle veut élargir ce moi aux autres.

C. P. : *Pourquoi selon vous – ce qui semble signer aussi un grave échec de l'institution scolaire – le prêche retient-il davantage l'attention que la recherche des savoirs – « les cours de langue, de physique ou de philosophie », dites-vous (p. 28) ? Cette question se pose d'autant plus que vous semblez aussi envisager une « transformation qualitative » de la religion, que vous distinguez et que vous* *opposez à sa seule progression (p. 27). Comment concevoir, comment pratiquer cet « islam sans infantilisme théologique » que vous appelez de vos vœux ?*

H. B. : Ici nous sommes vraiment face à l'inconnu. Il faut s'interroger sur le fait que la scolarisation généralisée n'a pas entraîné le recul du religieux, comme on l'aurait cru. Il y a là une part de mystère de l'histoire. Comme si elle changeait de direction. Pourquoi les gens se mettent-ils à avoir davantage besoin de croire que de savoir ? Est-ce parce que le savoir, malgré ses découvertes miraculeuses, n'a pas changé fondamentalement le psychisme humain ? L'homme est certes de plus en plus inventif face à la maîtrise de la nature, mais de plus en plus impuissant quant à soi. Je pense ici qu'il faut relire Freud car il a mis le doigt sur la chose la plus incontrôlable qui soit, notre inconscient. Dans sa *Psychologie des foules et analyse du moi*, il y a vraiment des idées extraordinaires, décisives pour la compréhension des temps actuels.

La nature de l'homme n'a pas tellement changé quant à ses manifestations de cruauté envers ses semblables. Mais la religion, qui s'est toujours distinguée avec la plus grande bestialité dans l'histoire, peut être aussi un vrai principe d'humanité. Le christianisme, qui a causé tellement de souffrances, s'est pacifié et exerce sa vocation de charité et de compassion de manière universelle. Il a domestiqué son fond d'intolérance et d'irrationalité sauvage. Il est donc possible de domestiquer la religion. L'islam possède les mêmes vices et les mêmes vertus que le christianisme. Mais historiquement il est dans une phase antérieure, il est encore à la charnière de deux mondes, le Moyen-Âge et la Renaissance. Il est encore en lutte contre sa propre intolérance, que ses disciples n'ont pas encore vaincue avec la même puissance collective que les Chrétiens. Mais il ne faut pas croire que l'islam est synonyme d'intolérance ou d'esprit belliqueux. C'est totalement faux. Il y a quelque chose de fondamentalement pacifique dans la relation du musulman avec le monde, quelque chose d'apaisé et d'harmonieux. Mais précisément c'est dans son passage au monde des savoirs et de la science moderne, qu'il va y avoir un problème. Cette mutation est extrêmement périlleuse, car elle exige une conscience critique de soi ou de sa prophétie que les musulmans n'ont pas encore accomplie, si ce n'est à titre individuel. Le passage de la conscience religieuse à la conscience scientifique ne s'est pas généralisé à toute la société. Ainsi, le travail démocratique, qui est allé de pair avec le travail scientifique, va se trouver comme faussé ou orienté d'une autre manière. La classe des savants a joué un rôle moteur dans la construction d'une conscience démocratique. Chez les musulmans, le désir démocratique est une sorte d'adaptation à l'air du temps, une sorte de mise à niveau des consciences politiques, mais qui ne dispose pas des mêmes armes que dans une société d'inventions scientifiques majeures. C'est un bricolage singulier, qui doit compter avec la persistance d'archaïsmes sociaux et de hiérarchies morales différentes, par exemple entre les sexes. Lorsque les musulmans auront ce rapport libre avec toutes les théories scientifiques, même celles qui mettent en question l'existence de dieu, à ce moment-là, ils sortiront de leur état de « minorité », et de la tutelle morale que leur inflige l'enseignement scolastique des mosquées. Mais ce travail de dépassement scolastique est encore très minoritaire. L'imaginaire musulman n'est pas encore entré en état de créativité artistique avec ses propres mythes, comme l'ont fait les peintres de la Renaissance italienne avec les images bibliques. Il y a bien sûr quelques œuvres de créateurs musulmans qui ont réussi à poursuivre l'imaginaire des *Mille et une nuits* dans une forme entièrement moderne et contemporaine, mais elles ne sont pas légion. Je citerai ici l'exemple d'un cinéaste majeur qui y est parvenu, Nacer Khemir. Il accomplit un travail de pionnier où les ressources du mythe musulman se réalisent à travers des formes picturales et cinématographiques très innovantes et qui atteignent un degré de compréhension universelle. Mais la culture musulmane n'a pas généralisé cette mutation créative à tous. Cependant, c'est ainsi que changent les civilisations, à travers l'avancée individuelle d'une infime minorité.

C. P. : *Vous insistez sur le rôle bénéfique de la tradition – elle protège dites-vous du fanatisme (p. 29-30). Pourquoi et comment ? N'y a-t-il pas là comme un équilibre introuvable, entre le fanatisme qui durcit la tradition (et qui réduit la fraternité à la secte) et une forme barbare de modernité, qui l'anéantit ? Comment conjurer cet exil moderne – vous pensez alors aux analyses de Hannah Arendt – qui se nourrit de la perte des traditions ?*

H. B. : Je pense que la tradition a de multiples facettes et de multiples ressources. On peut les classer dans deux grandes catégories, le profane et le sacré. Quand les gens parlent de l'islam, ils n'entendent que les mots Coran, sacré, prophète, etc. Par méconnaissance du passé et du présent. Mais si on regarde le monde des livres du passé, il est immense et, la plupart n'ayant pas été traduits de l'arabe, ils ne sont accessibles qu'à la spécialité des orientalistes qui ont étudié la langue arabe. C'est la tradition profane, autrement plus stimulante que le dogme sacré.

La langue fait donc partie d'une très vaste tradition totalement hermétique aux Occidentaux, dont l'ignorance les empêche de distinguer les héritages esthétiques et intellectuels qui ont nourri l'histoire musulmane, ceux des Arabes en particulier. Tant qu'on ne comprend pas sa langue, il est très difficile d'entrer dans la tradition d'une culture. Le pire est que les jeunes musulmans français l'ignorent autant que les non-musulmans, et ont tendance à enfermer l'islam dans la caricature d'un culte et d'un prêche vides de tout sens intelligible, puisque privé de la maîtrise de son verbe.

Mais il y a une autre tradition profane que celle des grands lettrés, c'est celle de la culture populaire. Et celle-ci est infiniment vivante et encore très répandue. En particulier les traditions de civilité et de courtoisie entre les gens, dans la relation souvent affective et raffinée qu'ils entretiennent entre eux. Il faut parler à un homme du peuple pour découvrir combien sa conscience plonge dans une tradition de sagesse, de distinction morale, de bienveillance sociale. C'est dans leur fréquentation quasi quotidienne que j'ai découvert combien les idées de George Orwell sur la décence des gens ordinaires étaient vraies et justes. Peut-être cette manière d'être au monde est liée à une profonde piété, mais sa qualité d'humanité est dépourvue de tout pouvoir religieux quel qu'il soit. C'est une généalogie morale qui se transmet de père en fils, avec des notions de dignité, de charité, de fraternité humaine qui dépassent largement le diktat de tel ou tel sermon religieux. Je crois que c'est lié au monde du travail, des nécessités de la vie quotidienne, qui se tiennent dans une sorte d'humble héroïsme et d'épreuve du réel qui façonnent les conduites vers l'entraide. Le monde musulman est dépourvu de haine de classe, et si l'extrémisme musulman reste encore minoritaire, c'est à cette absence de haine qu'on le doit. D'ailleurs les partis communistes y ont tous échoué. L'islam a maintenu des traditions de courtoisie et de considération entre les différentes classes, artisans, bourgeois, ouvriers, paysans, etc. Il faut craindre ici l'idéologie religieuse, qui risque d'effacer cette tradition dans la dynamique d'une lutte pour le pouvoir, ce qui aiguisera les passions d'accaparement et d'avidité des postes et des titres. De ce point de vue, la démocratie, qui se définit aussi par sa lutte d'alternance pour la prise du pouvoir, risque peu à peu d'effacer l'humanité de ces traditions de civilité, et de les remplacer par la recherche systématique de conflits surjoués, surtout depuis la domination du politique par les médias. Ainsi le chemin est très étroit entre la réduction du passé au seul discours religieux, et sa destruction systématique dans une modernité toujours en quête de nouveauté, et en position d'ignorance et de mépris du passé. Mais pour endiguer cette dégradation de la tradition, il faut que ce soit les modernes qui s'en préoccupent. C'est à la modernité de faire ce travail de retour aux sources, afin justement de ne pas laisser la tradition aux fanatiques. On ne peut abandonner le passé aux stéréotypes et aux conformismes idéologiques de la nostalgie ou de l'utopie d'un âge d'or.

C'est ce retour aux sources qu'avait fait la Renaissance, en remettant à l'honneur l'inspiration et les œuvres de la culture antique, gréco-latine, contre la culture exclusivement religieuse et scolastique du monde chrétien. C'est aux modernes de se réapproprier le legs de l'ancien, afin de le libérer du carcan des préjugés et de l'ignorance. Il y a là un vrai travail de déchiffrement et d'inspiration créatrice à entreprendre.

C. P. : *Vous associez le jihadisme à une espèce de « retour de bâton individualiste », ainsi qu'à certaines formes de misère contemporaine – un manque évident, dites-vous, de « raffinement ». Et vous allez jusqu'à considérer cette équation folle : « tuer = créer ». Comment expliquez-vous que l'on puisse en arriver à ce point, de désespoir et de violence associés ? Et quelle part y prend cette « civilisation moderne » que vous caractérisez aussi (p. 33) comme une civilisation hyperviolente, capable de dégrader les éléments premiers de la dignité ?*

H. B. : À vrai dire, je ne sais pas comment expliquer ce mimétisme brutal qui traverse les pires états de la conscience contemporaine, c'est-à-dire l'attrait de la violence, de la puissance, de la destruction. Cela est lié peut-être à la perte de la « demeure » familiale qui autrefois protégeait contre la dureté du monde extérieur et ne laissait pas l'individu sans secours et sans recours. Ainsi ce que l'on définit péjorativement comme « communautaire » n'est sans doute au contraire que le lieu de résistance, d'une part aux formes éclatées de l'individualisme qui se dessèche dans le narcissisme et l'égoïsme hyper-individuels, et d'autre part de résistance au dévoiement des jeunes extrémistes musulmans que la délinquance extra-familiale conduit à se créer une instance surpuissante et meurtrière (le daeshisme) qui remplacerait tous les échecs de communautarisme humain, au sens de liens entre les êtres, liens sans lesquels aucun groupe humain ne peut survivre. C'est la destruction radicale des liens et de toute forme de communauté humaine qui est à l'origine de l'inhumaine violence, et non pas le « communautarisme ». Je ne vois pas comment des parents musulmans pourraient tenir leur progéniture dans le cadre de la loi civile, autrement que par des liens familiaux « communs » qui les auront domestiqués et civilisés. C'est ce qu'ont fait les juifs durant des millénaires pour se maintenir non seulement en vie, mais simplement en humanité.

Ainsi, une communauté n'est pas forcément sectaire. Elle peut être parfaitement ouverte aux autres, et même bénéfique aux autres parce que justement elle a expérimenté la douceur et la fécondité des liens communautaires fondés sur des principes éthiques d'attachement aux ancêtres et aux siens. Il ne faut pas opposer ces liens au lien républicain, sous peine de voir la république réduite à un concept politique sans âme et sans vie, ou alors devenir elle-même une religion où le sacré l'emporte sur toute autre considération. Il y a aujourd'hui dans le thème républicain une faillite de la prise en compte des liens humains qui, par nature, ne peuvent pas être seulement individualistes. La république ne peut pas se passer de liens humanisés, et ce lien ne peut en aucun cas se réduire au droit ou à la loi. Le droit ne dit pas le tout de l'humain, ni de la relation humaine. La citoyenneté ne peut être réduite au judiciaire. Une civilité commune est autre chose qu'une simple soumission à la loi. Elle est la capacité de créer des liens où la confiance et l'amitié entre les hommes ne sont pas dans le seul respect du maintien de l'ordre et de la sécurité publique. Une vie sociale heureuse policée est bien au-delà de la seule surveillance policière. La violence de la société moderne provient de la destruction de tous les liens. La rupture de tous les liens est le commencement de la déshumanisation, qui peut prendre différentes formes et différents degrés, depuis la dépression solitaire jusqu'à des formes monstrueuses d'insensibilité et de meurtre. Le fait que le meurtre soit devenu collectif, et non plus individuel, est le signe que pour ces « damnés », le lien collectif n'existe plus, la collectivité n'existe plus, et son acte d'anéantissement physique dans le terrorisme en devient le symbole et l'illustration.

C. P. : *Peut-on envisager, entre les différentes sacralités, autre chose qu'une guerre ? À quelle(s) condition(s) ? La question se pose d'autant plus que vous considérez que la démocratie participe de cette dérive séculière et violente de la religion – puisqu'elle conforte le fait et le droit d'affirmation des croyances ?*
H. B. : Oui, on peut sortir de l'affrontement guerrier inhumain entre les religions. Le meilleur exemple en est la pacification des rapports entre protestants et catholiques, bien que leurs fanatismes réciproques violents aient duré des siècles (voir l'Irlande jusqu'à nos jours). Pour cela, il faut que la religion elle-même s'humanise dans le traitement qu'elle inflige à ses fidèles. Si une religion comporte des pratiques et des préceptes cruels envers les siens, il y a fort à parier qu'elle manquera d'humanité avec les autres.

Or, nous savons hélas que l'islam ne s'est pas encore débarrassé de certaines de ses mœurs ancestrales avec les femmes, qui sont traitées de manière inférieure par rapport aux hommes, en particulier dans la jouissance des droits de liberté et d'égalité. Si une religion n'applique pas le principe d'égalité indistinctement entre les sexes, c'est qu'elle comporte encore des éléments intrinsèques de violence et de domination d'une partie de la population sur l'autre. Et lorsque cette domination est sacralisée dans le texte par l'impératif religieux, alors nous sommes face à un déni « légalisé » d'humanité. Et il est très difficile d'envisager que cette culture de la discrimination à l'intérieur d'une religion puisse accepter les valeurs d'une société où l'égalité entre hommes et femmes est devenue un principe sacré dans la constitution et les droits de l'homme. Il y aura toujours une pomme de discorde. Il faut donc d'abord que l'islam change de l'intérieur sa vision du monde hommes-femmes.

Mais le plus difficile justement est que ce droit à la « différence » culturelle est encouragé par la doxa médiatique, les organisations internationales, la démocratisation politique de tous les désirs d'affirmation de soi, qui réclament le même espace de visibilité publique, même à travers les conduites les plus extravagantes et les plus absurdes. Nous sommes ici face aux potentialités belliqueuses du multiculturalisme, dont les manifestations divergentes ne sont régies par aucune loi. Or, des droits sans contrainte ne sont que des appétits déguisés de la force. C'est là qu'il y a quelque chose qui ne va plus dans la démocratie. Comment à la fois libérer les différences, et en même temps, contenir leurs excès et leurs abus ? Jusqu'où peut aller telle ou telle différence culturelle et religieuse ? C'est une question qui est loin d'être résolue. Par exemple, lorsque la nudité ou la semi-nudité est admise dans une culture, et même sublimée par l'art, la peinture occidentale ou le cinéma par exemple, comment empêcher qu'une culture différente magnifie au contraire la pudeur, le voilement du corps ou du visage, le refus de nudité du corps ? Nous avons ici deux sacrés en présence, l'un qui a arraché la femme à toutes les entraves mentales et physiques de sa liberté, l'autre qui tire son existence du maintien des interdits sexuels. Cette confrontation est encouragée par l'exaltation sans limites de la jouissance individuelle dans la culture moderne. La démocratie est devenue le lieu illimité, le jeu d'une permissivité absolue des conduites personnelles dans l'usage que chacun veut faire de son corps (mode, tatouages, percing, coiffures, voile, crâne rasé, etc.). Chacun veut se distinguer d'une manière ou d'une autre. Les médias jouent un rôle de massification et de généralisation de ces comportements exhibitionnistes. J'entends par médias essentiellement une culture de la notoriété et de la distraction, qui par les immenses moyens mis en œuvre pour toucher un large public, écartent et marginalisent la patiente recherche de l'information et de l'analyse. Celle-ci existe bel et bien mais elle est devenue minoritaire, elle a de moins en moins des moyens de diffusion à grande échelle. En réalité, cet encouragement aux passions identitaires des foules cache une secrète volonté de puissance de chaque identité. Les médias entretiennent dans chacune sa volonté de puissance et sa grégarité. On peut sur ce point enrichir sa réflexion en se référant à tout ce que dit Freud sur la « pulsion grégaire » et la « horde originaire » dans *Psychologie des foules et analyse du moi.*

C. P. : *Pourrait-on envisager que la démocratie donne son droit au religieux sans être emportée (cf. p. 36) par le torrent de la religion ? Examinant cette question, vous vous demandez ce qu'il en serait de la « sécularisation » du religieux – quel sens alors pour ce terme ?*

H. B. : Je pense que les sociétés anglo-saxonnes y parviennent mieux que la société française. C'est une différence sur laquelle il faudrait s'appesantir, mais je ne l'ai pas traitée dans mon livre. Les anglo-saxons ne sont pas du tout choqués par les différences vestimentaires liées à la croyance religieuse par exemple. Ils les considèrent comme allant de soi et ne menaçant pas de vieilles traditions de liberté individuelle. Les Français au contraire vivent cette visibilité religieuse dans l'espace social comme contre-républicaine. Ici on voit qu'il y a une différence entre la « démocratie » comme vie intrinsèque de la société, jeu de la diversité des opinions et des conduites, et la « république » qui définit la nature du régime politique et fonde la séparation de la religion et de l'État. Cette neutralité est certes très importante, et il faut préserver l'État de toute forme d'ascendant clérical de quelque ordre qu'il soit. Mais quoiqu'on fasse, on ne pourra jamais séparer la religion de la société. Aucune société n'est areligieuse absolument et ne se développe en dehors de toute croyance et de toute religiosité.

Toute la difficulté de la démocratie est là. Comment maintenir la neutralité de l'État quand on a affaire à une expansion exponentielle de la religion (l'islam par exemple) dans l'imaginaire social ? Comment empêcher que telle ou telle religion ne devienne intolérante et que cette intolérance ne suscite par contagion des réactions d'intolérance en chaîne dans différents groupes sociaux et d'autres traditions culturelles ? C'est cet arbitrage qui est difficile, car la loi ici se révèle insuffisante. À partir de quel moment un comportement devient non pas illégal, mais incivil, ou fanatique ? L'atmosphère de cohabitation démocratique peut être facilement empoisonnée par une promiscuité mal vécue, soumise à des tensions et des rejets insurmontables. Il en résulte une atmosphère de provocation et d'intolérance généralisée, contre laquelle la loi est impuissante. La démocratie est en principe fondée sur la valeur de l'altérité, tout en maintenant vivante la force du semblable. Si les citoyens ne cultivent plus que leur altérité, et non pas leur similitude, alors la démocratie perd la mesure de la condition humaine, elle ne parvient plus à définir ce qu'est la condition humaine. Elle se déshumanise. L'idéologie démocratique semble être allée trop loin dans la célébration de la revendication de l'altérité. Petit à petit, le fanatisme devient banal, presque normal. Chacun se trouve de bonnes raisons « démocratiques » de devenir un fanatique et ne s'en rend même plus compte. De nouveau on voit se former dans la société des conduites raciales, et qui se légitiment comme telles. « Raciales » au sens où le racisme change d'objet. Ce n'est plus la couleur de peau ou la différence ethnique qui alimentent le racisme, au sens de haine de l'autre, mais la croyance religieuse. La religion devient un argument racial, soit de fierté, soit de persécution. Peu à peu les démocraties de la tolérance se renversent en démocraties de l'intolérance. C'est là où se situe le danger.

Se séculariser pour une religion, c'est accepter que sa norme ne soit plus prioritaire dans le collectif et dans la vie publique, et qu'elle accepte de se « privatiser », de s'intérioriser. Or, la croyance musulmane se nourrit aussi fondamentalement de sociabilité. Si elle s'en trouve privée, une partie de son humanité va s'affaiblir. Si les relations humaines se dégradent dans une société démocratique, la religion musulmane va apparaître comme une compensation à ce manque de sociabilité moderne. Pour qu'une religion se sécularise vraiment, il faut que la sociabilité démocratique individualiste elle-même comporte des attraits humains, séduisants, qu'elle offre un espace d'hospitalité commun suffisant pour que peu à peu, la croyance religieuse se contienne dans la sphère intime. Mais la religion restera un lien social fort tant que les liens humains d'une manière générale se dégraderont dans l'atomisation. La clé de sécularisation d'une religion réside donc dans le degré de sociabilité humaine de la vie profane ordinaire. Plus une société perd en dons de sociabilité et en relations humaines, et plus on risque de voir la religion retisser des liens que le monde profane a détruits.

C. P. : *Vous portez parfois des accusations sévères contre les Lumières et contre l'École censée les mettre en œuvre. Pouvez-vous expliciter l'idée d'une « transmission entre soi » et sans prise sur la politique, sur la guerre, sur la religion (p. 39) ?*

H. B. : Je n'accuse pas les Lumières car je leur dois le trésor de ma formation. Je constate simplement que nous ne vivons plus dans le monde qui nous a formés. Les Lumières modernes qui se sont bâties sur le renouvellement et l'inspiration des sources classiques antiques, sont devenues à leur tour notre classicisme et notre antiquité. Il faut donc qu'on se donne les moyens d'une seconde Renaissance, dont les textes des Lumières seraient le corpus. Les Lumières sont la culture classique et la genèse de la modernité. Elles ont été pendant longtemps le référent universel de la modernité. Mais elles ne le sont plus. Cela ne veut pas dire qu'elles n'ont plus un rôle à jouer. Mais ce rôle devra se doter de nouveaux moyens face à une évolution dont on n'avait envisagé que les résultats positifs, et pas les effets négatifs. Ainsi on n'avait pas prévu l'impuissance de l'esprit scientifique, de la rationalité face aux conflits raciaux, religieux, ethniques, etc. On pensait que le monde savant allait déteindre sur la conscience des hommes de manière homogène évidente, sauf que cette évidence ne s'est pas réalisée.

Ainsi le travail de vulgarisation de l'esprit scientifique n'a pas été aussi profond qu'on le pensait. L'attrait du savoir, qui semblait aller de soi, n'est pas aussi naturel ni spontané qu'on croyait. Il reste toujours l'apanage d'un petit nombre, dont l'influence rétrécit comme une peau de chagrin. Le savoir n'a pas su briser le mur de la communication, il n'a pas su se doter de véritables moyens de communication et de transmission qui pénètrent la psychologie des foules. Cette défaillance est à prendre très au sérieux. Elle n'est pas inhérente au principe des Lumières qui ne doit pas être remis en cause, mais à la part d'inconnu et d'imprévisibilité que nous réserve l'histoire. Tous les phénomènes politiques qui surgissent aujourd'hui, dont la dynamique du religieux est emblématique, n'ont pas été pensés dans leur nouveauté radicale et sont très difficiles à identifier à travers les épisodes de l'histoire antérieure. Ainsi les formes inhumaines de l'histoire des années 30, comme le fascisme et le nazisme déclencheurs de la deuxième guerre mondiale, sont insuffisantes pour comprendre l'inhumain d'aujourd'hui. Les meurtres de masse d'aujourd'hui ne sont pas de même nature, ni de même ampleur. La question est de fonder un nouvel humanisme qui en viendrait à bout, une sorte de néo-humanisme. L'humanisme de nos anciennes « humanités » ne suffira pas, je veux dire l'humanisme des lettrés. Il ne s'agit pas ici de nostalgie mais de constat lucide. Les lettrés et les philosophes ne sont plus les modèles auxquels on s'identifiait autrefois. Les acteurs et les chanteurs par exemple ont pris leur place. Il ne faut pas sous-estimer ou mépriser ces nouvelles figures d'identification. C'est une nouvelle mythologie de demi-dieux semblables aux religions antiques. Les séries télévisées sont devenues de grands récits collectifs pleins d'enseignements actuels et d'études de mœurs. Le monde de la connaissance doit prendre la mesure de toutes ces nouvelles mythologies, dans lesquelles le mythe de Mahomet par exemple est venu prendre une place majeure. Le monde moderne, contrairement à ce qu'on avait cru, est plein de nouvelles divinités, dieux et déesses de toutes sortes et de toutes conditions, que la mode ou la publicité par exemple nourrissent d'images à profusion.

Il faut donc faire en sorte que le désir de connaissance reste vivant et actif, et qu'il se trouve de nouvelles formes de transmission qui ne soient pas écrasées ou étouffées par la popularité d'une culture du divertissement et du loisir de plus en plus infantilisante. Mais il y aura toujours une difficulté à élargir le monde recueilli et solitaire du savoir à une culture de masse. Je pense qu'ici, la culture et la technologie numériques ont un grand rôle à jouer.

C. P. : *Vous dites (p. 43) que « nous n'avons jamais été à la hauteur de ce que l'humanité attendait de nous ». Qu'est-ce qu'« être à la hauteur » ? Pourquoi ne le sommes-nous pas ? Et pourquoi votre jugement est-il à ce point sévère ?*

H. B. : Essayons de définir la hauteur comme un « idéal de soi » qui avait animé les colonisés contre la « civilisation », laquelle ne s'était pas distinguée à leur égard par un esprit de justice et d'humanité, malgré les lumières qu'elle prétendait répandre. On peut ici parler d'un échec de l'humanisme dans ses conquêtes extra-européennes. Mais justement, l'alternative d'un second humanisme, qui ne serait plus fondé sur les anciennes discriminations, et qui aurait totalement vaincu les obscurs orgueils de la race, ne s'est pas produite. Les victimes peuvent à leur tour développer de nouvelles formes de violence idéologique qui empêchent toute réconciliation historique avec l'ancien dominant. Les décolonisés pensaient qu'ils incarneraient une meilleure humanité, mais ils n'en ont pas encore donné la preuve réelle, en tout cas dans l'organisation de leurs systèmes politiques et leurs relations avec leurs concitoyens. L'Orient n'est pas humainement supérieur à l'Occident. Même dans le mimétisme, il n'accomplit rien qui suscite un agrandissement moral de quelque ordre que ce soit. Les décolonisés ont cru être les nouveaux prophètes de l'humanité contre l'homme blanc, mais cette vision d'eux-mêmes est restée dans une sphère irréelle. Leur projet s'est transformé en un indigénat inversé, au sens où l'indigène ne se considère plus comme un être inférieur, mais au contraire supérieur. Les positions d'inégalité ont été renversées.

On découvre donc que le fait d'avoir été victimes dans l'histoire ne nous prémunit pas contre la tentation de produire à notre tour de nouvelles victimes innocentes. L'ex-victime s'appuie sur un capital d'impunité infini dans ses actions de revanche, en ne quittant pas mentalement son passé de victime, même si elle est devenue entre-temps à son tour bourreau. Les décolonisés n'ont pas mis en œuvre une véritable réconciliation historique avec leurs anciennes puissances, en préférant s'enfermer dans une vision de l'histoire comme tribunal perpétuel, et dont les crimes indélébiles doivent être jugés de père en fils, à travers toutes les générations. Ils sont restés dans des positions d'abaissement moral et de revanche, c'est ce que j'appelle ne pas être à la hauteur. Le colonialisme a été un échec tragique. Mais la décolonisation s'avère aussi être un échec dont on ne mesure pas encore toute l'ampleur. Ce que vous appelez sévérité de ma part n'est que l'application à soi-même des valeurs qu'on exige des autres.

C. P. : *Si notre horizon est celui d'une guerre que nous menons contre la violence et contre la cruauté (« le moloch ou la part monstrueuse de l'humanité », p. 45), il y va aussi d'un cercle vicieux : peut-on être ou faire la guerre sans être à son tour violent et cruel ? Peut-on imaginer une action qui échapperait à ce cercle ?*

H. B. : C'est une question que je me suis souvent posée : comment rester humaniste face à un adversaire qui fait fi de tout principe d'humanité ? Effectivement, les entreprises d'intervention militaire au Moyen-Orient au nom de la démocratie ont été désastreuses, et ont semé les germes d'une haine sans merci dont on ne voit pas le bout. La guerre a donné en retour la terreur, qui fatalement ne peut que produire une contre-terreur. Mais le danger ici est que, contrairement à une guerre classique qui a un commencement déterminé et une fin définie dans le temps, plus personne ne puisse arrêter l'enchaînement de vendettas à grande échelle et sans frontières. Nous sommes sortis de la période de paix qui a suivi les victoires sur les fascismes et les colonialismes du xxᵉ siècle. Maintenant, il n'y a plus de victoire dans aucun camp, ce qui signifie la défaite pour tous les camps. Et ce climat de défaite générale compromet toute paix qui suit naturellement la victoire d'un camp et la capitulation d'un autre. Pour sortir de cette situation, il faudrait qu'une puissance politique volontariste ait la force et les moyens d'imposer la paix. Je ne vois pas dans l'immédiat qui dispose de cet atout et de cette volonté. Le terrorisme civil, qui est une réplique intérieure de la guerre militaire extérieure, ne s'arrêtera pas, même après le retrait des troupes sur le terrain. Il ne faut pas s'attendre à une reddition totale de l'État islamique, même s'il est écrasé militairement. Nous sommes face à une grande inconnue. Les mouvements d'extrême-gauche du terrorisme européen avaient fini par s'épuiser d'eux-mêmes car minoritaires, vaincus par l'effondrement du communisme dans son ensemble. Mais l'islamisme n'est pas près de s'effondrer. Comme je l'ai dit, l'idéologie démocratique lui a donné une légitimité. C'est du monde musulman que viendra le changement ou la mutation. S'il trouve dans sa pacification plus d'avantages et de bénéfices que dans son bellicisme, il peut décider de négocier la paix civile. Il faudra aussi que les Occidentaux cessent de devenir les gendarmes démocratiques du monde, qu'ils s'inquiètent davantage des dérives internes de leur propre démocratie et moins de la nature des régimes politiques d'États qui ne sont plus depuis longtemps sous leur tutelle.

La question générale peut se résumer ainsi : comment va se constituer la démocratie dans les pays non-chrétiens, car elle ne possède aucun référent symbolique fort dans l'histoire de ces pays ? Leur liberté n'a pas d'histoire propre, autre que celle d'une libération contre la colonisation. Quels seront les fondements spirituels et intellectuels de ce nouvel imaginaire démocratique ? Pourront-ils être totalement indépendants du modèle occidental ? Je ne crois pas. Il y aura forcément un jeu d'interférences, d'influences et d'indépendances qui seront à l'origine de multiples tensions. Les ressources d'humanité des sociétés non-chrétiennes parviendront-elles à dépasser les vieilles rancœurs anti-colonialistes, et devenir elles-mêmes de nouvelles sources d'inspiration pour les démocraties occidentales, désormais en état d'usure et de lassitude de leurs modèles ? Et les Occidentaux renonceront-ils à leur sentiment historique de supériorité hégémonique en tant qu'inventeurs de la démocratie ? La question de la renaissance de la démocratie se pose désormais avec autant d'acuité et de similitude pour les uns que pour les autres. Cette similitude est la clé de pacification et d'humanisation de leurs rapports, et de l'extinction du terrorisme.

PARUTION

SUR QUELQUES OUVRAGES (PLUS OU MOINS) RÉCENTS CONCERNANT LA DÉMOCRATIE

J. M. C. Chevalier

Après que la société[1], puis la démocratie[2], furent « contre l'État », c'est désormais le peuple « contre la démocratie »[3]. Dans la grande tradition du « Contr'Un », la politique dresse les uns contre les autres corps, pouvoirs et régimes. La démocratie s'oppose et oppose. D'où un sentiment récurrent d'échec, de rejet, de désaveu. D'où aussi des tensions incessantes et l'impossibilité apparente d'un apaisement. Mais peut-être est-ce là non seulement la marque de la démocratie, mais le signe de son bon fonctionnement. Alors que les totalitarismes étouffent tout désaccord, la démocratie serait, plutôt que l'espace du consensus public, le lieu du dissensus par excellence. C'est ce que suggère un tout récent livre de Monique Chemillier-Gendreau sur l'actuelle « régression de la démocratie »[4]. Car c'est la société tumultueuse, plutôt que l'institution étatique unifiante, qui porte en elle l'essence de la démocratie. D'où l'idée que la « vraie démocratie » doit toujours d'une certaine manière s'insurger « contre l'État », dans les termes de Miguel Abensour.

Ces ouvrages surnagent dans un océan d'analyses contemporaines. Une intéressante recension critique parue dans la revue en ligne *Le Grand continent*[5] constate avec dépit qu'une certaine « littérature industrielle » (Sainte-Beuve) produit en masse des essais-diagnostics sur la crise démocratique sans y proposer de réelle solution[6]. Quand la fragilisation démocratique contemporaine ne s'y trouve pas ramenée à « l'histoire universelle de la "colère", des "affects thymotiques" depuis Platon, comme dans la philosophie politique psychologisante d'un Peter Sloterdijk »[7], elle est dissoute dans le

1. P. Clastres, *La Société contre l'État. Recherches d'anthropologie politique*, Paris, Éditions de Minuit, 1974.
2. M. Abensour, *La Démocratie contre l'État*, Paris, Éditions du Félin, 2004.
3. Y. Mounk, *Le Peuple contre la démocratie*, Paris, L'Observatoire, 2018.
4. M. Chemillier-Gendreau, *Régression de la démocratie et déchaînement de la violence* (2019).
5. « Vers un républicanisme soutenable : l'économie politique des nations démocratiques territorialisées. À propos de *Slow démocratie*. Comment maîtriser la mondialisation et reprendre notre demain en main. », *Le Grand continent*, en ligne : https://legrandcontinent.eu/fr/2019/10/17/vers-un-republicanisme-soutenable-leconomie-politique-des-nations-democratiques-territorialisees/
6. Ou pire… en en proposant ! On retiendra notamment l'injonction de Y. Mounk, *Le Peuple contre la démocratie, op. cit.* : « Aussi peu attirant que cela puisse paraître aux yeux de militants de faire campagne pour un parti du centre, joindre un mouvement politique qui possède des chances réelles de succès reste l'une des meilleures manières de se battre pour la démocratie ».
7. *Cf.* P. Sloterdijk, *Colère et temps : essai politico-psychologique*, Paris, Maren Sell, 2007. On pourrait aussi évoquer l'entrée poussive, dans le champ intellectuel français, de la « psychologie politique », qui tente d'enfoncer un coin entre philosophie politique et théories de la rationalité des agents.

double diagnostic « bien court » de l'individualisme moderne ingouvernable et de la nouvelle « technocratie des algorithmes » par Jean-Claude Kaufmann[8], à moins qu'elle ne soit rapportée au diagnostic général d'une accélération de la modernité chez Hartmut Rosa[9]. Dans *Le Peuple contre la démocratie*, Yascha Mounk rapporte ce processus « à la triple causalité supposée des médias désintermédiés de l'ère numérique, de la stagnation séculaire et des tribulations identitaires des sociétés multiculturelles » sans satisfaire davantage les recenseurs du *Grand continent*. Ceux-ci renoncent à égrener plus avant les contributions à ce qu'ils nomment un « bavardage infra-politique » pourtant florissant, « en raison sans doute de leur côté chic *import-export.com* ou *made in Germany* vers la province alignée France ». On incrimine l'homme du ressentiment, « l'hystérisation indécrottable des réseaux sociaux », l'ingouvernementabilité moderne, les conséquences du dix-neuvième siècle thermo-industriel ou la fin de la croissance… et – en citant encore *Le Grand continent* – « voilà le livre fait, l'époque cernée, la politique renvoyée au passé glorieux de la Raison et de la République (versus l'enfant terrible "Démocratie"), et surtout à un sursaut éthique – individuel comme collectif s'entend ».

Ce brillant plaidoyer pour une approche plus perspicace de la démocratie sert de prolégomènes à une politique future, dont le risque est grand qu'elle déçoive. Surtout quand ce qu'elle propose n'est rien d'autre qu'un attachement inconditionnel au modèle de l'État-nation. C'est ce que fait David Djaïz dans sa *Slow Démocratie*.

L'État-nation, un pis-aller

David Djaïz, *Slow Démocratie*, Paris, Allary éditions, 2019.

Le jeune auteur déplore que tous, progressistes, humanistes, sociaux-démocrates ou néolibéraux, soient vivement inamicaux envers la *nation* démocratique. C'est selon lui une erreur : minorer l'importance de la nation face à la mondialisation procède d'une faute de raisonnement, de la confusion entre une forme politique – la nation démocratique – et un échelon géographique ou gouvernemental. Selon lui, prendre le parti de la démocratie contre le capitalisme, ou appeler à une extension indéfinie des droits individuels, ne suffit pas. Il faut plutôt revenir à une réflexion sur les formes politiques, pour redécouvrir les vertus du nationalisme.

Car, selon l'auteur, la nation est autre chose que la survivance d'un ordre politique d'un autre temps. L'un des principaux arguments pour plaider en sa faveur est qu'il n'existe de toute façon pas une infinité de formes politiques à disposition, et que la nation est le moindre des maux. Force est de se résigner à choisir, résume-t-il, entre les quatre formes politiques séculaires que sont la tribu, la Cité, l'Empire et la nation. En France, on tend à confondre l'État et la nation, car le premier a précédé la seconde et contribué à la configurer ; mais il n'en est jamais que l'appareil politico-administratif. C'est donc bien en

8. J.-C. Kaufmann, *La fin de la démocratie. Apogée et déclin d'une civilisation*, Paris, Les liens qui libèrent, 2019.
9. H. Rosa, *Accélération* [2005], Paris, La Découverte, 2013.

faveur de l'État-nation en soulignant *nation* que plaide D. Djaïz. Et de procéder par élimination. L'Empire est le régime préféré des néo-libéraux – Empire austro-hongrois pour von Mises et Hayek, empire colonial pour les partisans d'un libre-échange mondialisé. Les partisans d'un grand continent européen (et plutôt que sur les idéaux des pères fondateurs de l'Europe, D. Djaïz s'attarde sur la conception du même Hayek) seraient nostalgiques d'un empire susceptible de tenir tête aux États-Unis et à la Chine. L'auteur nuance toutefois : seul l'impérialisme chinois, en tant que profondément anti-démocratique, est véritablement fidèle à cette forme politique la plus régressive qu'est l'Empire, dans laquelle les rapports de pouvoir sont fondés sur la soumission à la force. Faire de l'Europe un nouvel empire, ce serait la transformer en une entreprise cosmopolitique fondée sur des nationalités plutôt que des nations (lesquelles s'adossent à un État). Voilà l'ennemi pour D. Djaïz : la construction européenne avait « un agenda caché » (!), qui n'était autre que de « vider les nations démocratiques de leur pouvoir de décision sur les questions les plus essentielles ». Tel est l'argument de l'auteur, qui n'est pas, faut-il le souligner, sans rappeler certaines formes de populisme : la méfiance à l'égard des formes de gouvernance supranationale alimente souvent un attachement à une identité populaire obsidionale, voire xénophobe.

Autre écueil très actuel pour qui renoncerait à la nation : le retour à la tribu, par « centrifugation infra-nationale ». Loin d'être une forme politique éteinte, elle prospère dans la post-modernité partout où l'État-nation a failli, le djihadisme en étant la forme la plus attractive. Fondée sur une communauté de semblables et la force d'un commandement vertical, la tribu est le refuge des jeunes gens en déshérence dans les nations occidentales vacillantes. Du reste, D. Djaïz souligne la proximité entre les deux formes politiques que sont l'empire et la tribu : c'est dans les marges des Empires, aujourd'hui les banlieues pauvres des mégalopoles mondiales, que se préparent les insurrections tribales.

Contre un Empire implacable n'offrant qu'une illusion de liberté, et contre la tribu fournissant la solidarité en échange d'un abandon des libertés, la nation démocratique serait la seule forme politique capable de produire simultanément liberté civile et solidarité, lesquelles constituent la démocratie. N'y a-t-il pas là aussi une régression, et l'État-nation ne satisfait-il pas certaines tentations de retour en arrière ? Le spectre du nationalisme populiste, souvent xénophobe, se profile rapidement. De même qu'Y. Mounk, D. Djaïz constate que les démocraties contemporaines ont disjoint deux principes normalement indivisibles, celui de l'auto-gouvernement du peuple d'une part, de l'État de droit d'autre part. Cela signifie dans les termes d'Y. Mounk que certains régimes élus sont devenus « anti-démocratiques », par où il faut entendre que c'est au nom du peuple lui-même que l'on opprime le peuple ou certaines minorités qui le constituent, que l'on restreint les libertés, que l'on pratique l'arbitraire : la liberté démocratique est paradoxalement liberticide, le peuple est « contre la démocratie ». Cela signifie dans les termes de D. Djaïz que certaines démocraties sont devenues « illibérales », lorsque les gouvernements nationaux-populistes ont profité d'un affaiblissement général de la légitimité démocratique aux yeux des nations. D. Djaïz, qui met en évidence la tolérance du peuple aux entorses autoritaires (coup d'État, absence de séparation des pouvoirs, restriction des libertés), analyse le phénomène comme un rejet du libéralisme planétaire : « le peuple national aspire plus que jamais à se gouverner lui-même mais il rejette l'héritage libéral de l'État de droit, désormais perçu comme un cheval de Troie de la mondialisation ».

En somme, pour l'auteur, le populisme n'est que le contrecoup bien naturel d'un libéralisme politique et économique responsable de tous les maux. La critique de l'État-nation, en s'en prenant au rempart du libéralisme, fait donc nécessairement le jeu du pire. Par une étonnante volte-face, D. Djaïz argue en outre que le contraire n'est pas moins vrai : reprochât-on à l'attachement nationaliste de favoriser la demande sociale interne, génératrice de dépenses publiques, on devrait admettre que c'est dans l'État-nation que se déploie le néolibéralisme. Il s'est accommodé de la nation comme d'une sorte de fatalité, pour mieux la corseter, à force de règles et d'institutions, dans un ordre libéral non démocratique. S'il n'a pas cherché à imposer un autre ordre politique, c'est fort pragmatiquement, estime D. Djaïz, parce que l'État-nation est la meilleure des formes de gouvernement.

Par ailleurs, même si l'on reproche fréquemment à la multiplicité des nations souveraines de favoriser le protectionnisme, l'auteur considère que cette multiplicité est au contraire productrice d'émulation et d'innovation (technologique, scientifique, économique), à une époque où l'hyper-mondialisation et l'hyper-nationalisme incitent à la concurrence sauvage. Rien d'étonnant à ce que ces deux extrêmes, ouverture globale et clôture identitaire, produisent le même effet, puisque c'est faute du respect de la diversité des nations que s'accélère le repli national agressif.

La ligne d'argumentation de D. Djaïz peut sembler manquer de netteté. Car si celui-ci semble par principe abhorrer le fédéralisme européen, c'est aussi parfois à cause des difficultés de sa mise en œuvre. Ses réticences envers un transfert de souveraineté des nations à une fédération européenne viennent-elles finalement de son caractère irréalisable ? Ce serait alors, tout au contraire des analyses qui précèdent, un objectif désirable mais nécessitant des décennies de travail, s'il est vrai que l'espace public européen n'est pas aussi réel que le souhaiterait un Habermas.

N'y a-t-il pas un pessimisme excessif dans ce diagnostic ? Et inversement, un enthousiasme immodéré dans les capacités de l'État ? On aimerait citer Max Stirner : « L'État ! L'État ! Ce fut un cri général et l'on ne chercha désormais plus que la bonne, la "meilleure constitution", la meilleure forme d'État. L'idée d'État éveillait l'enthousiasme dans tous les cœurs ; servir ce dieu terrestre devint la nouvelle religion, le nouveau culte : l'âge proprement politique était né »[10]. C'est dans cette lignée critique que se situe l'ouvrage qui suit.

■ ▓ 10. M. Stirner, *Œuvres complètes*, Lausanne, L'Âge d'homme, 1972, p. 61.

L'essence conflictuelle de la démocratie

Monique Chemillier-Gendreau, *Régression de la démocratie et déchaînement de la violence. Conversation avec Régis Meyran*, Paris, Textuel, 2019.

La démocratie est-elle garantie dès lors qu'est accordé le droit de vote et assurée la satisfaction du plus grand nombre ? Ou ne réside-t-elle pas avant cela dans le fait même de pouvoir délibérer entre égaux [11] ? La conviction à la base de *Régression de la démocratie et déchaînement de la violence* est en tout cas que la marque de la démocratie est l'acceptation de la pluralité. Une société est démocratique si elle propose un espace à l'expression de la liberté dans sa diversité. Car la conflictualité est la forme acceptable de la violence. Aussi revient-il au politique de permettre sereinement la confrontation et le désaccord aussi bien que les convergences. Ce qui est à craindre n'est pas l'opposition tumultueuse entre les groupes mais la réduction de la diversité, notamment au nom d'un pacte identitaire dont la démocratie fait aujourd'hui les frais. À cette aune, si la démocratisation s'est amplifiée au siècle dernier, elle connaît aujourd'hui une phase de régression.

Monique Chemillier-Gendreau accorde donc une place de choix à la violence, qui dans son analyse est le grand problème du politique. Une réflexion sur les fondements anthropologiques, et même psychanalytiques, de la violence, montre qu'il ne saurait être question de s'en débarrasser totalement. Mais la religion n'exerce plus son rôle de contrôle de cette violence (rôle mis en évidence par René Girard dans *La Violence et le Sacré*), et le droit ne parvient pas à la circonscrire – au point qu'il n'existe pas de définition juridique satisfaisante du terrorisme, note l'auteure au passage. C'est donc au pacte politique à réguler la violence. Et la démocratie sera la plus à même de dissoudre les menaces de celle-ci dans le tissu social. À l'origine de beaucoup de violences réside la tentation de réduire l'autre au même, de nier la différence. Et c'est parce que l'individu veut l'identique que la démocratie doit être l'espace d'expression de l'autre et de désaccord avec l'autre. Exemple de résorption de la violence faite dans la conflictualité ordinaire de la société, l'amnistie est importante en tant que censée donner à un condamné l'occasion véritable d'une nouvelle vie. Car si la réduction à l'identique est détestable, c'est aussi parce que l'identité personnelle est une fiction, au point que l'homme qui sort de prison n'est plus le même que celui qui y est entré.

La pluralité étant le sceau de la démocratie, l'identité nationale, qui réduit le divers à l'unité (par exemple en s'opposant à la conservation des langues régionales), ne peut être que détestable. Non seulement le nationalisme est dangereux, mais, selon M. Chemillier-Gendreau, l'idée même de nation est à rejeter. Elle rappelle à cet égard le diagnostic d'Étienne Tassin : « Les nations sont l'invention tardive d'un monde malade que les assignations résidentielles

---

11. Telle est la thèse de l'ouvrage de Ch. Girard, *Délibérer entre égaux. Enquête sur l'idéal démocratique*, Paris, Vrin, 2019.

et identitaires ont divisé et condamné aux guerres communautaires »[12]. Cette critique accompagne celle de la souveraineté en général. La souveraineté, en ce qu'elle réduit la pluralité, est antidémocratique ; et une souveraineté limitée, démocratique, ne serait plus la souveraineté. Le concept de souveraineté, tel qu'il a été pensé par Jean Bodin, est un obstacle à la pluralité, et le concept de souveraineté populaire, comme la notion rousseauiste de volonté générale, est mal formé. C'est l'un des problèmes majeurs de l'époque contemporaine : le souverain, c'est ce particulier en lieu et place de l'universel qu'il contribue à composer, ce « un » aliénant contre lequel La Boétie a voulu mettre en garde.

Réduisant la pluralité, l'État n'est pas cet « universel particulier » qu'il devrait être. Aussi n'est-il pas épargné par M. Chemillier-Gendreau dans son entreprise de déconstruction. L'État-providence, notamment, peut être un leurre, de même que le service du bien public, qui cache bien souvent une soumission à l'État. Contre la gauche jacobine et contre la droite, qui entretiennent en commun la panique identitaire, il faut rappeler que le politique préexiste à l'État. Cette distinction est souvent occultée, de même qu'une autre corrélative : s'il est légitime que le chef détienne l'autorité, au sens où sa parole doit être respectée, il ne doit pas détenir le pouvoir, c'est-à-dire la capacité de coercition. Le pouvoir doit être dans la société. Et citant cette fois Saint-Just : il faut veiller à ce que « les citoyens ne soient point liés à l'État, mais que liés entre eux ils forment l'État ». D'où l'importance fondamentale de cette valeur négligée qu'est la fraternité, vrai principe de toute communauté politique mais faisant défaut à l'intérieur des communautés nationales, en particulier à l'égard des origines différentes.

On peut s'étonner du rôle relativement modeste réservé au droit de la part de la juriste qu'est M. Chemillier-Gendreau. C'est que le droit n'est en définitive qu'une « mise en musique » du pacte politique. Le fondement des droits est intégralement politique, et se trouve dans le peuple même : les droits ne devraient pas être concédés par un État mais conquis par les citoyens. Car il faut toujours se battre pour de nouveaux droits, ce que seule la démocratie permet : elle constitue le droit aux droits, la possibilité de déborder des droits existants vers d'autres droits. Une fois figés dans une institution, ces droits perdent leur valeur. Aussi les Droits de l'homme ainsi que la démocratie doivent-ils demeurer dans la sphère politique : transposés dans le domaine juridique, ils se vident de leur sens. Cela reviendrait à figer la démocratie dans un système qui la dénature. Or la conception purement institutionnelle de la démocratie qui a prévalu jusqu'alors est insatisfaisante. La vérité de la démocratie est sans doute davantage à chercher dans l'insurrection, ce moment de bouillonnement politique où le peuple exprime sa force. Certes, il est ensuite nécessaire que les institutions prennent le relais, mais celles-ci sont plus ou moins libératrices. Libératrice, l'Inspection du travail l'est par exemple, en permettant au conflit de jouer dans la démocratie. Et ce, à condition que le droit change avec la société : la loi est le point d'équilibre entre les contradictions sociales à un moment donné, et à ce titre toujours provisoire, puisque les contradictions évoluent. Tout texte de droit doit correspondre au dépassement de contradictions sociales vivantes.

■ 12. É. Tassin, *Le Maléfice de la vie à plusieurs*, Paris, Bayard, 2012.

La critique ne s'arrête pas aux concepts de nation, d'État et de souverain, par nature antidémocratiques. Au lieu de réguler la violence sociale, les pouvoirs régaliens exercent à leur tour une violence sur le peuple. Ils constituent un ensemble de prérogatives absolument abusives, au nombre desquelles le droit de conquête, le monopole de l'armée et le droit de faire la guerre, le pouvoir de police, les droits d'incarcérer, de lever les impôts, de faire la loi ou d'octroyer la nationalité. En faisant dominer l'intérêt général sur les intérêts privés, ces droits portent atteinte à la propriété privée. Face à eux, aucun droit d'insurrection n'est reconnu – mais il est vrai que la résistance à l'oppression ne saurait être un droit, car il limiterait alors l'exercice de la résistance : ce qui permet de s'opposer aux lois ne peut être une loi. Preuve supplémentaire s'il en fallait du caractère non démocratique de la Constitution de la Ve République, celle-ci n'établit pas la séparation des pouvoirs, ou même, accorde à l'État le droit aberrant de ne pas rendre publique une partie de ses archives.

À la violence interne à un peuple que doit canaliser la démocratie fait écho la violence inter-étatique. Comment maintenir la paix internationale ? Il faut selon M. Chemillier-Gendreau s'inspirer de la façon dont la démocratie peut maintenir l'harmonie entre les tendances contraires de la société. Ce serait une conception très pauvre que de considérer la paix comme la simple absence de guerre. Le pacifisme n'est pas une pensée politique mais un rêve pieux. Car, puisque la guerre est un déchaînement de violence sans limite, il serait illusoire d'y mettre des limites. Mais elle repose sur des alliances, de sorte que c'est une politique de l'amitié que l'auteure appelle de ses vœux. Les formes institutionnelles qui ont été mises en place – l'ONU, le droit humanitaire – ont échoué, sans doute parce qu'elles ne correspondent pas aux formes actuelles de la violence (qui se manifeste notamment par la guérilla et le terrorisme), et aussi parce que l'ONU reste une association d'États souverains (avec ses membres permanents).

Tant que la société d'États rivaux ne laissera pas la place à une communauté internationale, il sera impossible d'adopter un droit commun et une politique commune qui correspondraient, plus qu'à la globalisation, à une vraie mondialisation. Et cette communauté ne devra pas constituer à son tour un nouvel État souverain. Ses objectifs devraient en être en priorité le désarmement, la protection de l'environnement, la justice sociale, l'éducation et la culture.

Seul cet ordre mondial serait assez puissant pour lutter contre le capitalisme, qui est l'ennemi de la démocratie. Car si les forces politiques prennent le pouvoir par les élections, il n'y a en réalité presque plus de pouvoir à prendre. L'État actuel n'est que le gestionnaire du grand capital, incapable d'offrir ce qu'il ne possède plus. Combattre pour la démocratie, c'est donc aussi, nécessairement, résister au capitalisme, lequel est en outre actuellement ultra-militarisé. Cette lutte ne peut être victorieuse qu'à un niveau international : la souveraineté économique des pays ressources ne fait pas le poids face à un capitalisme mondialisé très concentré sur quelques multinationales géantes. La meilleure protection ne peut venir que d'un droit international renforcé ayant autorité sur les souverainetés, qui mette en place des normes non pas libératrices mais protectrices des sociétés locales.

L'anarchisme comme « vraie démocratie »

Miguel Abensour, *La Démocratie contre l'État*, Paris, Éditions du Félin, 2004.

Le livre de M. Chemillier-Gendreau se place résolument dans une lignée revendiquée, celle des penseurs d'une démocratie non institutionnelle, non étatique et anti-souverainiste. Parmi eux, Miguel Abensour a posé des jalons essentiels. La thèse de *La Démocratie contre l'État* est dans son titre : « La démocratie est anti-étatique ou elle n'est pas » (p. 13). Si l'« État démocratique » est une alliance contre-nature, c'est parce qu'il fait passer du *tous uns*, qui définit l'amitié chez La Boétie, au *tous Un*, réduction négatrice caractéristique de la servitude volontaire.

Selon M. Abensour, la démocratie est, par essence, « insurgeante », au sens où elle doit être le théâtre d'une insurrection permanente. Elle constitue le surgissement du corps du peuple contre le corps de l'État. Son moment caractéristique est la Révolution, quand la démocratie lutte à la fois contre l'État d'ancien régime et contre le nouveau qui se met en place. Là où M. Chemillier-Gendreau y voit une figure de la conflictualité, M. Abensour insiste sur le contraste entre démocratie insurgeante et démocratie conflictuelle : cette dernière situe le conflit dans l'État, alors que la vraie démocratie s'oppose à l'État en tant que principe, *archè*. La démocratie réactive nécessairement une impulsion anarchique.

Pour jouer son rôle, la société civile a besoin d'être repolitisée. L'auteur renvoie à *La Mésentente* de Jacques Rancière : afin de comprendre comment le peuple pourrait se réapproprier cette universalité dont l'État se proclame le porteur, il faut voir que deux logiques différentes y sont à l'œuvre, « la logique policière de la distribution des places et la logique politique du trait égalitaire ». L'insurrection ouvre l'abîme occulté entre le politique et l'étatique : elle travaille à faire surgir une communauté politique contre l'État. Face aux tentatives de celui-ci pour faire rentrer dans son lit les pulsions insurrectionnelles, et pour lier démocratie insurgeante et institution, il faudrait inscrire un droit à l'insurrection. Institution et effervescence ne sont en effet pas totalement antagonistes, nuance M. Abensour, dès lors qu'on distingue institution, loi, et machine à gouverner.

Ces analyses s'opposent à l'assimilation de la politique à l'étatique par Hegel, et puisent leur inspiration dans la *Critique du droit politique hégélien* par le Marx de 1843[13]. Karl Marx y emploie l'étonnante expression de « vraie démocratie » pour désigner la démocratie en lutte contre l'État. En effet, à un niveau socio-historique, l'État est affligé d'un double foyer d'imperfection : en amont, il est hanté par les réminiscences de l'Ancien Régime ; en aval, il est confronté au nouveau problème de son rapport avec l'industrie et la finance. À un niveau philosophique ensuite, l'État tend à reproduire

CAHIERS PHILOSOPHIQUES ▶ n° 160 / 1ᵉʳ trimestre 2020

---

13. Le texte est accessible en français dans plusieurs éditions de Marx, notamment : *Critique du droit politique hégélien*, trad. fr. A. Baraquin, Paris, Éditions sociales, 1975 ; *Écrits de jeunesse*, Paris, Quai Voltaire, 1994 ; *Critique du droit politique hégélien*, trad. fr. K. Papaïoannou, Allia, 2010 ; *Écrits philosophiques*, L. Sève (éd.), Paris, Flammarion, 2011.

l'aliénation religieuse : la sacralisation de l'idée d'État a remplacé le divin, et la « statolâtrie » menace. Selon M. Abensour, c'est en prenant conscience de ces risques que Marx en appelle à une réorientation de l'émancipation à l'aide du modèle copernicien : que la société terrienne remplace le ciel de la politique, « que l'homme ne gravite plus autour de l'État, soleil illusoire, mais qu'il gravite enfin autour de lui-même, telles sont les directions qu'ouvre cette nouvelle phase de la critique » (p. 113). Marx découvre en somme que la famille et la société civile-bourgeoise procèdent de l'État, et non le contraire comme l'avait énoncé Hegel.

Marx pensera par la suite une inversion du rapport de l'État à la politique, avec la subordination de l'État à la société. Mais en 1843, c'est une véritable disparition de l'État qui est envisagée, pour faire advenir la forme politique achevée, la démocratie réelle, qui est l'essence du politique, « la logique de la chose politique ». M. Abensour isole plusieurs caractères fondamentaux de la « vraie démocratie ». Premièrement, la politique est pensée dans la perspective de la souveraineté du peuple et non du monarque. Marx procède à une inversion systématique des propositions de Hegel : la monarchie ne peut se comprendre que dans la perspective de la démocratie, qui est le *telos* de la politique, et qui seule peut accéder à une auto-compréhension. Deuxièmement, « la différence fondamentale de la démocratie » est, selon Marx, la suivante : l'homme y réalise sa détermination humaine en tant que membre de la sphère politique. M. Abensour rappelle que « Marx redoutait un Aristote allemand incapable de distinguer entre l'homme, animal sociable, et l'homme, animal politique » (p. 158). En effet, ce n'est pas parce que l'homme est un animal social qu'il se donne une constitution, mais parce qu'il se dote d'une constitution qu'il se révèle être un homme pleinement socialisé. L'existence sociale de l'homme s'objective dans l'État. Et c'est même en luttant politiquement, en qualité de citoyen de l'État, contre les relations qui s'établissent dans la société civile, que l'homme conquiert son essence. Il lui faut se délier de la société civile-bourgeoise, rompre la sociabilité inessentielle, pour réaliser une opération fondamentale : la réduction anti-dogmatique de la constitution. La constitution, et à travers elle l'État politique, sont réduits à un simple moment, chaque moment de la démocratie n'étant que moment du *dêmos* total. Si la démocratie est, dans la frappante et mystérieuse formule de Marx, « l'énigme résolue de toutes les constitutions », c'est parce qu'il en va en définitive, dans toutes les constitutions, de l'auto-détermination du peuple. Alors que dans tous les autres régimes l'État, la constitution et la loi dominent, dans la véritable démocratie ils n'organisent pas le tout de l'existence du peuple.

Il faut donc aussi prendre en compte une temporalité propre à la démocratie, celle d'une fondation continuée qui ne privilégie le présent du vivre-ensemble que sous l'horizon d'un « œuvrer » en commun idéal. Ainsi, dans la vraie démocratie, l'État politique disparaît au sens d'une forme d'organisation usurpatrice, mais persiste comme moment particulier de la vie d'un peuple dans toute sa sublimité. Cette abstraction qu'est un État purement politique est un moment nécessaire mais relativisé par rapport à « l'État non politique », où s'épanouit l'activité absolue du sujet populaire, la vie générique du *dêmos* dans sa totalité.

La pensée sauvage de la démocratie

Antoine Chollet, « L'énigme de la démocratie sauvage »,
Esprit, janvier/ février 2019[14].

M. Abensour s'inspire en outre d'une notion qu'il est un des seuls lecteurs de Claude Lefort à avoir identifiée et thématisée dans son œuvre, la « démocratie sauvage ». Cette conception de la démocratie est couplée à l'anarchie, et est supposée rendre compte de la dissolution des repères de la certitude. Elle ne s'identifie toutefois pas à la « vraie démocratie » marxienne, ne serait-ce que parce que sa logique n'est pas nécessairement anti-étatique. Un tout récent article aide à mieux cerner la notion de démocratie sauvage.

Antoine Chollet n'a dénombré que six occurrences de la locution « démocratie sauvage » dans l'œuvre de Claude Lefort. C'est dire si la notion travaille en souterrain, à la façon d'un rhizome. L'appel à une démocratie sauvage intervient notamment au moment où Lefort renonce à « poursuivre le rêve du communisme comme s'il pouvait se défaire du cauchemar totalitaire », pour se tourner vers une voie paradoxalement plus audacieuse et « plus révolutionnaire », à savoir « une idée libertaire de la démocratie »[15]. C'est pour tracer un chemin évitant le stalinisme et le totalitarisme d'une part, le conservatisme d'autre part, qu'il insiste sur « la sensibilité au droit ». En particulier, quand on replace les droits dans la dynamique de leur conquête, et qu'on associe la défense des droits acquis à la nécessaire revendication de droits nouveaux, alors « la démocratie est nécessairement sauvage et non pas domestiquée ».

Lefort reconnaît que ce versant de la démocratie n'en est pas le tout : il y a deux versants de la démocratie, le premier étant institutionnel. Mais cette dimension en fait une société « purement mondaine », et, dans un renversement de la formule de Pierre Clastres, une « société pour l'État ». Cela enveloppe au minimum un risque de sclérose, voire une menace totalitaire[16]. D'où le second versant de la démocratie sauvage qui, spécialement par la revendication des droits particuliers, introduit la discordance de la société à elle-même. La conflictualité n'est alors pas organisatrice de la politique, mais désordonnée et désordonnante[17]. Figure de ce versant de la démocratie sauvage, elle joue alors la même fonction que chez Machiavel, à savoir, rendre possible la liberté. Penser la démocratie, c'est en définitive penser le rapport hautement problématique entre ces deux versants.

J. M. C. Chevalier

14. Dans ce même numéro consacré à Claude Lefort, un contributeur émet ce jugement : « Ce qui se joue sur les places publiques occupées ne serait pas tant une tentative de refondation qu'une phase d'ensauvagement de la démocratie. » (A. Guichoux, « La démocratie ensauvagée »).

15. C. Lefort, « Préface », *Éléments d'une critique de la bureaucratie*, Paris, Gallimard, 1979, p. 15.

16. Ce reproche serait dirigé, semble-t-il, contre la conception de la démocratie que défend Castoriadis. La nature de ce désaccord nécessiterait un développement à part entière, qui dépasse largement le cadre de la présente recension.

17. Elle diffère en cela, remarque l'auteur de l'article, de la « démocratie agonistique » préconisée par Ch. Mouffe, *cf.* notamment *Agonistique. Penser politiquement le monde*, Paris, Beaux-Arts de Paris, 2014.

ABSTRACTS

Embarras
de la démocratie

Democratic Model or Democratic Experiments ?
Florent Guénard

For postmodern thought, democracy is poorly defended by the offering of an overhanging theoretical model, and one should rather stick to an internal assessment of democratic experiments. Political philosophy is thus viewed as unable to break free from normative claims that may prove unsuited to the various historical settings. Such criticism, albeit stimulating, is incomplete : for when political philosophy advocates models of democracy, it is less as a stepping out of history than as a means of making it possible for citizens to deliberate within their communities.

Plato on Democracy, or Collective Ignorance as a Political Principle
Marc-Antoine Gavray

The Platonic criticism of democracy is definitely political, insofar as its underlying anthropological and epistemological model is rejected, in the name of the historical nonsense it is bound to bring about. This paper studies the two mainsprings of Plato's analysis : 1) the lack of unity, translated into de facto oligarchy and scattering of citizens, more concerned by their own individual freedoms than by the interest of the city ; 2) a theory of knowledge which implicitly dissociates power from knowledge. The outcome is a step back from a model in which the democratic man is considered as naturally competent to exert his responsibilities.

The Difficulty of Being a Good Orator.
A Critical Study of John P. McCormick
Sébastien Roman

As a remedy to the oligarchical tendencies of contemporary democratic states, John P. McCormick found inspiration in Machiavelli and imagined a people's Tribune to complete the electoral model by the institution of a specific class assembly, by and for the people. This paper is a critical study of such a proposal, based on the analysis of the term « orator » in the Discourses on Livy. McCormick is wrong in his interpretation of orators in Machiavelli, as well as of the assemblies remedy, which does not pertain to deliberation as he understands it.

Epistemic Democracy : a Condorcetian Perspective
Juliette Roussin

What are the implications of Condorcet's philosophy for epistemic theories of democracy ? The latter often reduce Condorcet's epistemic reasoning in favor of democracy to the Jury theorem. But the philosopher shows that it is only when democracy becomes the vector of political, economical and intellectual independence of citizens that its epistemic virtues appear. By focusing on the decision making that may result in good political results, contemporary approaches only offer a partial analysis of democratic difficulties, and lack the foundations for a sound epistemic argument in favour of democracy.

Positive Politics and Democracy
Michel Bourdeau

This paper shall present the criticisms addressed by Comte to modern political thought. Once the current situation has been assessed, one must then make sure that the difficulties are really those of democracy. In a third part will be sketched the spirit of positive politics. The judgment passed on democracy can then be explained. If popular sovereignty is an « oppressive mystification », it is however possible to extract a positive core, something that is more difficult to do with equality. Liberty and equality work in contrary directions and the levellers misunderstand what are the grounds of sociology, i.e. social statics or the theory of order.

Habermas : Democracy from a Cosmopolitical Point of View. For a Radical Theory of Democracy.
Valéry Pratt

Habermas builds a radical theory of democracy which intends to answer the challenging claims of both economical globalization and the temptation to withhold shared by « peoples » who strive to regain their lost sovereignty. Such a theory, taking a deliberative form, projects democracy onto the constitutionalisation of international Law, and it implies a cosmopolitical perspective. In that context, reflecting on European politics and institutions becomes central, and shows that critical theory has not lost any of its clearness of sight when it warns against the looming dangers of a « postdemocratic federalism of the executive » in Europe.

Theft of the Future, Ecological Crisis, Democratic Responsibilities
Balthazar Clamoux

It is not surprizing that very violent political regimes, in trying to take most advantage of economic growth, succeed in imposing the blunt exploitation of natural and human resources – oppressed peoples indeed struggle to oppose them. What is more surprizing is the fact that representatives or governements may regularly be elected, and even re-elected, while constantly postponing the decisions and policies which could deeply redirect the ways of producing and consuming – ways threatening a sustainable and fair share of resources on earth. Where does democracy stand, if the collective powers of thinking and acting, of instituting and defending the common goods fail to reverse the heavy tendencies of that destructive history ?

Jack Goody, Individualism. Introduced by Frédéric Fruteau de Laclos

Western thinkers on politics readily say democracy was invented by Ancient Greece and rediscovered by modern Europe. However, isn't such a conception taking part in a theft of history committed by the West who imposed the narrative of its past to the rest of the world ? This is what the British anthropologist Jack Goody strongly claims. He insists on such a claim in his analysis of individualism, whose « political aspect » democracy represents : individualism is not an exclusively European invention ; in other times and places, men have also thought of themselves as individuals.

Democratic Depression. An Interview with Hélé Béji

Hélé Béji is a writer. An agrégée in Modern Literature, she lectured at the University of Tunis before going to work at the Unesco as an international civil servant. In 1998, she founded the Collège international de Tunis, a literary society where Tunisian and foreign intellectuals meet and discuss on contemporary culture and politics. She is the author of many essays and narratives in which she critically portrays the processes of decolonization and of cultural identity. Some of her works also address women issues, and analyze the signs of secularization displayed by Muslim religion within modern societies. Among her published works in French can be listed *Désenchantement national* (1982), *L'imposture culturelle* (1997), *Nous, Décolonisés* (2006), *Islam Pride* (2011). We recently met her for an interview about her new book entitled *Dommage, Tunisie. La dépression démocratique*, published by Gallimard (2019).

ABSTRACTS

FICHE DOCUMENTAIRE

1ᵉʳ TRIMESTRE 2020, N° 160, 168 PAGES

L'ensemble de ce numéro des *Cahiers philosophiques* est consacré aux embarras de la démocratie. Dénomination qui recouvre les difficultés historiques, présentes ou passées, qui affectent les démocraties autant que les interrogations sur les principes qui en régissent le fonctionnement politique.

La rubrique Introuvables présente la traduction d'un texte de Jack Goody consacré à l'individualisme, extrait de *The Eurasian miracle* (2010).

La rubrique Situations propose un entretien avec Hélé Béji, auteure de *Dommage Tunisie. La dépression démocratique*, Paris, Gallimard (2019).

Mots clés

Démocratie; Platon; Machiavel; Jean-Jacques Rousseau; Nicolas de Condorcet; Auguste Comte; Jürgen Habermas; Neil MacCormick; Jack Goody; Tunisie

Charles Girard

**Délibérer
entre égaux**
enquête
sur l'idéal démocratique

vrin
l'esprit des lois

Vrin - L'esprit des lois
384 p. - 13,5 x 21,5 cm - 2019
ISBN 978-2-7116-2927-5, 28 €

Délibérer entre égaux. Enquête sur l'idéal démocratique
Charles Girard

L'idéal démocratique est accusé d'être irréaliste. Le gouvernement du peuple par le peuple et pour le peuple serait une chimère dans les sociétés contemporaines. Il faudrait lui préférer les visées plus modestes : un droit de vote égal et la satisfaction du plus grand nombre.

La démocratie ne se laisse pourtant pas réduire à la compétition électorale. Les acteurs et les institutions politiques qui s'en réclament invoquent non seulement un marché, où rivalisent des intérêts privés, mais un forum, où s'affrontent des visions adverses de la justice. Ils attendent de la délibération collective qu'elle serve l'autonomie politique et le bien commun, mais savent aussi qu'elle peut les menacer, lorsque la liberté, l'égalité ou la publicité lui font défaut.

Cette enquête philosophique interroge la pertinence de l'idéal démocratique pour des sociétés complexes, dotées d'institutions représentatives et soumises à la communication de masse. Elle montre à quelles conditions cet idéal peut aujourd'hui orienter la critique et l'action.

La tolérance, un risque pour la démocratie?
Théorie d'un impératif politique

Marc-Antoine Dilhac

Si la démocratie a pour finalité l'inclusion politique de tous les citoyens en rendant effectif leur droit de cité, elle a pour ressort la tolérance de la diversité de leurs opinions, de leurs conceptions de la vie bonne et de leurs modes de vie. Ce livre défend une thèse modeste et essaie d'en tirer les conséquences pratiques à travers l'examen de plusieurs cas : enseignement créationniste, blasphème, discours de haine, demandes d'accommodements pour motifs religieux, etc. Plus on analyse les cas de ce genre en cherchant à déterminer des points d'équilibre, plus on se persuade que faire la théorie de la tolérance consiste surtout à en tracer les contours.

Marc-Antoine Dilhac

La tolérance,
un risque pour la démocratie ?
théorie d'un impératif politique

Philo
sophie
concrète
Vrin

Vrin - Philosophie concrète
240 p. - 13,5 x 21,5 cm - 2014
ISBN 978-2-7116-2543-7, 24 €

Chemins
Philosophiques

Qu'est-ce
que ?
la démocratie

Anne
Baudart

VRIN

Vrin - Chemins philosophiques
128 p. - 11,3 x 17,8 cm - 2005
ISBN 978-2-7116-1710-4, 9 €

Qu'est-ce que la démocratie ?

Anne Baudart

L'ouvrage cerne, d'abord, le champ de la notion, puis la genèse d'un régime apparu en des temps où la tyrannie constituait un danger perpétuellement menaçant. Le "pouvoir du peuple" s'érige peu à peu en norme nouvelle de justice, d'égalité proportionnelle, de fraternité civique, de partage social, pour mieux lutter contre les guerres intestines ou extérieures, contre les iniquités, les pouvoirs exorbitants des uns ou des autres. La démocratie athénienne des VI-V e siècles avant notre ère forge, sans conteste, un modèle pour l'Occident gréco-latin que les modernes ne manqueront pas de reprendre positivement ou négativement. Son héritage institutionnel, juridique, politique, fascine. Il suscite l'interrogation, la critique, mais aussi la volonté de le parfaire, de l'adapter à une société où la "masse" et "le mondial" remplacent, de nos jours, le "peuple" restreint, étroitement localisé, des cités antiques.

Derniers dossiers parus

Cahiers Philosophiques

BULLETIN D'ABONNEMENT

Par courrier : complétez et retournez le bulletin d'abonnement ci-dessous à :
Librairie Philosophique J. Vrin - 6 place de la Sorbonne, 75005 Paris, France
Par mail : scannez et retournez le bulletin d'abonnement ci-dessous à : fmendes@vrin.fr
Pour commander au numéro : www.vrin.fr ou contact@vrin.fr

RÈGLEMENT

❑ France
❑ Étranger

❑ Par chèque bancaire :
à joindre à la commande à l'ordre de
Librairie Philosophique J. Vrin

❑ Par virement sur le compte :
BIC : PSSTFRPPPAR
IBAN : FR28 2004 1000 0100 1963 0T02 028

❑ Par carte visa :

_ _ _ _ _ _ _ _ _ _ _ _ _ _ _ _

expire le : _ _ / _ _

CVC (3 chiffres au verso) : _ _ _

Date :

Signature :

ADRESSE DE LIVRAISON

Nom
Prénom
Institution
Adresse

Ville
Code postal
Pays
Email

ADRESSE DE FACTURATION

Nom
Prénom
Institution
Adresse
Code postal
Pays

ABONNEMENT - 4 numéros par an

Titre	Tarif France	Tarif étranger	Quantité	Total
Abonnement 1 an - Particulier	42,00 €	60,00 €		
Abonnement 1 an - Institution	48,00 €	70,00 €		
			TOTAL À PAYER :	

Tarifs valables jusqu'au 31/12/2020

* Les tarifs ne comprennent pas les droits de douane, les taxes et redevance éventuelles, qui sont à la charge du destinataire à réception de son colis.

Achevé d'imprimer le 11 mai 2020 par *La Manufacture - Imprimeur* – 52200 Langres
Imprimé en France – N° d'imprimeur : 200340 – Dépôt légal : juin 2020